本书得到了浙江省哲学社会科学规划后期资助课题（22HQZZ33YB）资助，也是浙江省"十三五"优势专业和浙江省一流本科专业（浙江树人学院市场营销专业）的建设成果。

本书系浙江树人学院学术专著系列，由浙江树人学院专著出版基金资助出版。

基于价值创造的
零售商业模式研究

曾　锵　著

ZHEJIANG UNIVERSITY PRESS
浙江大学出版社
·杭州·

图书在版编目(CIP)数据

基于价值创造的零售商业模式研究 / 曾锵著. —杭
州 ：浙江大学出版社，2022.12
ISBN 978-7-308-23334-7

Ⅰ．①基… Ⅱ．①曾… Ⅲ．①零售业－商业模式－研
究 Ⅳ．①F713.32

中国版本图书馆 CIP 数据核字(2022)第 231320 号

基于价值创造的零售商业模式研究

曾锵　著

策划编辑	曲　静
责任编辑	蔡圆圆
责任校对	许艺涛
封面设计	周　灵
出版发行	浙江大学出版社
	（杭州市天目山路 148 号　邮政编码 310007）
	（网址：http://www.zjupress.com）
排　　版	浙江时代出版服务有限公司
印　　刷	浙江新华数码印务有限公司
开　　本	710mm×1000mm　1/16
印　　张	14.75
字　　数	273 千
版 印 次	2022 年 12 月第 1 版　2022 年 12 月第 1 次印刷
书　　号	ISBN 978-7-308-23334-7
定　　价	68.00 元

前　言

近年来,一方面,零售业的发展呈现两种鲜明对比的局面,许多零售企业尤其是传统零售企业发展受困和日渐式微,同时也涌现出了一批诸如孩子王、盒马鲜生、尚品宅配、ZARA、优衣库等优秀和成功的零售企业;另一方面,自马云提出"新零售"概念以来,实业界掀起了对"新零售"现象和概念的热烈讨论,也引起了学术界的高度关注和理论讨论。当然,在疫情大环境下,实体零售企业普遍受到了不同程度的冲击,部分零售企业经营面临困境甚至倒闭,但不可否认它们的商业模式在一定时间内是成功的。基于以上现实背景和理论背景,迫切需要发展适合零售业或零售企业的学术理论对以上现象进行解读和剖析,而本书试图运用商业模式理论构建零售商业模式理论框架,在理论上有所突破,以实现对现实和实践的理论指导。

本书在对商业模式理论、流通经济理论、零售业态理论进行文献梳理的基础上,尤其是借鉴商业模式双重属性的思想,通过优衣库、ZARA、尚品宅配、宜家、西西弗、言几又六个探索性案例,研究建构了"商业模式架构属性—商业模式价值属性—价值创造"的零售商业模式理论框架;接着,在对顾客价值创造和零售顾客价值创造进行理论分析,以及借鉴系统架构理论对零售商业模式架构及其属性进行理论分析的基础上,对一体化架构、定制化架构和场景化架构的零售商业模式进行了理论模型建构,提出了一系列理论假设;最后,在以上研究的基础上,通过对零售企业的问卷调查进行了实证研究和实证分析,揭示了零售商业模式实现价值创造的内在机理。通过上述研究,本书得出以下结论。

(1)构建了零售商业模式理论框架,即"商业模式架构属性—商业模式价值属性—价值创造"。

(2)提出了一体化架构、定制化架构、场景化架构三种架构零售商业模式,借鉴系统架构理论对三种架构及其属性进行了理论分析,并建构了理论模型。一体化架构是零售企业和制造企业的融合,定制化架构是零售企业与消费者的结合,场景化架构是销售界面的场景建设的努力和行为,零售企业是承担场景空间建设的主要主体。一体化架构的架构属性包括与供应商产权一体化程度、与供应商建立契约的长期性和完备性、与供应商的信息共享化程度；定制化架构的架构属性包括顾客参与的程度、消费者信息化和大数据化的程度、产品的定制化程度；场景化架构的架构属性包括场景空间的审美性、产品作为场景文化价值载体的媒介性、消费者对场景传达的文化价值的认同性。

（3）实证研究的结论表明：一体化架构对低成本价值创造有显著正向影响，一体化架构对零售商业模式价值属性的效率性、新颖性和锁定性有显著正向影响，效率性和新颖性对低成本价值创造有显著正向影响，效率性和新颖性对一体化架构对低成本价值的影响发挥完全中介的作用；定制化架构对个性化价值创造有显著正向影响，定制化架构对零售商业模式价值属性的效率性和新颖性有显著正向影响，效率性对个性化价值创造有显著正向影响，效率性对定制化架构对个性化价值的影响发挥部分中介的作用；场景化架构对体验价值创造有显著正向影响，场景化架构对零售商业模式价值属性的新颖性和互补性有显著正向影响，新颖性和互补性对体验价值创造有显著正向影响，新颖性和互补性对场景化架构对体验价值创造的影响发挥完全中介的作用。

与已有研究相比，本书的创新主要体现在以下三个方面：（1）建构的零售商业模式理论框架，实现了与商业模式宏观研究的对接和承接，验证了商业模式二重属性——商业模式架构属性和商业模式价值属性以及二者关系的存在性，突破和超越了 Sorescu 等提出的零售商业模式理论框架；（2）基于本书建构的零售商业模式理论框架——商业模式架构属性—商业模式价值属性—价值创造，探究和揭示了零售商业模式实现价值创造的内在机理；（3）提出了一体化架构、定制化架构、场景化架构三种零售商业模式架构，并尝试将系统架构思想迁移至商业模式理论，借鉴系统架构理论对零售商业模式架构进行理论分析。

目　录

1 绪 论

1.1 研究背景

1.1.1 问题缘起

2018 年,本土休闲装巨头美特斯·邦威发布 2017 年年度业绩快报,营业收入 64.73 亿元,较上年同期下降 0.71%,净利润较上年同期下降 945.81%,净亏损 3.06 亿元,这已是美特斯·邦威集团服装业务的第三年亏损。2014 年,美特斯·邦威关闭了 800 家门店,营业利润 1.8 亿元,同比跌幅高达 65%,2015年亏损逾 4.31 亿元,2016 年略微回暖后 2017 年又继续亏损。这个曾经非常成功地以运用虚拟供应链管理模式而著称的美特斯·邦威模式遭遇到了重大瓶颈和发展困局。

在服装零售业,截至 2016 年 2 月,百丽集团的门店数量净减少 366 家,剩13762 家门店,到 2017 年 2 月,门店数量再度减少到 13062 家,门店净减少数量约 700 家,这相当于平均一天关闭两家门店,与百丽高峰时期几乎平均两天就有一家新的门店开业形成了鲜明对比;截至 2016 年 3 月,波司登零售网点为6599 家,同比减少了 5053 家,其中自营零售点减少 1296 家,第三方经销商经营的零售网点减少 3757 家;截至 2017 年 9 月,达芙妮的销售和门店数量均大幅下滑,2015 年关店 805 家,2016 年关店超 500 家。

在百货行业,2016 年底,陪伴了上海市民 20 年的老牌高端百货店——太平洋百货淮海店面临关停歇业;自 2013 年起,北京北辰购物中心的利润逐年下滑,甚至入不敷出,2018 年开年,有 27 年历史的北京北辰购物中心亚运村店对外宣布正式停业,引发业内一片哗然;2016 年,玛莎百货关闭中国所有门店。2017 年,中国有约 45 家百货店关门或歇业。

在超市行业,世界第一超市品牌沃尔玛亦不能幸免,最近几年,沃尔玛在华业务每年都有门店关闭,2012 年,沃尔玛中国区关闭 5 家门店,2013 年关闭 15

— 1 —

家,2014年关闭16家,2015年关闭1家,2016年关闭13家,2017年关闭24家,这家曾经拥有"5公里死亡圈"传说的国际零售巨头也在遭遇困局。

与之形成鲜明对比的是,在这同时涌现出了许多发展迅猛、势头强劲的零售企业案例。

在许多实体零售下滑之际,日资服装零售巨头——优衣库母公司迅销却逆风而上,不断开店,优衣库在中国的节庆假期进行的促销活动成功吸引了顾客,销售继续保持增长势头,推动大中华区盈利大幅增长,中国市场被列入门店扩张计划,在日本之外的优衣库门店中,中国门店数量占比超过一半,截至2017年10月,优衣库在中国共有645家分店,后来几乎每年增加100家分店。

另一家快时尚品牌西班牙ZARA亦有不俗表现,2015年在中国新开门店16家,2016年新开门店13家,2017年17家,ZARA母公司Inditex集团在亚洲发展迅速,截至2017年12月,集团在亚洲拥有门店共1458家,年销售额超过55亿欧元,亚洲市场收入占全球比重由2006年的8.9%提升至2016年的24%,集团旗下品牌在中国68个城市开设了620家店,中国已成为仅次于西班牙的第二大市场。

国内母婴童商品零售企业孩子王异军突起,从2009年成立伊始,孩子王就将自身定位成为准妈妈及0~14岁儿童提供一站式成长服务的全渠道服务商。8年时间内,孩子王以全面数字化为基础,深入挖掘顾客关系,大力发展全渠道战略,以"科技力量+人性服务"精准满足广大中国新家庭各项成长需求。2015年12月,孩子王迎来全国第100家门店,2017年12月迎来第200家店开业。

家具定制零售企业尚品宅配也是一个典型案例,作为全屋定制家具的先驱者,尚品宅配在2018年迎来了第14个发展年头,14年间该公司经历了从软件公司到家居企业的跨界转变,目前在全国拥有超过1600家门店而一跃成为国内定制家具第一梯队的零售品牌。

作为新零售典型代表的盒马鲜生有着良好的门店购物环境和购物体验,高效的补货和调货速度,以门店为中心,3公里为配送半径,最快30分钟免费送货上门。它打破原有门店功能,对其更新定位,是集超市、物流配送、体验互动和餐饮为一体的复合功能体。它不仅为顾客提供商品服务,而且提供了一种生活方式。

其他比较优秀和比较成功的零售案例还有三只松鼠、西西弗、拼多多、热风、永辉、无印良品、屈臣氏、网易严选、聚美优品、韩都衣舍、唯品会、宜家、七格格、小米之家等。

所以,这就形成了鲜明对比,一边是发展受困,一边是势头强劲。由此,很自然地带来对一系列问题的思考,这些发展受困的企业和相对成功的企业的差别是什么,或者说企业成功的原因是什么。也许我们可以笼统地说归结为这些零售企业的商业模式的成功,如果是这样,我们就要进一步追问:这些成功零售企业的商业模式到底是怎样的,它们是如何进行商业模式创新的? 是否存在经得起实践检验和学术检验的零售商业模式,指导我们应该怎样进行零售企业商业模式创新? 即从学术理论上来讲,今日中国零售商业模式到底是什么,它的内涵和机理又是什么?

1.1.2　时代背景

在商品短缺时代,尤其是计划经济时期,由于物质生活相对匮乏,商品不愁销路,形成了生产者的优势地位,零售业作为流通垂直分工体系中的"生产者的销售代理",主要功能是商品的分销,将生产企业制造的大量商品,高效地提供给消费者。

随着经济的发展,由商品匮乏转向商品过剩,消费者的市场地位逐渐提高,在以消费为出发点的市场环境下,零售的作用是作为"消费者的采购代理",向生产者采购消费者真正需要的商品,并尽可能适时、适量、适价地提供给消费者。

在互联网高速发展的今天,消费者在购物方面拥有了充分的自主权。消费者在购买之前可以自由选择信息接收的方式和渠道,在购买之后可以对商品和服务进行监督和评价,可以综合利用线上线下各种渠道进行自由选择。我们把这一时代特征称为消费者主权时代。消费者主权(consumer sovereignty)是指消费者根据自己的意愿和偏好把需求信息通过市场传递给生产者,生产者根据来自消费者的需求信息安排生产,然后把产品或服务提供给消费者(Chen et al.,2008)。在消费者主权时代,消费者对商品的需求更加个性化、多元化和复杂化。消费者对商品的需求不再满足于商品的使用价值,而是开始追求使用价值之外的商品附加值(如个性化价值、体验价值等),也即不再仅仅满足于商品的物质层面需求,也在追求商品带来的精神层面需求。

同时,在互联网技术日益成熟的今天,许多制造企业可以绕开专业零售商,通过互联网渠道对消费者进行直销,这就产生了"脱媒"(disintermediation)现象。若一项商业活动缺少了中间商,即缺少买卖双方之外的第三方作为交易的促进者和协调者,就可以说这项交易脱媒了(Bailey,1998)。如果制造企业完全把零售功能和环节内化了,专业零售商的生存价值则开始受到质疑。

所以,在互联网时代,零售的存在价值和作用都应该发生根本转变,不应当单纯是连接制造与消费的桥梁,通过"先买后卖""为卖而买""贱买贵卖""快买快卖"的传统经营模式来实现生存,更重要的是,要在更高层次上融合生产与消费活动,引导消费、指导生产、创造需求,以此来实现价值创造。

在新的时代背景下,对于消费者,零售企业要能够洞悉消费者个性化需求,深度挖掘消费者未被满足的潜在需求,了解和掌握消费者购买行为的特点和规律,甚至让消费者参与产品的设计、研发和生产过程,由单纯的产品销售者角色向需求满足服务者角色转变;对于制造企业,零售企业要能够与制造企业共享信息、共享资源、共同联动,甚至共同开发产品和开发市场,由以前的利益博弈竞争关系向共创价值的合作关系转变;同时,对于自身核心资源的销售界面,在保持交易功能和交易属性的基础上,要能够开发其他可能的功能和属性,拓展价值创造的新来源。

1.1.3 "新零售"现象出现

2016 年 10 月,马云在云栖大会上首次提出"新零售"的概念,他认为,"纯电商的时代很快会结束,未来的十年、二十年,没有电子商务这一说,只有新零售这一说"①。自马云提出"新零售"概念以来,实业界掀起了一阵对"新零售"概念的热烈讨论。

小米创始人与董事长雷军认为:"无论是电商还是线下实体店,最根本的是要改善效率,只有效率提升了,我国的产品才能越做越好,消费者需求才能最大程度释放!"②并认为小米商业模式通俗地讲就是用互联网的技术和方法做线下零售。京东董事长刘强东认为:"技术的应用从来都没有在根本上改变零售的本质:成本、效率、体验。所以,我们并不需要不断地用新词去定义一个行业。"③名创优品创始人叶国富认为:"新零售是以产品为中心,利用新技术提升顾客体验和运营效率。"④阿里巴巴马云认为:"新零售是以消费者体验为中心的数据驱动的泛零售业态,是基于数据驱动的人、货、场商业三要素的重构。"⑤

目前,实业界缺乏一个对"新零售"概念统一的和公认的严谨定义,即便是阿里巴巴集团公司的员工,他们也认为很难讲得清楚。阿里巴巴集团 CEO 助理颜乔承认:"如果我们现在能够讲清楚什么叫新零售,那就不叫新零售了,因为新零售一定是没有人做过、没有出现过的零售业态。"⑥

---

① 资料来源:https://cn.technode.com/post/2016-10-13/alibaba-jack-ma/。

② 资料来源:http://m.sohu.com/a/240896636_772814。

③ 资料来源:https://36kr.com/p/5083103。

④ 资料来源:https://finance.sina.com.cn/roll/2017-08-29/doc-ifykiurx2771090.shtml。

⑤ 资料来源:https://www.iyiou.com/intelligence/insight43904.html。

⑥ 资料来源:http://k.sina.com.cn/article_2480049682_93d28e120010034zn.html。

与概念的混沌不清形成鲜明对比的是,目前不论是传统零售企业还是电子商务企业,只要是所从事的业务和零售相关,都认为自己是"新零售",以顺应当前的"新零售"经济风口。

与实业界讨论"新零售"概念的热闹局面不同,学术界对"新零售"概念的反应、接受和理解显得要相对滞后、理性和冷静,但不少学者也对"新零售"概念和现象进行了关注。

近年,与"新零售"相关的学术论文主要发表在《中国流通经济》学术期刊上,内容集中在概念内涵特征解读、产生发展的原因分析、发展路径和发展趋势等基本理论方面(韩彩珍、王宝义,2018),总体而言,"新零售"研究的发展还处于初级阶段,理论研究也才刚刚起步,对"新零售"的社会关注度较高,但高水平研究成果还很匮乏(韩彩珍、王宝义,2018)。

学术界对"新零售"的学术概念及学术内涵呈现一种比较理性和冷静的态度,笔者也秉持这一态度,零售本身并不存在新与旧之分,因此就不存在所谓的专门对应于"新零售"的理论架构,即"新零售"本身并不是一种理论架构或理论体系。虽如是,但"新零售"确实是一种经济现象,需要运用某种更有适应性的理论对这一经济现象进行洞察。商业模式则是这种具有可能适应性的,能够洞察"新零售"经济现象的底层理论,我们可以运用商业模式理论对"新零售"现象进行洞察,以获得可能的超越现象层面的更为本质的理论洞见。

1.2 关键概念与研究对象

1.2.1 零售

Kolter(1999)认为,所谓零售是将货物和服务直接出售给最终消费者的所有活动,这些最终消费是为了个人生活消费而不是商业用途消费。任何从事这种销售的组织,无论是生产者、批发者还是零售企业,都是在开展零售活动。Kolter 对零售的定义强调零售活动是面向终端消费的,并且不仅仅是零售企业,任何从事这种活动的组织(包括生产者和批发者)都可以进行零售活动。

目前学术界对零售定义的理解基本趋于一致,这里引用肖怡(2007)对零售的定义:向最终消费者个人或社会集团出售生活消费品或非生产性消费品及相关服务,以供其最终消费之用的全部活动。这一定义有以下四点内涵。

(1)零售是将商品及相关服务提供给消费者作为最终消费之用的活动。如果购买商品不是为了直接消费,而是为了转售或者为了生产加工,这种商业活动就不属于零售活动的范畴。例如,零售企业将汽车轮胎出售给顾客,顾客将之安装在自己的车上,这种交易活动便是零售;若购买者是车商,车商将它装配于汽车上,再将汽车出售给消费者,则不属于零售。出售商品或服务用于最终消费是零售活动的基本特征。

(2)零售活动不仅向最终消费者出售商品,同时也提供相关服务。零售活动常常伴随商品出售提供各种相关服务,如包装、送货、维修、安装等,多数情况下,顾客在购买商品时,也买到某些服务。而且零售企业会通过提供变化多样的服务来增加商品的价值或促进销售。例如,为消费者提供信贷保证;向消费者提供有关商品各种信息的咨询服务;为消费者展示商品,让消费者在购买前能够认识、测试其性能等。

(3)零售活动不一定非在零售店铺中进行,也可以利用一些使顾客便利的设施及方式进行。也就是说,零售不限于在固定的营业场所进行,很多无店铺的销售活动也是零售,如上门推销、邮购、自助售货机、网络零售等。这些无店铺零售利用一些使消费者便利的设施及方式,为消费者创造便利条件,也增加了零售活动成功的机会。无论商品以何种方式出售或在何地出售,都不会改变零售的实质。

(4)零售的顾客不限于个体的消费者,非生产性购买的社会集团也可能是零售顾客。例如,公司购买办公用品,以供员工办公使用;某组织订购鲜花,以供其会议室或宴会使用。所以,在对零售活动的顾客进行研究考察时,也不应忽视团体对象。

1.2.2 商业模式

商业模式起始于由产业经济学延伸而来的战略管理领域,发端于竞争优势理论,1998年前仅作为替代竞争战略或经营模式的笼统概念在实业界使用,学术界并未对其概念及内涵进行深入挖掘,其存在意义和生命力受到质疑。但随着电子商务和互联网技术的迅猛发展,商业模式研究从战略管理领域分离出来,并发展其独特的内涵,以 Timmers(1998)首次提出的电子商务中的商业模式为典型代表,随后,该研究领域涌现出了大量围绕电子商务、互联网、盈利模式等新词语的商业模式研究文献(Amit & Zott, 2001)。Osterwalder 和 Pigneur(2004)认为,商业模式是建立在顾客、产品、财务和企业内部管理四大维度共十个构成要素基础之上的框架体系,顾客维度主要包括顾客细分、分销渠道、顾客关系三个要素,产品维度主要包括价值主张要素,财务维度包括成本、利润、收入三个要素,而企业内部管理维度则包括能力、价值结构和合作伙伴三个要素。他们把商业模式理解为"企业如何组织和创造价值、传递价值及获取价值的基本原理",认为商业模式是一种包含了一系列要素及其关系的概念性工具,可用来阐明某个特定实体的商业逻辑,描述该实体能为顾客提供的价值以及实体的内部结构、合作伙伴网络和关系资本等用以实现价值的逻辑,并产生可持续收入。

对商业模式的理论研究虽历经喧嚣混沌,但学术界对商业模式研究的认知逐渐走向收敛,那就是价值创造是商业模式的核心构念。本书接受和继承绝大多数学者对商业模式的一般认知和共同认知,认为商业模式是企业进行价值创造的逻辑,是以价值创造为导向的,核心企业与利益相关者互动的交易活动和系统。商业模式理论的魅力就在于它克服和超越了资源基础观过分关注资源的内部导向,和价值创新理论(如蓝海战略)过分关注市场层面的外部导向,它起始于外部导向的顾客价值主张的发现和识别,再经由外而内的企业活动系统(包含与利益相关者的互动)的价值创造行为,再经由内而外的基于价值网络的价值传递,终止于包含了顾客价值、合作伙伴价值和企业价值的价值获取,是一个由外而内、再由内而外的过程。商业模式理论为理解当今纷繁的零售企业行为或企业的零售活动提供了一个很好的理论视角。

1.2.3 价值创造

Porter(1985)最初提出了价值创造的概念,他在对企业价值链研究的过程中发现,企业价值创造是通过企业价值链中各个环节的协同和流程优化来实现的。在 Porter 看来,企业经营战略中的一个重要问题是构建企业价值链和产业价值链,企业经营的核心问题就是"在价值链上定位"和"将战略建立在独特的经营活动上"。在这种思维模式下,经理人员将整个产业视为一种价值链,产业中每一个厂商在价值链中都占有一定位置。上游的供应商提供输入,居中的厂商提供附加价值,再交给下游的顾客。从这样的角度来看,战略就是"企业在特定价值链进行正确定位的艺术"(Porter,1996)。所衍生出的战略思考即是:确认出正确的事业、正确的产品、正确的附加价值活动。

由于竞争环境的快速变迁,价值创造的基本思维逻辑已经发生了改变,Porter 所宣扬的产业内各环节间通过竞争性、对立性、议价性市场交易相互联结,构建一个垂直整合式价值链与价值体系,这样的产业世界观是静态的(罗珉,2006)。价值创造的逻辑起点应当是利益相关者的合作剩余及分配(王世权,2010),结合本书主题,零售企业的外部利益相关者主要包括合作伙伴(如上游供应商)和顾客。不论何种零售商业模式,其所能创造的价值总量都是由顾客价值、伙伴价值和企业价值所决定,应当从提高企业为顾客创造价值的能力、提高企业为伙伴创造价值的能力、提高企业为自身创造价值的能力三个方面进行零售商业模式创新(原磊,2009),并且顾客价值是基础,伙伴价值是支撑,企业价值是目标(原磊,2007)。

结合本书主题,零售商业模式的价值创造必须内蕴着企业与利益相关者的互动过程,并由此可能表现出三种价值创造的主导逻辑:商品主导逻辑、服务主导逻辑和顾客主导逻辑(李耀、王新新,2011)。

在商品主导逻辑下,经济活动的目的是制造并分配商品;商品是最终交易对象,顾客只是商品的被动接受者;企业为使利润最大化,不断提高商品的标准化程度,以降低生产成本;商品的交换价值由企业生产创造,并隐含在商品中,通过交换活动得以实现;营销人员的主要工作是对顾客进行细分,并通过产品、渠道、促销、价格等策略销售商品,以获得其交换价值;交换价值是企业生产、营销活动的导向(Vargo & Lusch,2004、2008)。

服务主导逻辑(Gronroos,2008)认为:(1)服务不再是单纯的服务活动(service activity),而是作为一个支持系统而存在的,涉及商品、技术、信息、服务活动等内容,是企业向顾客提供的主要产品,也是整个经济活动的基础;(2)服务取代了商品成为经济活动的交易对象;(3)企业认识到,商品的交换价值由使用价值决定,只有帮助顾客创造使用价值才能获得交换价值,并将关注的焦点从交换价值转向使用价值;(4)企业传递的不是价值,而是价值主张,顾客将其作为生产资源投入消费过程;(5)价值由企业和顾客共同创造,顾客是价值的合作创造者;(6)如何更好地为顾客服务是企业生产活动的出发点,使用价值是企业生产、营销活动的导向(Vargo & Lusch,2004、2008;Gronroos,2008)。

顾客主导逻辑(Heinonen et al.,2009)认为,价值创造产生于顾客的日常生活实践,顾客在价值创造过程中处于主导地位;企业以顾客如何利用自己的产品和服务为出发点,以顾客的消费活动、消费实践、消费体验和消费场景等日常生活实践为中心。顾客主导逻辑与服务逻辑的区别在于:(1)在顾客主导逻辑下,企业不再以为顾客提供产品和服务为目标导向,而是以顾客如何利用产品或服务达到自己的目的为目标导向;(2)在顾客主导逻辑下,生产、营销活动的重点是顾客的消费活动、消费实践、消费体验和消费场景;(3)在顾客主导逻辑下,企业关注的焦点不再是生产、营销活动的结果(有形产品或无形服务)和过程(企业与顾客的互动),而是与企业提供的产品或服务相关的顾客日常生活;(4)顾客将企业提供的资源(产品或服务)与自身其他可供利用的资源和技能相结合,通过日常生活实践为自己创造价值(Voima et al.,2010;Heinonen et al.,2009;Gronroos,2009)。

价值创造的相关理论提示我们,在研究零售商业模式的价值创造过程中,不应当仅仅局限于商品主导逻辑,而应当将服务主导逻辑甚至顾客主导逻辑纳入考察视野和研究范畴。

1.2.4　研究对象界定

本书的研究对象主要是从事零售活动的零售企业。零售企业是指以零售活动为基本职能的独立中间商,介于制造企业、批发企业与消费者之间,是以盈利为目的的从事零售活动的组织。从供应链中零售企业的价值创造视角来看,零售企业的角色有两个:销售代理角色和采购代理角色。销售代理角色就是零售企业站在供应商的角度帮助供应商销售商品,采购代理角色就是站在顾客的角度帮助顾客采购商品。零售企业实际上受到了消费需求和工业生产两种力量的制约,在供给力量大于消费力量的卖方市场上,谁适应工业生产要求,谁就能生存发展,此时零售企业更多承担了销售代理角色;而在买方市场,供给日益过剩的情况下,消费者几乎已经成为市场的主宰力量,此时零售企业更多的是承担了帮助消费者购买的采购代理角色,它提供便利的场所及众多的商品,以便于消费者在最短的时间,以最低的价格,购进最满意的商品,同时零售企业在此活动过程中取得应得的报酬。

首先,从事零售活动的组织并不仅仅局限于零售企业,制造企业也可以通过自建零售店,或者通过上门推销、邮售、网络零售等方式将生产出来的产品直接送达消费者手中,这些活动都进入零售范畴。因此,并不是只有零售商才提供零售活动,任何其他机构或组织将商品及相关服务直接出售给最终消费者,都是零售活动的提供者。

其次,零售活动是以商品的销售为主,服务是附着于商品的销售之中的。Levy 和 Weitz(2000)认识到了零售出售的标的物不仅有商品,还包括与之相关的服务,但他们对零售概念的理解似乎将服务过于泛化了,甚至认为汽车旅馆提供的住宿、医生为病人进行诊治、理发、租赁录像带也都是零售概念的范畴。这样的概念定义不利于本书研究对象的清晰界定,所以本书将餐饮、教育培训、旅馆酒店、理发美容等纯服务形态都排除在外,所界定的研究对象一定是以商品销售为主、服务销售为辅的从事零售活动的企业或组织。

最后,零售活动既可能通过实体门店进行商品销售(线下),也可能通过互联网的电子商务进行商品销售(线上),或者是两者同时进行(O2O)。无论是线下(传统零售)还是线上(网络零售),都只是零售活动的手段和渠道,并没有改变两者的零售本质,所以本书不对线上和线下作过多区分,二者仅只有手段和渠道的差别。

综合以上论述,本书对研究对象的界定为:从事零售活动的,以商品销售为主、服务销售为辅、线下或线上为手段和渠道的以零售企业为主的企业或组织。

1.3 研究方法与技术路线

1.3.1 研究方法

为了有效地解决研究问题,本书利用知网、EBSCO、ELSEVIER 等中外文数据库,从 CSSCI 来源期刊、北大核心期刊、SMJ、AMJ、AMR 等国内外重点期刊搜集相关文献,梳理商业模式理论、流通经济理论、零售业态理论等研究现状,分析和评述目前零售商业模式的研究现状与不足,进而确定本书的研究主题。此外,结合商业模式理论、流通经济理论、零售业态理论等相关理论,通过探索性案例研究和理论分析,建构基于价值创造的零售商业模式理论框架,试图探究零售商业模式实现和进行价值创造的内在机理,提出研究假设和构建理论模型,采用实证分析的方法对假设进行检验。在研究过程中主要运用的方法有以下几种。

(1)文献研究方法

本书在广泛的文献检索和梳理的基础上,对商业模式理论、流通经济理论、零售业态理论进行了评述,确立了本书的研究主题和研究意义;在对顾客价值创造和零售顾客价值创造进行理论回顾的基础上,明确了零售商业模式的价值创造内涵;在梳理系统架构理论的基础上借鉴其思想,对零售商业模式架构及其属性进行了理论分析,明确了各自的维度;在援引交易成本理论、价值网络理论、场景理论等相关理论的基础上,构建了零售商业模式理论模型,提出理论假设。

(2)案例研究方法

案例研究方法是针对具体的管理问题与决策过程的描述和再现,是关于管理实践过程及其情境的分析,本书采用探索性案例研究的方法(Siggelkow,2007;Yin,2015;Eisenhardt et al. ,2016),从企业实践视角出发进一步发展出零售商业模式的相关理论。本书在掌握大量二手资料(包括企业历史发展资料、企业家传记和企业家自传)的基础上结合实地调查、参与性观察,选择了优衣库、ZARA、尚品宅配、宜家、西西弗书店、言几又书店等六个零售企业进行探索性案例研究,探究了零售商业模式架构的存在性以及零售商业模式架构属性对零售商业模式价值属性和价值创造的影响,建构了零售商业模式的理论框架,为后续的实证研究奠定了框架性基础。

(3)实证分析法

本书使用了问卷调查法。问卷调查法是管理学和社会学统计过程中应用十分广泛的方法之一,有助于便捷、高效地搜集所需数据(陈晓萍等,2012)。根据研究目的、对象、变量及问题等,遵循一定的问卷设计原则,通过科学和规范的设计方法,形成最终问卷,然后向零售企业管理人员发放问卷,为后续实证分析提供一手数据。然后,结合 SPSS 和 AMOS 软件,综合应用描述性统计、因子分析、相关分析、结构方程分析等一系列实证方法。本书利用描述性统计分析法对问卷中企业样本、填写人员以及变量数据特征进行统计和分析,利用Cronbach's α 系数法和因子分析法(包括探索性和验证性因子分析)分别检验问卷的信度和效度,以确保问卷的可靠性和有效性,利用相关分析法探究零售商业模式架构属性、零售商业模式价值属性、零售商业模式价值创造等各变量之间的相关性,利用结构方程模型分析法检验各变量之间的定量关系,以验证本书提出的研究假设。在综合应用多种实证分析方法基础上,按照科学、规范的程序,对数据作相应处理和统计,对本书的研究假设进行检验和分析,从而得出最终的结论。

1.3.2 技术路线

本书总体上遵循"文献梳理与理论演绎→质性研究→提出假设→问卷调查→实证分析→得出结论"的研究思路,结合当期研究背景,提出所要探讨的主题,通过文献综述法对商业模式理论、流通经济理论、零售业态理论等已有研究进行梳理和回顾。基于前人研究成果,通过探索性案例研究建构零售商业模式理论框架,接着在对零售商业模式架构及属性进行理论分析的基础上,对零售商业模式理论框架进行理论模型构建,提出一系列理论假设,最后基于该理论模型进行实证研究,进行问卷设计,通过问卷调查和实证分析对提出的理论假设进行实证检验,得到最终的研究结论,对研究结论进行讨论,并对未来研究作进一步展望。本书具体的技术路线如图 1-1 所示。

1.4 结构安排

按照本书的研究方法和技术路线,本书内容结构共分为六章,具体章节安排及相应内容如下。

第 1 章 绪论。由零售行业发展的现实背景,以及"新零售"的现实和理论背景,本章引出所要研究的主题——"零售商业模式",并提炼出本书的研究问题——"零售商业模式是什么,它的内涵和机理是什么",对涉及的关键概念——零售、商业模式、价值创造进行了概要的理论阐释和概念界定,对研究对象进行了概念分析和清晰界定,对全书的研究方法、技术路线、章节安排、主要

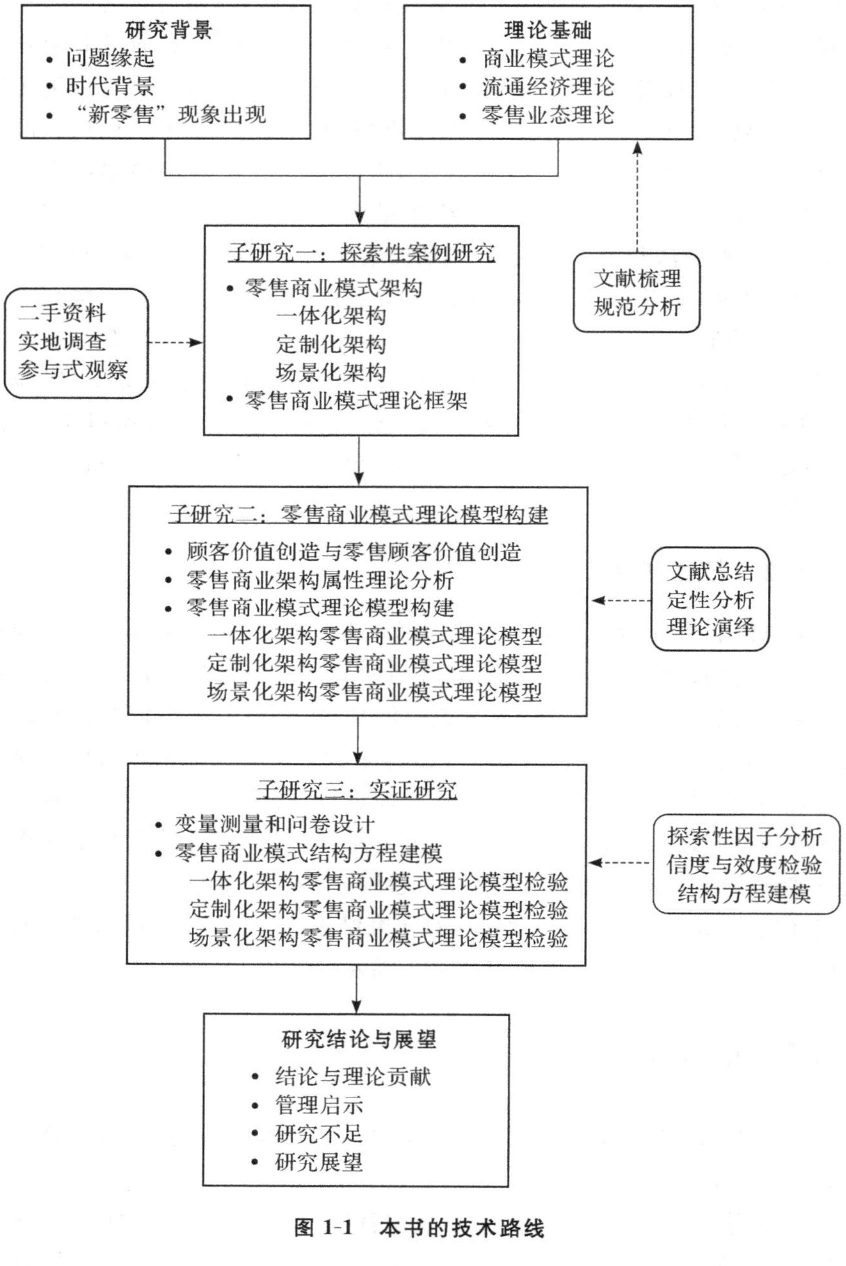

```
┌─────────────────────────┐     ┌─────────────────────────┐
│      研究背景            │     │      理论基础            │
│  • 问题缘起             │     │  • 商业模式理论         │
│  • 时代背景             │     │  • 流通经济理论         │
│  • "新零售"现象出现     │     │  • 零售业态理论         │
└─────────────────────────┘     └─────────────────────────┘
```

图 1-1　本书的技术路线

创新点进行了详细阐释。

　　第 2 章 研究综述。首先,本章对商业模式理论进行了研究综述,综述认为商业模式是企业进行价值创造的逻辑,是以价值创造为导向的核心企业与利益

图 1-1　本书的技术路线

创新点进行了详细阐释。

　　第 2 章 研究综述。首先,本章对商业模式理论进行了研究综述,综述认为商业模式是企业进行价值创造的逻辑,是以价值创造为导向的核心企业与利益

相关者互动的交易活动和系统,商业模式理论为理解当今纷繁的零售企业行为或企业的零售活动提供了一个很好的理论视角,并引出了对本书有重要思想借鉴价值的商业模式架构属性和价值属性的双重属性的论述。其次,上升到流通业的产业高度对流通经济理论进行了综述,由流通经济理论综述的结论——流通是创造价值的,流通对制造业有促进作用,流通对消费有促进作用;由理论演绎推出结论:零售也是创造价值的,零售对制造也是有促进作用的,零售对消费也是有促进作用的,由此坚定了基于价值创造核心构念的零售商业模式研究的意义。最后,借鉴和基于商业模式理论和流通经济理论,对零售商业模式进行了三个层次理解的综述:"零售＋商业'模式'""零售＋商业模式"和"零售商业模式",继而对零售业态和零售商业模式的概念差异进行了概念辨析,最后给出了对零售商业模式的理解定义。

第3章 零售商业模式的理论框架建构:探索性案例研究。基于第2章研究综述,尤其是商业模式架构属性和价值属性的双重属性思想,本章通过优衣库、ZARA、尚品宅配、宜家、西西弗书店、言几又书店等六个探索性案例的研究建构了零售商业模式理论框架,归纳出了零售商业模式架构属性、零售商业模式价值属性、零售商业模式价值创造三者之间逻辑关系的初始命题,为后续的实证研究奠定了框架性基础。

第4章 零售商业模式理论模型建构。首先,对顾客价值与零售顾客价值、顾客价值创造与零售顾客价值创造进行了理论分析;其次,借鉴系统架构理论对零售商业模式的架构及属性进行了理论分析;最后,构建了一体化架构零售商业模式、定制化架构零售商业模式、场景化架构零售商业模式的理论模型,并提出了一系列理论假设。

第5章 实证研究。本章在前面几章的研究基础上,针对零售企业进行问卷设计和问卷调查,然后借助 SPSS 和 AMOS 统计软件进行实证分析,对整体样本进行了描述性统计,进行了信度和效度检验,对零售商业模式架构属性、价值属性和价值创造进行了探索性因子分析,对主要变量进行了相关性分析,然后通过结构方程建模,对理论假设进行了实证检验,得出了研究结论,并对结论进行了详细讨论。

第6章 结论与展望。对全书进行了一个总结,对前文中得出的结论进行了整理和归纳,总结了本书的理论贡献,提出了若干管理启示,并分析整个研究过程中存在的不足之处,对未来可能拓展的研究方向进行了展望。

1.5 研究的主要创新点

本书取得以下几点创新。

第一,构建零售商业模式的理论框架。首先,本书的零售商业模式研究是属于中观层次的研究,在商业模式理论研究方面能够做到与商业模式宏观层次研究和商业模式微观层次研究的对接和承接。一方面,该理论框架借鉴商业模式宏观层次理论研究成果,验证了商业模式二重属性(杨俊等,2018)——商业模式架构属性和商业模式价值属性以及二者关系的存在性,实现了与商业模式宏观层次研究的理论对话;另一方面,该理论框架在充分认识和考察零售属性和特征的基础上又可以实现更有针对性和适应性的对个体零售企业商业模式的研究。其次,以往对零售商业模式的研究多仅是将零售企业或零售行业作为研究对象或研究情境,缺乏对零售属性和特征的认识和提炼。Sorescu 等(2011)是为数不多的零售商业模式研究的代表学者,但他提出的零售商业模式理论框架将零售业态作为要素之一,容易引起零售业态和零售商业模式较为严重的概念混淆。而本书构建的零售商业模式理论框架完全摈弃了零售业态的概念,并充分吸收和借鉴了商业模式理论和流通经济理论的研究成果,是一种对 Sorescu 等(2011)提出的零售商业模式理论框架的进步和突破。最后,本书建构的零售商业模式理论框架充分考量了核心企业(零售企业或从事零售活动的企业)与外部利益相关者(如供应商或制造企业、消费者)的互动,甚至立足于供应链的视角,而不仅仅局限于零售企业内部运营视角来研究零售商业模式,相较于较为微观的一般零售研究,是一种跳出"零售"看"零售"的研究视野。

第二,基于本书建构的零售商业模式理论框架——零售商业模式架构属性—零售商业模式价值属性—零售商业模式价值创造,探究零售商业模式实现价值创造的内在机理。在实证研究中验证了零售商业模式架构会诱发某些零售商业模式价值属性,零售商业模式架构也会引致价值创造,这时零售商业模式价值属性有可能发挥中介作用,甚至是完全中介。如本书实证研究中发现的结论:效率性和新颖性对一体化架构对低成本价值创造的影响是完全中介,效率性对定制化架构对个性化价值创造的影响是部分中介,新颖性和互补性对场景化架构对体验价值创造的影响也是完全中介。这也就是说,零售商业模式要想实现价值创造,不仅仅是要完成和实现零售商业模式架构(一体化架构、定制化架构、场景化架构),更重要的是,要让零售商业模式架构诱发某些零售商业模式价值属性,才能够真正引致和实现价值创造。这完全验证了杨俊等(2018)对宏观层次商业模式的研究:"商业模式能带来竞争优势,并不是因为其创造并获取价值的基本逻辑,而在于其背后所蕴含的关键竞争属性在特定环境下发挥了重要作用;商业模式本质上包含着双重属性:一是关于如何创造价值的基础架构属性,回答的是价值来源的问题;二是关于如何塑造竞争优势的价值属性,回答的是优势来源的问题,有些商业模式的基础架构会诱发价值属性,而另一些却不能。"所以,本书深刻揭示了零售商业模式实现价值创造的内在机理。

第三,提出一体化架构、定制化架构、场景化架构三种零售商业模式架构,借鉴系统架构理论对零售商业模式架构进行了理论分析,并对零售商业模式架构的架构属性进行理论刻画。零售商业模式是以价值创造为导向的核心企业与消费者、供应链合作伙伴等利益相关者互动的交易活动和系统,包含着制造企业、零售企业和消费者三个形式实体,分别体现了产品制造、产品销售和产品消费等三种功能,一体化架构、定制化架构和场景化架构则代表了三种不同的形式与功能之间的映射,通过实体的功能与实体之间的功能交互所形成的组合,一种新的功能——价值创造就会涌现出来,分别是低成本价值创造、个性化价值创造和体验价值创造。一体化架构是形式实体制造企业和零售企业的融合,定制化架构是形式实体零售企业与消费者的结合,场景化架构是销售界面的场景建设的努力和行为,零售企业形式主体是承担场景空间建设的主要主体。这是一种将系统架构思想迁移至商业模式理论的尝试。

2 研究综述

2.1 商业模式研究

从时间维度上看,商业模式创新是商业模式在时间轴上的变化和演化,如果从这个角度上理解,本书的研究综述中就只对商业模式研究进行综述,所以不对商业模式创新做专门和特别的综述。

2.1.1 商业模式研究演进简析

商业模式起始于由产业经济学延伸而来的战略管理领域,发端于竞争优势理论,1998 年前仅作为替代竞争战略或经营模式的笼统概念在实业界使用,学术界并未对其概念及内涵进行深入挖掘,其存在意义和生命力受到质疑,"竞争三部曲"的作者 Porter(2001)甚至认为商业模式仅仅具有修辞学含义。

但随着电子商务和互联网技术的迅猛发展,商业模式研究从战略管理领域分离出来,并发展出独特的内涵。以 Timmers(1998)首次提出的电子商务中的商业模式为典型代表,随后该研究领域涌现出了大量围绕电子商务、互联网、盈利模式等新词语的商业模式研究文献(Amit & Zott,2001)。1998—2005 年,大量学者针对电子商务企业及一般企业,从不同角度提出各种商业模式要素和结构化表述。Hamel(2000)提出了商业模式桥接模型,他认为商业模式由顾客界面、核心战略、战略资源、价值网络四个要素构成,这四个要素又由顾客价值、结构配置与企业边界这三座"桥梁"连接起来,商业模式结构化模型的各要素要靠效率(efficiency)、独特性(uniqueness)、配称(fit)、利润推进器(profit booster)这四个因素来支撑,并通过顾客价值、结构配置和企业边界这三座"桥梁"的连接作用来发挥效能。Zott 和 Amit(2001)提出了商业模式的运营系统模型,认为商业模式主要包含"设计元素"和"设计主题"两个参数,设计元素是商业模式运营系统的构成要素,包括内容、结构和治理三个要素,内容是指运营系统包括哪些环节,结构描述活动之间的联系以及活动,治理则是指对不同参与主体之间关系的治理;设计主题是商业模式价值创造的驱动因素,包括新颖性、锁定、互补性和效率四个主题,其中,新颖性重在采用新内容、改变运营结构或改善治理,锁定是指一种能够提高转换成本或保持第三方作为行动主体的结构设计,互补性是指把运营活动捆绑在一起,而不是任其单独创造价值,而效率则是指降低成本、提高效率。Itami 和 Nishino(2010)提出了商业模式双要素模型,即由"盈利模式"和"业务系统"两个要素构成的商业模式表达模型,盈利模式可反映企业通过既有业务来获取盈利,而业务系统则由传递系统和学习系统构成,是企业为了向目标顾客传递自己的产品和服务而设计的系统。Osterwalder 和 Pigneur(2004)提出了商业模式 BM^{2}L 模型,认为商业模式是建立在顾客、产品、财务和企业内部管理四大维度共十个构成要素基础之上的,顾客维度主要包括顾客细分、分销渠道、顾客关系三个要素,产品维度主要包括价值主张要素,财务维度包括成本、利润、收入三个要素,而内部管理维度则包括能力、价值结构和合作伙伴三个要素,他们把商业模式理解为"企业如何组织和创造价值、传递价值及获取价值的基本原理",认为商业模式是一种包含了一系列要素及其关系的概念性工具,可用来阐明某个特定实体的商业逻辑,描述该实体能为顾客提供的价值以及实体的内部结构、合作伙伴网络和关系资本等用以实现价值的逻辑,并产生可持续收入。这个阶段的研究多为静态的、堆砌式的要素罗列,并未过多探讨要素间的逻辑关系。

2005 年后,商业模式的研究开始转向要素间的逻辑关系并将其结构化和动态化。Johnson 和 Christensen(2008)认为,商业模式由顾客价值主张、盈利模式、关键资源和关键流程四个相互锁定的要素构成,提出了一个商业模式四要素模型。Johnson 和 Christensen 在四要素模型中并不是简单罗列商业模式的构成要素,而是指出了商业模式构成要素之间的相互锁定关系,暗示了模型中的因果逻辑,并且把顾客价值主张作为商业模式的首要因素和起始点。Demil 和 Lecocq(2010)提出了商业模式的 RCOV 模型(revenues-costs-organization-value,RCOV),该模型包括资源与能力组合、价值网或企业边界内的业务组织架构、通过提供产品和服务所表达的价值主张三个基本商业模式构成要素。这三个要素决定商业模式的成本、收入规模和结构以及边界和可持续性,它首次从静态和动态两个角度阐述了商业模式(王雪冬、董大海,2013),揭示了商业模式的动态性,认为商业模式作为一种概念工具可以用来阐明如何在组织内部或对模式本身进行变革和创新。Shafer(2005)以一种近似于结构化的方式提出了商业模式的核心逻辑模型。他认为商业模式就是一种反映企业家关于因果关系基本假设的核心逻辑,在形式上这种核心逻辑表现为战略选择、价值网络、价值创造和价值获取四个要素。Shafer 用"核心逻辑"来强调商业模式的主观性,而不只是强调商业模式的客观结构,他的商业模式逻辑化表达模型同时强调了价值创造和价值获取两个方面,并首次阐明了竞争在商业模式中的地位和作用。开放式创新理论的提出者 Chesbrough 长期从与技术相关的视角研究商业模式(2002,2006,2007a,2007b,2010),认为商业模式是将技术与其本身所蕴含的潜在经济价值联系起来的启发逻辑(heuristic logic),是将技术的潜在价值转化为顾客价值的一系列流程,包括提出价值主张、辨识细分市场、详述收入产生机制、定义价值链结构和收入获取机制、预估成本结构和盈利潜力。 Teece (2010)提出了一个表达商业模式的环状逻辑模型,认为每个企业都有一个反映其价值创造、传递、获取机制设计和结构的商业模式,商业模式实际上就是确定企业向顾客传递价值、引导顾客支付价款,并将其转化为利润的方式。总体而言,这一阶段的研究热点逐步从关注价值获取(外部竞争),转向价值创造(顾客界面的价值主张),再到价值传递(企业内部及合作网络),由此完善了商业模式的丰富内涵(刘月宁、王凤彬,2017)。

2013 年后,对商业模式概念的认知逐步走向收敛,同时商业模式类型化、构型研究逐步增多。近年来,学者们(Amit & Zott,2015;Martins et al. ,2015)多将其定义为以价值创造为导向的核心企业与利益相关者互动的交易组或活动组,包括交易内容、交易结构与交易治理三大要素(Amit & Zott,2001;Zott & Amit,2010)。2010 年,*Long Range Planning* 杂志刊发的有关商业模式的专刊试图收敛学术界关于"什么是商业模式"的争论,是商业模式研究脉络中具有里程碑意义的专刊。学者们的基本判断是,商业模式被用于凝练和概括企业如何创造价值并获取价值的基本逻辑,这一逻辑值得探索是因为新兴技术的应用诱发企业与外界主体之间"互动诱因、方式、范围乃至程度"发生了根本变化(杨俊等,2018),商业模式本质上是对企业与外界互动形成的、以价值创造和获取为导向的基础架构的理论凝练和概括(Baden-Fuller & Morgan,2010)。在这一阶段,基于认知视角的商业模式构型研究出现。Baden-Fuller 和 Mangemain (2014)将商业模式类型化,视之为一种认知要素的构型,可利用其对创业者的心理进行操纵,从而将商业模式的研究拓展到组织行为学领域。这一视角将商业模式视为决策者对价值创造的主观认知图式加以组合安排的结果(Martins et al. ,2015;Malmström et al. ,2015),这种组合会引发对交易伙伴关系的全新认识,形成新的商业模式假设(Martins et al. ,2015)。Osiyevskyy 和 Dewald (2015)认为创业者对外部机会与威胁的感知能力会降低其对商业模式创新的认知层面抵触,从而努力提升资源的利用效率,并致力于对商业模式创新的逐步改变。认知视角的商业模式构型研究将商业模式视为决策者个人主观认知图式的客观映射(Baden-Fuller & Mangemain,2014;Martins et al. ,2015;

Malmström et al.,2015;Osiyevskyy & Dewald,2015;迟考勋等,2016),从而为商业模式的研究在创业者或企业战略决策者主观层面开辟了另一视角。

与此同时,对商业模式类型化的研究日渐引起学者的关注和兴趣。Morris等(2013)对 289 家俄罗斯餐饮企业开展调查研究,利用聚类分析法将样本企业的商业模式归纳为七类。[①] 罗倩和李东(2013)、罗倩和蔡玫(2015)对战略性新兴产业进行了商业模式分类[②],并对其基本类型和分布特征进行了分析和总结。吴晓波等(2014)以现代服务业为例,基于价值网络视角对商业模式进行了分类,包括长尾式商业模式、多边平台式商业模式、免费式商业模式、非绑定式商业模式、二次创新式商业模式和系统化商业模式。林祥等(2016)对创客空间的商业模式进行了分类研究,包括"工具服务＋社交服务＋知识服务＋创投服务""创客空间＋购物中心""创客空间＋实验室""创客空间＋互联网"。李鸿磊(2018)基于价值创造视角,从"企业的功能角色"和"价值创造环节"两个维度出发,提出了商业模式"九宫格"分类法,认为焦点企业在商业模式中扮演了三种角色:从事专业化经营的"产品(服务)生产者"、引入关联第三方的"伙伴引入者"和充当独立第三方的"平台提供者"。总体而言,这一阶段对商业模式概念的认知趋于收敛,对商业模式的类型化与构型研究开始增多,结合具体情境、具体研究领域和具体行业的商业模式类型研究及相应的应用研究成为研究发展趋势。

2.1.2　商业模式研究的层次分析

Osterwalder 等(2005)认为,商业模式概念存在三个不同的层次:反映商业模式内涵与要素构成的元模式(meta-model)、反映商业模式类别特征的子(元)模式(sub-meta-model)、反映特定企业经营特征的模式化实例(modelled instance)。这三个层次的商业模式概念以不同的抽象程度来反映企业的核心经营逻辑,如表 2-1 所示。

[①] 包括全品种和全服务的本地餐馆、有限品种和全服务的本地咖啡馆、全品种和全服务的区域性连锁餐馆、有限品种和全服务的区域性连锁咖啡馆、区域性连锁快餐餐馆、全品种和有限服务的区域性连锁餐馆、有限品种和有限服务的配送型连锁餐馆七类。

[②] 包括龙头型商业模式、贫瘠型商业模式、非主导型商业模式、不匹配型的商业模式、制造加工业型的商业模式五类。

表 2-1　商业模式概念和研究的三个层次

研究层次	概念层次	具体含义	抽象程度	理论作用
宏观层次	元模式	商业模式内涵	最高（内涵层次）	对商业模式进行定义,确定其构成要素及其关系
中观层次	子(元)模式	商业模式类型	较高（类型层次）	对相似的商业模式进行归类,描述它们的共同特征
微观层次	模式化实例或具体模式	商业模式实例	较低（实例层次）	给出企业商业模式的具体实例,对特定企业的商业模式进行描述

资料来源:根据 Osterwalder 等(2005)和张敬伟、王迎军(2011)的文献改编。

　　元模式以最高的抽象程度来表述商业模式,即对商业模式进行定义,也就是商业模式本质观(essential view),我们把这个层次的研究理解为宏观层次的商业模式研究,大多数学者(Amit & Zott,2001;Osterwalder et al.,2005;Johnson,2008;Zott & Amit,2010;Teece,2010)的研究属于这个宏观层次,即试图构建具有普适性的商业模式定义和研究框架。子模式是具有某些共同特征的商业模式,或者是具有某些共同特征的商业模式类型,可以用以刻画某一类企业的行为特征,我们把这个层次的研究称为中观层次的商业模式研究。商业模式本身就是一种分类工具,能帮助我们加深对商业现象的理解,并通过提炼理想类型(ideal type)供其他同类企业模仿或创新(张敬伟、王迎军,2011)。具体模式是对现实中某一企业的商业模式进行概念化描述,以刻画具体企业的行为特征,更加具体和翔实,所以抽象程度最低(张敬伟、王迎军,2011),我们把这一层次的研究称为微观层次的商业模式研究。

　　近十几年来,商业模式的文献(包括商业模式创新的文献)增长迅速,但大多数文献仍停留在概念性或理论性探索,已有研究结论高度零散、矛盾甚至冲突,仅 2010 年后,就有十余篇系统性文献回顾和综述发表在管理领域的主流期刊(如 Zott et al.,2011;George & Bock,2011;Wirtz et al.,2016;Foss & Saebi,2017)。这些综述性文献反复论述的一个基本观点是:缺乏概念明确性是导致商业模式研究喧嚣混沌状况的根源(Suddaby,2010)。对此,我们认为主要原因是大多数学者是在宏观层次对商业模式进行研究,试图要找到完全抽象和具有普适性的商业模式定义和构架,然而每个学者基于自己不同的视角、不同的研究领域,甚至不同的研究对象,自然得到的结论也是不完全一样的。而且商业模式是抽象的,但也是具体的,这个抽象是基于对具体的抽象,完全脱离具体的抽象是没有意义的。所以一个可能的途径为:是否可以降低商业模式研究的抽象层次,在中观层次的商业模式研究有所突破,既从微观层次的具有相同或相似特征的商业模式具体案例中寻找素材和样本并归纳之,又从宏观层次研究中借鉴具有一定普适性的商业模式框架或架构,从而提炼出某一类具有相似特征企业的商业模式类型和特点,并反过来验证宏观层次的商业模式框架或架构的正确性或合理性,同时用以指导这一类具有相似特征企业的商业模式创新实践行为?

纵观目前商业模式的研究,大多数学者集中于宏观层次的研究,或者是理论推演,或者是从微观层次的具体企业商业模式描述中去归纳,是直接从微观层次跳跃到宏观层次,脱离了中观层次研究的承接,依据完全不同、具有极大个体差异的企业商业模式实例去推演宏观层次的研究,自然得出的结论会差异极大,很难趋同。一个例证是程愚和孙建国(2013)的研究,该研究打破了以往商业模式"果篮式"模型建构的窠臼,考虑了商业模式要素间关系并具有动态特点,是一种研究贡献和理论进步,但得出的商业模式理论模型非常与众不同,与其他学者(如 Amit & Zott,2001;Osterwalder et al.,2005;Johnson,2008;Zott & Amit,2010;Teece,2010)的研究都差异很大,原因在于该研究是完全基于一个企业案例的扎根研究,这是研究直接从微观层次跳跃到宏观层次所带来的结果。所以,本书的主张是要加强和突出中观层次的商业模式研究,以更好地在宏观层次达成共识和有所突破,并在实践上能够更具有现实意义和指导价值。本书以零售商业模式为题,将主要定位于中观层次的研究。

再则,Morgan 等(1980)提出的认识论框架对指引商业模式研究有借鉴意义,他们认为基于认识论的差异,社会现实在"主观—客观"的连续统一体中可以划分成六种类型:人类想象力、社会构建、符号性论述、信息情境、具体过程和具体结构。基于这一分析框架,崔连广和张敬伟(2015)将商业模式研究划分为具有四类性质的不同层次:商业模式是具体的结构,商业模式是具体的过程,商业模式是符号性论述,商业模式是社会建构,如图 2-1 所示。本书将主要定位于客观的社会科学本质属性,即商业模式是具体的结构和具体的过程。

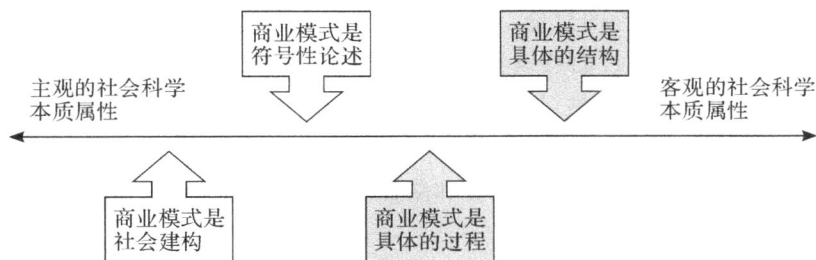

图 2-1 基于社会科学属性的四类商业模式观

资料来源:崔连广,张敬伟:《商业模式的概念分析与研究视角》,发表于《管理学报》2015年第 8 期。

2.1.3 商业模式的架构属性与价值属性的二重属性

2010年至今,基于"商业模式是企业创造和获取价值的基础架构"的基本判断,学术界基本达成共识(杨俊等,2018)。商业模式本质上是对企业与外界所形成的、以价值创造和获取为导向的基础架构的理论凝练和概括(Baden-Fuller & Morgan,2010),它涉及企业为创造价值和获取价值而设计的基础架构内的主体、要素和活动系统,应针对基础架构而非商业模式本身谋求商业模式的概念化和维度化(Zott & Amit,2010)。

杨俊等(2018)认为,除了关于如何创造价值的基础架构属性,商业模式还蕴含着有关如何塑造竞争优势的价值属性。如果说商业模式创新或者说新商业模式本质在于颠覆性竞争,那么如同战略一样,商业模式能带来的竞争优势并不是因为其创造并获取价值的基本逻辑,而在于其背后所蕴含的关键竞争属性在特定环境下发挥了重要作用(如:Hamel,2000;Zott & Amit,2010)。例如,曾经非常成功的美特斯·邦威的虚拟供应链模式,其价值创造的基本逻辑及基础架构未发生变化,但由于环境发生了变化,今天其竞争优势日渐式微,并且正在遭遇商业模式刚性(夏清华、娄汇阳,2014)。具体而言,商业模式的价值属性关注的是商业模式如何产生熊彼特租金的逻辑,它有助于解释商业模式如何为利益相关者而不仅仅是为企业本身带来更新或更好的价值优势,进而帮助企业谋求基于商业模式的颠覆性优势的内在逻辑(杨俊等,2018)。Amit和Zott(2001)系统论述了为什么电子商务企业能够在竞争中创造并获取价值的内在机制,识别出效率、新颖、互补、锁定四个商业模式价值创造并塑造竞争优势的关键属性,并进一步检验了商业模式的效率和新颖属性对企业绩效的促进作用(Amit & Zott,2007、2008)。除了Amit和Zott(2001,2007,2008)进行了可能的商业模式价值属性的讨论,其他还有Hamel(2000)的效率性、独特性和匹配性,Mahadevan(2004)的持续性,Shafer(2005)的内在一致性,Giesen(2010)的一致性、分析性和适应性,Demil和Lecocq(2010)的静态一致性和动态一致性,Casadesus-Masanell和Richart(2011)的一致性、自我强化性和鲁棒性(抗脆弱性),Bohnsack等(2014)的效率性和路径依赖性,这些学者也都进行了可能的商业模式价值属性讨论。

杨俊等(2018)认为商业模式本质上包含着双重属性:一是关于如何创造价值的基础架构属性,回答的是价值来源的问题;二是关于如何塑造竞争优势的价值属性,回答的是优势来源的问题,有些商业模式的基础架构会诱发价值属性,而另一些却不能。进一步地,杨俊等(2018)基于行业差异程度构建了基于双重属性的商业模式分类模型,如图2-2所示,商业模式创新则是架构属性或价值属性相较于行业状况的变化。

价值属性较行业的差异程度

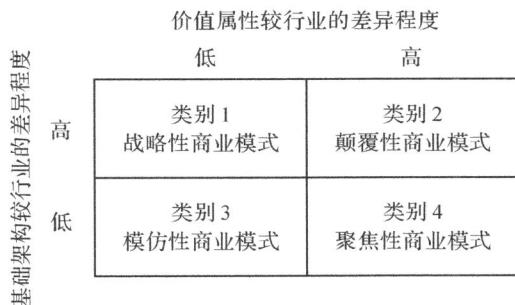

图 2-2　基于双重属性的商业模式分类模型

资料来源:杨俊,薛鸿博,牛梦茜:《基于双重属性的商业模式构念化与研究框架建议》,发表于《外国经济与管理》2018 年第 4 期。

2.1.4　商业模式研究述评

自 Timmers(1998)及 Amit 和 Zott(2001)的标志性研究以来,商业模式(创新)的研究近二十载,本书仅结合论文主题进行了针对性的文献梳理。除 Amit 和 Zott 两位权威和经典的商业模式研究学者,Shafer(战略管理学者)、Chesbrough(开放式创新理论的开创者)、Teece(动态能力理论的开创者)、Christensen(颠覆性创新理论的开创者)等权威学者都纷纷加入对商业模式(商业模式创新)的讨论和研究,足见商业模式研究的包容性、开放性、多维性和复杂性。虽历经喧嚣混沌,学术界对商业模式研究的认知逐渐走向收敛,那就是价值创造是商业模式的核心构念。本书接受和继承绝大多数学者对商业模式的一般和共同认知,认为商业模式是企业进行价值创造的逻辑,是以价值创造为导向的核心企业与利益相关者互动的交易活动和系统。商业模式理论的魅力就在于它克服和超越了资源基础观(Barney,1991)过分关注资源的内部导向,和价值创新理论(如蓝海战略)过分关注市场层面的外部导向,它起始于外部导向的顾客价值主张的发现和识别,再经由由外而内的企业活动系统(包含着与利益相关者的互动)的价值创造行为,再经由由内而外的基于价值网络的价值传递,终止于包含了顾客价值、合作伙伴价值和企业价值的价值获取,是一个由外而内、再由内而外的过程。商业模式理论为理解和解释当今纷繁的零售企业行为或企业的零售活动提供了一个很好的理论视角,商业模式理论也为零售商业模式及零售商业模式创新研究提供了理论基础。

本书以零售商业模式为题,对商业模式的研究定位于中观层次,试图借鉴宏观层次的商业模式研究的理论和框架,去探究零售商业模式的特征和分类以及在此基础上的零售商业模式价值创造过程和机理,以实现对零售商业模式创新的指导,并反过来验证宏观层次商业模式理论的科学性、合理性和适用性。同时,本书定位于客观的社会科学本质属性的商业模式认知,即将零售商业模式理解为是一种具体结构或一种具体过程。

杨俊等(2018)提出的商业模式的架构属性和价值属性的双重属性的思想对本书很有启发价值,商业模式不仅具有价值创造的架构属性,同时还应具有带来竞争优势的价值属性。循着这一思想,我们要进一步追问的则是:零售商业模式的架构及其属性是什么? 价值属性又是什么? 两者的结合对零售企业行为或企业的零售活动的价值创造又会产生怎样的影响?

2.2 流通经济理论研究

本书以零售商业模式为题,有必要对作为研究对象的有着相同和近似特征的零售企业的"集合"——零售业的特征和特点进行论述,并上升到流通业的产业高度和流通经济的理论高度对零售企业和零售行为加以理解和认识。一般从统计上来讲,流通业包括批发业、零售业和物流业。零售业毫无疑问是流通业的重要组成部分,同时在渠道扁平化、渠道层级缩小化的今天,批发业日渐式微,由此更凸显零售业在流通业的经济比重和经济地位。商业模式的核心构念是价值创造,如果从流通经济的理论高度探讨和梳理流通的价值创造问题以及流通的基本特征和发展趋势,则更能从宏观层次去理解微观层次的零售企业或零售活动的商业模式的价值创造问题,并可能借鉴流通经济的部分理论成果去审视和透视零售商业模式的架构属性和价值属性。

2.2.1 流通创造价值

20 世纪 80 年代,学术界的主流观点认为,流通不创造价值,也不创造剩余价值,只是在价值实现过程中起中介作用,流通利润来自生产利润的让渡,流通利润或者是生产领域利润的转移,或者是生产活动在流通领域的延续(如加工、包装、运输等)带来的。黄国雄(2010)在对流通中的劳动是不是生产性劳动、是否创造价值、生产与交换的关系、流通利润的来源等问题讨论的基础上,提出流通中的劳动也是生产性劳动、自身也创造价值、生产与交换的关系在不同发展阶段是动态变化的关系、流通的利润来源是多元化的观点。持相同"流通创造价值"观点的学者还有陆立军(2002)、何林和何炼成(2005)、张思锋和马新文(2005),他们对流通价值的分析和判断是对传统流通价值认识的突破,但没有摆脱生产劳动价值论的束缚。孙志伟(2012)通过对商品价值形成过程和实现过程的分析,认为"商品价值的形成过程绝对不应结束于生产阶段,只有当产品已经转化为完整意义上的商品的时候,商品价值的形成过程才能够终结",进而提出"商品价值形成过程是生产过程和流通过程的统一""生产劳动和流通劳动都是创造商品价值的劳动"的观点,认为商品价值是"在现有社会正常生产条件和流通效率条件下,由包含在商品中能被消费者认可的社会生产劳动和社会流通劳动时间决定的"。这种观点的实质是价值创造和价值实现的统一,是对创造价值劳动的新认识。进一步地,王雪峰(2013)认为生产环节的生产劳动创造商品的核心价值和使用价值,流通环节的流通劳动在促进商品核心价值和使用价值实现的同时创造着商品的增值价值,商品的使用价值或者消费者通过消费商品实现的总价值在数量上应该等于商品的核心价值与增值价值之和,因而对商品价值形成的认识由生产劳动过渡到生产劳动和流通劳动的统一。胡红飞(2008)在对"流通产业不创造价值"遇到的新问题进行分析的基础上,提出了流通产业创造有形价值的时空效应和创造无形价值的效应,建构了流通价值效应分析框架,通过实证研究,验证了流通创造价值的观点。吕怀涛(2015)通过总结"交易计划性""竞争性买卖集中""商业备货"等流通规律及组织特征,认为流通规避了需求模糊分布及难以预测的难题,"越来越多的需求是在消费者与商品相遇的流通过程中被唤醒",使流通过程内生性地创造需求,故而创造价值。

流通创造价值是流通理论发展的基础,也是本书最基本和最深刻的理论根基。不接受和建立流通创造价值的最基本理论认知,将有悖于大量的生活现实和企业实践,同时将颠覆本书的现实意义和理论意义。

2.2.2 流通对制造业的功能价值认识

流通业的发展对制造业有深刻而又全面的影响和作用。宋则等(2010)认为应当重视流通业内在竞争性机制对制造业产业结构调整的影响力,发挥流通业影响力可以缓解制造业产能过剩、优化制造业区域分工、促使制造业节能降耗、提升制造业国际地位、强化制造业的自主创新能力。

流通业的发展对制造业的生产效率或全要素生产率有正向的促进作用。赵霞和徐永锋(2012)通过对16个制造子行业的面板数据的研究,发现流通业的发展有力地促进了制造业效率的提升,并且这种作用是部分通过降低交易成本来实现的。李晓慧(2014)基于省际面板数据,利用随机前沿生产函数模型对流通业对制造业效率的影响进行了实证检验,发现流通业专业化发展促进了制造业效率的提升。丁宁等(2013)对流通创新对制造业全要素生产率提升进行了实证计量分析,发现流通技术进步和组织创新对制造业全要素生产率的提升产生较为明显的促进作用,而流通技术效率对制造业全要素生产率提升的作用不显著。

流通业的发展对制造业产业升级和价值链升级有正向促进作用。丁宁（2014）研究了流通商主导的供应链战略联盟克服价值链活动时空矛盾的机理，分析流通商主导的供应链战略联盟对价值链创新的促进作用，认为这种组织创新能促进价值链核心环节竞争优势的提升，推动价值链设计和营销活动变革，拓展价值链的规模经济和范围经济，提高价值链治理效率。祝合良和石娜娜（2017）认为流通作为全球价值链中的高端环节，也是关键环节，具有整合价值链的功能，应该充分发挥流通业在我国制造业价值链升级中的作用。甚至有学者明确提出零售业对制造业的产业升级有促进作用。徐从才和盛朝迅（2012）认为，随着采购者驱动价值链的形成，制造业转型升级的动力逐渐从技术驱动转向组织驱动，升级形态从单环节升级转向整链升级，零售商尤其是大型零售商通过各种形式的服务创新和盈利创新以及全产业链控制、关键环节控制、品牌和关键技术控制等手段提升整个产业链绩效，对制造业的转型升级作用越来越大。进一步地，盛朝迅（2011）通过构建零售商与制造商因素的实证模型，对大型零售商产业链绩效提升作用进行了实证研究，结果表明，大型零售商因素特别是盈利能力、零售效率、零售商专业化分工水平等对产业链绩效提升作用显著。所以丁俊发（2017）认为，要把零售放入国民经济的全局，与生产、分配、交换、消费相结合来研究零售，既要立足于零售，又要跳出零售，所谓"新零售"实质上是一种模式上的创新，是我国流通业从传统到现代、从粗放到集约的突破口，是解决当前我国流通业所面临难题、创造崭新商业模式、提高流通业活力的一把"钥匙"。

诸多的流通经济领域学者基本认为流通业对制造业的效率、制造业的创新、产业链的绩效、产业链的升级、价值链的绩效、价值链的创新有正向促进影响，有的通过实证研究加以验证并得到证明，其中盛朝迅（2011，2012）明确提出大型零售商对制造业产业链升级的促进影响，丁俊发（2017）认为要从商业模式的角度对目前实业界讨论热烈的"新零售"进行理解。

2.2.3 流通对消费的功能价值认识

流通业不仅是生产的先导，也是消费的重要促进力量，流通效率的提高、流通渠道和流通模式的完善是决定消费实现程度和水平的重要力量（赵娴，2010）。

流通业的发展对居民消费有促进作用。李骏阳等（2011）量化研究农村消费品流通发展与农村居民人均消费之间的关系，结果表明，发展流通业能有效拉动农村消费市场。丁宁（2013）运用省际面板数据发现流通创新对中国居民消费率的提升具有明显促进作用。① 王世进等(2013)运用静态、动态面板数据模型考察了流通产业规模、经营效益、产业环境对我国居民消费的作用机理,实证研究发现,三者都对居民消费增长有显著的促进作用。

流通业的发展对消费结构升级有促进作用。姚嘉(2017)从流通环境、流通渠道、流通效率等层面的研究发现,流通产业发展有助于居民消费结构升级,并发现2001—2014年对消费结构升级影响最大的是流通渠道结构,这一研究结论与中国互联网兴起及其在流通活动中的广泛运用对消费活动带来的巨大冲击相一致。杨水根、王露(2018)利用2004—2015年我国30个省份的面板数据,研究了流通创新对农村居民消费结构升级的影响,发现流通创新影响居民消费升级具有显著空间异质性特征。②

以上研究都是从宏观视角论述流通对消费的促进作用,而张先轸(2013)以社会分工导致生产与消费的分离为逻辑起点,从节约搜寻成本、解决道德风险与逆向选择问题等角度来论述流通促进消费的微观功能,呈现了一个非常有趣和非常有价值的基于流通经济理论的流通促进消费的微观研究视角。

2.2.4 基于供应链整合的流通功能价值认识

供应链整合是企业与供应链伙伴战略合作,共同管理企业内部和外部的流程,实现产品、服务、信息和资金的有效管理,以快速和低成本的方式为客户提供最大价值(Zhao et al.,2008)。但对供应链整合的研究基本上都是以制造企业为主体和对象,以流通企业为主体或对象的供应链整合研究很少,而许多流通经济的学者已经认识到流通企业在供应链整合中的作用和地位。谢莉娟(2013)认为,随着制造商在分销渠道中的话语权逐步被下游流通商所平衡甚至超越,传统制造商主导型供应链模式不断受到应用限制,而流通商借助渠道优势整合供应链趋势日益强化,并提出了批发商主导的、零售商主导的、第四方物流商主导的三种供应链整合模式,并在另一篇文献(2012)中以水产加工食品行业为对象讨论了基于流通商主导的三种供应链整合模式的具体应用。杨利军(2014)认为流通企业调整经营战略,建立与供应商之间的竞合对称性协同关系,是新的竞争环境的需要,也是流通企业创新盈利模式、实现内涵式增长的必然选择。丁宁(2014)研究了流通商主导的供应链战略联盟这一组织形式对价

---

① 该文认为流通创新包括流通技术创新和流通组织创新,分别以技术进步和规模效率指数作为测量流通技术创新和组织创新的解释变量。

② 该文从流通规模、流通效率、流通信息技术、流通结构、流通渠道等多维度来测量与解释流通创新。

值链创新的促进作用,认为这种组织创新能促进价值链核心环节竞争优势的提升。杨利军(2016)从供给侧结构性改革的宏观经济调控政策高度,认为供应链优化是流通企业降低成本、提高要素生产效率的重要途径,应通过优化流通企业与生产者、消费者之间的分工与协作,建立全球化供应链体系,加大供应链掌控力度。

正是由于认识到供应链整合的力量越来越发端于消费的需求端,谢丽娟(2015)首创性地提出了逆向供应链整合的概念,即由下游流通组织作为主导企业、上游制造商充当节点企业,从传统自上而下商品流通的推式视角,转向自下而上商品创造的拉式视角的供应链整合过程,并认为零售制造商是供应链逆向整合的主要表现形式,且对零售制造商的具体表现形式进行了论述,包括专业连锁零售的反馈型逆向整合、KA综合零售[①]的效率型逆向整合、C2B网络零售主导的定制型逆向整合。闫星宇(2011,2013,2014)运用模块化组织理论对零售制造商这一新型的流通创新组织进行了深入研究,认为零售制造商是零售商主导制造商的虚拟组织,零售商基于关键资源的掌控,如销售网络渠道、终端销售平台等,借助品牌规则约束制造商,促进其产品研发、快速制造、创造并满足多样化需求,还认为零售制造商的出现是基于信息网络技术的"消费自主性外在拉动"和"零售商趋利性内在推动"的合力结果,并分别对超市果蔬类农产品和快时尚服装的零售制造商组织行为和特点进行了专门论述。

2.2.5 流通经济理论研究述评

本节上升到流通的产业高度对流通经济理论进行了综述,认为流通是创造价值的,这种价值不是制造过程中由生产价值让渡和转移的价值,而是内生于流通过程中创造的价值。流通对制造以及消费的促进(包括对制造业生产率的促进、对制造业全要素生产率的促进、对产业升级和价值链的促进、对消费总量的促进、对消费结构升级的促进)是流通创造价值的宏观体现,由此坚定了本书的研究动力和方向,并确立了本书的现实意义和理论意义。

同时,通过综述流通业的供应链整合的功能价值,发现逆向供应链整合及其执行主体零售制造商(谢丽娟,2015;闫星宇,2011、2013、2014)的研究,这对本书研究有非常大的启发价值。零售制造商是零售商主导制造商的虚拟组织,零售商基于对关键资源的掌控,如销售网络渠道、终端销售平台等,借助品牌规

---

① KA即key account的简称,中文意思是重要客户,KA综合零售就是营业面积、客流量和发展潜力均处于优势的大终端或大卖场,如沃尔玛、家乐福、麦德龙、上海联华、北京华联、深圳万佳等。

则约束制造商,促进其产品研发、快速制造、创造并满足多样化需求(闫星宇,2011)。这本身就可能是商业模式的一种架构形式的表现,体现了零售制造商如果作为一种零售商业模式去理解价值创造来源的架构属性。同时由对"互联网+"时代和环境的适应,围绕终端消费需求去逆向整合供应链,利用供应链末端的信息汇聚优势,来降低供需不相匹配的市场成本,避免因信息滞后或传递扭曲而引致的上游产能过剩或相对供给不足(谢丽娟,2015),这又可能体现了零售制造商作为一种零售商业模式的竞争优势来源的价值属性,故而这部分研究成果很值得在本书中以商业模式作为理论视角去再深入探讨和研究。

2.3 零售商业模式研究

2.3.1 对零售商业模式的三层次理解

零售商业模式的研究文献并不多,涉及的文献包括零售国际化的商业模式(May,2013;Burt et al.,2016;Lanlan et al.,2018)、零售渠道的商业模式(Mika,2014)、零售物流的商业模式(Erik,2013)、具体零售行业的商业模式(Prateek,2015)、具体零售企业的商业模式(Dobre-Baron,2015)、基于环境友好型的可持续发展零售商业模式(Elizabeth,2015;Kerli,2015),基本涵盖了刘向东和李敏(2012)划分的零售研究主要主题,包括零售战略、零售渠道、零售物流、零售环境、零售运营、零售结构等。

从既有文献来看,对零售商业模式存在三个层次的理解,第一层次是"零售+商业'模式'"。这一层次主要是以零售行业或企业作为对象或情景,探讨商业"模式"的分类,但对作为商业模式核心构念的价值创造和价值获取论述不足,更多的是体现一种对零售运营行为或战略行为的分类视角。如 May(2013)以美国家得宝在中国市场的失败为案例进行分析,认为东道国文化对零售企业国际化扩张的商业模式有重要影响,建议家得宝可以用新的 DIFM(Do-It-For-Me)商业模式取代其无效的 DIY(自己动手)模式。Lanlan 等(2018)以国际零售商为研究对象,研究了国际零售商由母国到东道国重建核心业务逻辑的商业模式创新分类,揭示了零售国际化过程中商业模式创新的六条路径,包括本地市场的品牌形象合法化、本地市场的产品和服务创新、与本地利益相关者的联盟、寻求集团内部的共享资源、母国总部的知识转移、对本地竞争者的模仿,进而基于母国资源和本地资源,从利用和开发两个维度确立了跨国企业在国际化商业模式创新过程中三种不同的资源配置模式(延伸、嵌入和自治)。

第二层次是"零售+商业模式"。这一层次主要是以零售行业或零售企业为研究对象,借鉴和借助商业模式的理论和分析框架,对其进行相应理论主题的研究,能够体现商业模式的理论意味,但商业模式仅是一种分析框架和分析工具,对零售特征和属性认识和挖掘不足。如 Kerli(2015)基于 Osterwalder 等(2005)的商业模式分析框架,以一个启示性的案例研究为基础,着重介绍了一个高端时尚品牌通过二手零售来延长产品寿命的努力,虽然时装公司的重点还是从新产品的销售中创造和获取价值,但是二手零售可以提供额外的价值创造机会,该研究从商业模式角度对二手零售进行了概念分析,以帮助时尚公司将服装的再利用和转售融入公司业务中。Burt 等(2016)也是基于 Osterwalder 等(2005)的分析框架,以宜家为例,研究了领土嵌入(territorial embeddedness)、社会嵌入(societal embeddedness)和网络嵌入(network embeddedness)对零售国际化过程的影响。Witek-Hajduk 和 Napiórkowski(2017)基于聚类分析方法对零售商与制造商合作的受益性进行了研究,按照商业模式视角将零售商分成供应链离散型(distributor)和供应链整合型(integrator),将制造商分为传统型(traditionalist)、市场参与型(market player)和承包型(contractor),研究发现,中等规模的供应链整合型零售商与国内以资本为主的市场参与型制造商合作受益最大。

第三层次是"零售商业模式"。这一层次是以零售商业模式作为对象进行研究,或者基于商业模式的研究基础,从理论上演绎和探究零售商业模式的一般规律和特点,或者以零售行业或零售企业为例,从实证上归纳和分析基于价值创造和价值获取的零售商业模式的内在规律和特点。Sorescu 等(2011)对零售商业模式及创新进行了理论阐释,认为零售商业模式描述了零售商如何为顾客创造价值以及如何从市场获取价值,基于 Amit 和 Zott(2001)对商业模式的定义(内容、结构、治理),Sorescu 等(2011)认为零售商业模式的架构包含三个组成部分:零售业态(retailing format)、零售活动(retailing activities)、零售治理(retailing governance),并分别从价值获取和价值创造两个方面论述了零售商业模式创新的内容:运营效率(operational efficiency)、运营效益(operational effectiveness)、顾客锁定(customer lock-in)、顾客效率(customer efficiency)、顾客效益(customer effectiveness)和顾客参与(customer engagement)。Mika(2014)借鉴 Sorescu 等(2011)的研究成果,利用半结构化访谈对多渠道(multichannel)零售商业模式价值创造面临的挑战进行了分析,认为在零售商业模式的结构(format)方面,多渠道会由于顾客可以在多个渠道间毫不费力地转移而导致顾客与企业的价值不匹配;在零售商业模式的活动(activity)方面,零售商面临着对自身产品和服务进行整合的压力;在零售商业模式的治理(governance)方面,要关注如何在组织结构上去调节和治理多渠道可能引发的渠道冲突。盛亚等(2015)利用多案例分析方法,提炼出电子商务环境下零售商业模式的构成要素及要素间的关系,得出了零售商业模式的价值创造框架。

为更清晰展示三层次对零售商业模式的理解差异性,如表 2-2 所示。

表 2-2 对零售商业模式的三层次理解

	第一层次	第二层次	第三层次
称谓	零售＋商业"模式"	零售＋商业模式	零售商业模式
优点	体现了零售经营行为或战略行为的分类,零售企业是情境或研究对象	体现了商业模式的理论内涵,零售企业是研究对象	对零售商业模式进行研究,或理论演绎或以零售企业为研究对象进行实证研究
缺点	没有体现商业模式的价值创造和价值获取理论内涵	商业模式仅是分析框架和理论工具,可能对零售属性和特征认识不足	目前这方面的文献较少
文献举例	1. May,2013 2. Lanlan et al.,2018	1. Kerli,2015 2. Burt et al.,2016 3. Witek-Hajduk & Napiórkowski,2017	1. Sorescu et al.,2011 2. Mika,2014 3. 盛亚等,2015

2.3.2 零售商业模式与零售业态的概念辨析

在大量的研究文献中,存在零售商业模式与零售业态概念的混用和交叉使用,如唐鸿(2006)认为零售业态即是零售商业模式。张艳(2013)提出了零售商业模式的核心要素构成、边际要素构成,由此形成了初级零售商业模式、较高级零售商业模式和高级零售商业模式的层级关系,并认为初级和较高级零售商业模式在零售业态选择上可以是各种零售业态中的任一个或其中的多个组合,而高级零售商业模式已经不是经营一个或多个业态,而是全品类经营。盛亚、吴蓓(2010)在论述零售商业模式时,最后也将零售商业模式等同于零售业态处理。甚至 Sorescu 等(2011)在论述零售商业模式要素构成时,也将零售业态(retail format)作为要素之一,另外两个要素是零售活动(retail activity)和零售治理(retai governance),由此引起了零售商业模式和零售业态两个概念间较为严重的混淆。

造成此种现象的原因有两个:一是零售商业模式理论研究的文献很少,故而对零售商业模式的分类一直缺乏较有公信力的划分维度,一旦牵涉到零售商业模式的分类问题,自然就很容易先想到较为成熟的另一种分类方式——零售业态;二是零售业态在历史的发展过程中,确实体现了至少是体现过商业模式形成的过程和特点。百货商店的历史出现实现了基于当时欧洲中产阶级追求美好生活、对时尚和品质商品多样化选择的价值创造,故而通过商品分类陈列、明码标价、选址在繁华商圈的市中心、设置在一个大建筑物内、装修富丽堂皇、组织结构体现专业化分工的商业模式架构去实现这个价值创造,并因为顺应了大生产呼吁大流通以及消费需求升级的历史环境(米辉,2014),而体现了百货商店这个零售商业模式竞争优势的价值属性;超级市场的历史出现实现了对日常生活必需品价格低廉,商品种类极大丰富,一次性购齐,节省货币成本、时间成本和精力成本的价值创造,故而通过开架自选、选址在市郊地区、装修简朴、陈列丰富的商业模式架构去实现价值创造,并因为适应了当时美国经济危机时代消费者购买力下降和地产、房产价格较低的经济环境,而能够体现这个零售商业模式竞争优势的价值属性。

有鉴于此,有必要对零售商业模式和零售业态两个概念进行全面和深刻的概念辨析和差异对比,如表 2-3 所示。

表 2-3　零售商业模式与零售业态的概念辨析和差异对比

差异性	零售业态	零售商业模式
定义	零售企业为满足不同的消费需求进行相应的要素组合而形成的不同经营形态	零售企业或从事零售活动的企业进行价值创造的逻辑,是以价值创造为导向的核心企业与消费者、供应链合作伙伴等利益相关者互动的交易活动和系统
要素	目标顾客、价格策略、商品结构、商品时尚性、服务方式、选址、店铺环境(Levy & Weitz,2008)	零售业态、零售活动、零售治理(Sorescu et al.,2011) 价值主张、价值网络、资源能力、盈利模式(盛亚、徐璇、何东平,2015)
目的	为了满足消费需求	为了价值创造(包括顾客价值、伙伴价值和企业价值)(原磊,2009)
手段	不同的经营形态	通过与利益相关者互动的交易活动和系统
方式	适应性满足为主	适应性满足和主动性创造
创新	业态创新(李飞,2006)	零售商业模式创新(Sorescu et al.,2011)
学科领域	产业经济学、产业组织学、管理学	管理学
主体	具有相同经营形态的"群体",是一个"集合"的概念	既具有类似商业模式的"群体"概念,又具有微观层面企业商业模式差异的"个体"概念

续　表

差异性	零售业态	零售商业模式
思维特点	聚焦于零售经营活动,消费者需求作为外生变量存在,思维特点是相对封闭于企业内部的经营	强调零售活动与外部利益相关者包括消费者和上游企业的互动,价值创造内生于互动过程,思维特点是以企业为支点向外部扩散
属性	业态的经营属性(operation)	商业模式的架构属性与价值属性(杨俊等,2018)
理论解释力	理解不同业态的竞争优势较有解释力,但对于相同业态的不同个体企业的竞争优势解释力很弱	不论是对于以"群体"概念出现的不同类别的商业模式,还是对于以"个体"概念出现的不同企业的商业模式,对其价值创造和竞争优势都有很强的解释力

在现实实践中,有很多企业行为是业态理论所不能很好解释的,譬如同属于专业店的红星美凯龙、孩子王、迪卡侬、屈臣氏这些零售企业,从业态上来讲都是满足消费者对某大类商品的专业化需求,但是撇开经营产品的差异,它们之间的价值创造差异和竞争优势来源差异是业态理论所无法解释的,因而就不能从本质上去理解它们运营行为的差异。又譬如永辉超市为什么就比别的超市做得好,小米之家和苹果以及华为的手机专卖店有何差异,优衣库、ZARA 作为专卖店和李宁、耐克、美特斯·邦威专卖店有何差异,这些从业态角度上来讲都不能很好解释,需要从商业模式的角度去剖析和阐释。再则,一般来讲,零售业态包括百货店、超市、专业店、专卖店、便利店、仓储式商店、购物中心和网上商店,从这个业态划分就能看出偏重实体零售,而在网络零售发展日新月异,甚至提出了"新零售"概念(阿里巴巴马云认为新零售是以消费者体验为中心的数据驱动的泛零售业态)的今天,单独一个"网上商店"的零售业态划分太过于笼统了,对现实企业实践也缺乏指导价值。所以,现实零售企业的行为和活动,相较于业态理论商业模式理论能更有理论的解释力,由此也更有学术的生命力。

2.3.3　零售商业模式的定义

本书接受和继承绝大多数学者对商业模式的一般和共同认知,认为商业模式是企业进行价值创造的逻辑,是以价值创造为导向的核心企业与利益相关者互动的交易活动和系统(Amit & Zott,2001;Shafer,2005;Zott & Amit,2010;Baden-Fuller & Morgan,2010;Amit & Zott,2015;Wirtz et al.,2016;Foss & Saebi,2017;杨俊等,2018),将零售商业模式定义为:零售企业或从事零售活动的企业进行价值创造的逻辑,是以价值创造为导向的核心企业与消费者、供应链合作伙伴等利益相关者互动的交易活动和系统。这个定义需要注意以下三点。

第一，主体是零售企业或从事零售活动的企业。这是因为并不是只有零售企业能从事零售活动，批发商也可以从事零售活动（如杭州四季青服装批发市场的很多批发商兼具零售行为），制造商也可以从事零售活动（如小米的小米之家，格力开设格力专卖店，恒源祥入驻天猫商城），本书研究对象的主体是具有法人实体的以从事零售活动为主但不局限于零售企业的企业（消费者个人也可以借助手机移动端从事微商活动，则基本不在本书的考察范畴）。

第二，最主要的利益相关者是消费者和供应链合作伙伴。零售企业的外部利益相关者会有很多，尤其在零售国际化过程中，会包括当地政府、当地消费者、社区公众甚至竞争者（May，2013；Burt et al.，2016；Lanlan et al.，2018），但是最主要的利益相关者，一是消费者；二是供应链合作伙伴，零售企业在整个供应链中是具有主体地位的，是一个很重要的供应链环节，甚至是具有主导地位的主体（盛朝迅，2011；徐从才、盛朝迅，2012；谢丽娟，2015）。

第三，商业模式是一种交易活动和系统（activity of system about business）。本书并不主要从零售商业模式的要素结构入手展开研究。Sorescu等（2011）将零售商业模式结构分解为零售业态、零售活动和零售治理三要素，容易引起零售商业模式和零售业态的概念混淆。盛亚等（2015）将零售商业模式分解为价值主张、价值网络、资源能力、盈利模式四要素，可以从整体上帮助理解基于价值创造的零售商业模式框架，但对于具体深入分析微观企业商业模式作用仍嫌单薄。李飞（2014）借鉴了 Johnson 和 Christensen（2008）与原磊（2007）的商业模式分析框架，将零售商业模式分解为营销模式、资源模式和流程模式的组合，通过对国美、苏宁、银泰百货、万达百货、永辉超市、步步高超市、天猫商城和京东商城等中国零售企业的案例研究，得出了零售商业模式基本遵循选择营销模式—构建流程模式—整合资源模式的形成机制，但这个研究基本上属于运营层面（operation）的研究，对零售企业对顾客价值创造和供应链整合的作用认识不足。要素和要素间的关系错综复杂，如果将零售商业模式的分析单元更细化到活动（activity）层级，并基于系统观视角理解活动的系统关系，则更有助于零售商业模式的理解，所以，本书将零售商业模式理解为一种交易活动和系统，并试图上升和抽象为一种商业模式的架构属性（杨俊等，2018）去展开研究。

2.4 本章小结

本章分别对商业模式理论、流通经济理论、零售业态理论进行了文献述评。

商业模式起始于外部导向的顾客价值主张的发现和识别,经由外而内的企业活动系统(包含着与利益相关者的互动)的价值创造行为,再经由内而外的基于价值网络的价值传递,终止于包含了顾客价值、合作伙伴价值和企业价值的价值获取,商业模式理论内外兼修的特性为理解和解释当今纷繁的零售企业行为或企业的零售活动提供了一个很好的理论视角,但它不可能在自己的研究范畴内提炼出一个专门针对零售企业或企业的零售活动的零售商业模式,商业模式理论本身也不可能对零售行业或零售企业的特征和属性有所洞察,流通经济有关零售的研究则可以很好地解决这个问题。

由流通经济理论综述的结论——流通是创造价值的,流通对制造业有促进作用,流通对消费有促进作用,我们基本上可以做到理论演绎,即零售也是创造价值的,零售对制造是有促进作用的,零售对消费也是有促进作用的,由此坚定了基于价值创造核心构念的零售商业模式研究的动力和意义。同时流通经济理论综述中的逆向供应链整合和零售制造商的研究,也给本书研究带来了很大的启发。但是,囿于流通经济的研究范式毕竟和管理学的研究范式存在很大区别,它给我们指明了研究的方向,即朝着那个方向走应该是不会错的,但到底怎么走并没有说。"经济学对企业组织设计的忽视在一定程度上给管理学留下了广阔的发展空间,从这个意义上讲,管理学的本质是在微观层面对组织问题的研究,倘若当初经济学沿着斯密'分工与市场'的思路发展,则企业组织理论应当成为当今微观经济学的重要组成部分,而管理学的发展空间则可能会大大缩小。"(夏春玉、丁涛,2011)

吸收、借鉴和根基于商业模式理论和流通经济理论,本书对零售商业模式进行了综述,对零售商业模式存在三个层次的理解:"零售+商业'模式'""零售+商业模式"和"零售商业模式",本书的研究毫无疑问是属于第三个层次,继而本书对零售业态和零售商业模式的概念差异进行了辨析,认为相较于零售业态理论,零售商业模式更有对现实的解释力和学术的生命力,最后本书给出了对零售商业模式的理解定义:零售企业或从事零售活动的企业进行价值创造的逻辑,是以价值创造为导向的核心企业与消费者、供应链合作伙伴等利益相关者互动的交易活动和系统。

3 零售商业模式的理论框架建构：探索性案例研究

3.1 案例研究方法

3.1.1 研究方法选择

本书在第二章文献综述中将零售商业模式定义为：零售企业或从事零售活动的企业进行价值创造的逻辑，是以价值创造为导向的核心企业与消费者、供应链合作伙伴等利益相关者互动的交易活动和系统。可是围绕这一定义的零售商业模式理论框架到底是什么？理论构念和概念间的逻辑关系是什么？社会科学的常用研究方法是科学实证主义思想的演绎式的量化实证研究方法，这种方法通过样本抽样对总体进行研究，因其数据逻辑严谨和研究范式成熟而被广泛认可和接受，但这种方法是从一个理论演绎开始的，其主要局限在于更适合验证理论而不适合于建构理论（吕力，2014）。管理案例研究方法是管理学研究领域的另一种常用方法，目前也越来越受到管理学者们的重视，它是通过研究典型案例中出现的科学现象和问题而推导归纳出研究结论或研究命题的研究方法（欧阳桃花，2004），通常是用客观事实的逻辑来归纳、演绎理论的逻辑，并不开始就束缚于理论，因此在建构和发展理论方面具有独特的和不可替代的重要作用（Eisenhardt，1989；Yin，2003；Eisenhardt，2007；徐淑英，2012）。案例研究是一种研究策略，最适于回答"How"（怎样）和"Why"（为什么）的问题，而不是"应该是什么"的问题（Yin，2003）。本章关心的问题也正是：如何在回答以价值创造为目的的核心企业是"怎样"和"为什么"与消费者、供应链合作伙伴等利益相关者互动的问题的基础上，建构零售商业模式理论框架。案例研究已经被证明是建构理论的有效方法，因此本书选择案例研究方法有助于建构零售商业模式理论框架和发展零售商业模式理论。

Bassey(1999)将案例研究方法区分为探索型、描述型、解释型和评价型(evalution)四种类型,探索型案例研究因为理论因果关系不够明显、因果联系复杂多变(Yin,2003),所以侧重于提出命题或假设,它们的任务是寻找新理论(theory-seeking);描述型案例研究侧重于描述事例,它们的任务是讲故事(story-telling)或画图(picture-drawing);解释型案例研究侧重于理论检验(theory-testing),也称验证型案例;而评价型案例研究侧重于就特定事例作出判断。本章的案例研究属于探索型案例研究方法,即希望通过案例研究建构零售商业模式的理论框架,并提出构念和变量间的初步命题。

3.1.2 案例数量选择

在案例选择过程中,应运用理论抽样的原则选择案例样本,即根据理论需要而不是统计需要来选择可能复制或拓展新理论的案例,也就是说,选择那些"对将要建构的理论而言能够排除其他因素的总体、能够展现理论全貌抽样以及能够清晰说明理论的极端案例"(Eisenhardt,1989;刘洋、应瑛,2015)。

对于选择多少个案例,Eisenhardt(1989)认为案例数量如果能够达到4~10个的话,基本上可以提供一个良好的归纳分析基础,而且由此所推导出来的信度、效度也会得到改善。Eisenhardt 和 Bourgeois(1988)指出,多案例的选择应当使用理论抽样,而不是统计抽样来决定案例数量,即增加案例数量导致边际效用不再变大时就可以不再增加案例的数量,同时也必须交代选择案例的理由(张霞、毛基业,2012),也就是说,选择的案例必须与所要回答的问题相关。基于以上考虑,本书初步选择四个研究案例,根据研究过程的理论抽样的结果再决定是否增加新的案例。

3.1.3 资料搜集方法

案例研究一般会综合运用多种数据收集方法,如文档资料、访谈、问卷调查和实地观察(Eisenhardt,1989)。Yin(2003)认为案例研究的数据来源包括文献、档案记录、访谈、直接观察、参与性观察和实物证据六种类型。叶康涛(2006)将其归纳为访谈、观察、问卷调查和档案类型,按照数据来源的原始性可将其分为一手数据和二手数据,一手数据是指研究者首次亲自收集并经过加工处理的数据,包括访谈、直接观察、间接观察;二手数据是指来源于他人(商业和政府机构、营销研究公司、计算机数据库等)调查和科学实验的数据,包括文件、档案记录和实物证据。

苏敬勤和刘静(2013)认为,目前国内并未形成链接企业管理实践与管理科学研究的有机平台,依靠研究者个人的关系和能力联系到案例企业的关键联系人实现有效访谈是较为困难的事情:一方面,案例研究者很难联系到能够有效协调和安排企业中高层管理者配合研究人员访谈的关键联系人;另一方面,即使研究人员接近企业的中高层管理者,但通过访谈所获取的一手数据也未必能够有效解决案例研究问题。在信息技术飞速发展的当前环境下,通过多种途径获取的二手数据提供的信息和资料同样能够进行科学的研究(苏敬勤、刘静,2013)。Yin(2003)也认为案例研究并不一定需要花费大量时间去做调查,即使在图书馆里也能完成高质量的案例研究。虽然国外案例研究者较少采用二手数据进行研究,但此类研究同样能够发表在国际高水平的期刊上,这说明二手数据可用于案例研究。

基于以上考量,本书认为二手资料是一座宝贵的资料资源金矿,在没有认真挖掘、梳理和整理二手资料资源的前提下,而去进行企业访谈的一手资料获取是不明智的。本书的资料获取将主要以二手资料为主,包括企业官网、新闻报道、文献期刊、公司年报、公开的行业报告和调查报告,与企业事迹相关的书籍等,尤其是具有极高可信度的企业家自传,在研究过程中确认有一些问题的答案是通过二手资料无法获得,或者由于企业发展历史并不长导致相关二手资料比较欠缺,或者对二手资料存在不确切甚至矛盾的疑惑之处需要通过一手资料获得三角验证,再通过社会关系向企业有关人员寻求帮助和答案,这样就可以大大提高访谈调研一手资料获取的针对性、效率性和价值性。

3.1.4 案例研究设计

本书初始的零售商业模式理论框架构想是借鉴杨俊等(2018)的商业模式架构属性和价值属性的思想,即零售商业模式存在几种可能的架构属性,这需要从对极端案例(Eisenhardt,1989)的研究中去提炼,价值属性依然借鉴 Amit 和 Zott(2001)的经典研究中提出的新颖性(novelty)、锁定性(lock-in)、互补性(complementarities)、效率性(efficiency)的 NICE 框架。

新颖性借鉴熊彼特(1934)的创新理论,是指在零售活动中引进了新的技术、新的产品或服务、新的原料、新的市场、新的组织结构和新的销售方法;锁定性是指零售企业将消费者或供应链合作伙伴保留(retention)在活动系统中的能力,或者是因为转换成本(switching cost)的存在从而对交易成本产生影响(Williamson,1975),或者是因为网络外部性的影响(Katz & Shapiro,1985;Shapiro & Varian,1999),或者是因为基于资源基础观(RBV)的品牌和商誉的企业战略性资产的存在;互补性是指将一组产品或服务捆绑在一起的价值要大于所有单个的产品或服务的价值相加之和或供应链主体之间资源的交叉和依赖程度[①]；效率性是指运营效率的高低，Sorescu 等（2011）进一步将效率分解为运营效率（operational efficiency）和顾客效率（customer efficiency），效率的提高可以通过降低交易成本（transaction cost）实现，当交易成本减少，交易效率就会提高（Williamson，1975、1983、1989）。每一种价值属性都有其根植于内的基础理论，Amit 和 Zott（2001）对其进行了总结，如表 3-1 所示。

表 3-1　商业模式价值属性的理论基础

基础理论	效率性	互补性	锁定性	新颖性
价值链理论	中	中	低	中
熊彼特创新理论	低	低	低	高
资源基础观	低	高	中	中
战略网络理论	中	中	高	中
交易成本理论	高	低	中	低

注：高、中、低是指商业模式价值属性根植于基础理论的程度或者说基础理论对价值属性解释力的程度。

资料来源：Amit 和 Zott（2001）。

　　本章零售商业模式理论框架构建的核心问题则是：（1）零售商业模式存在哪几种架构属性？（2）零售商业模式的架构属性是否会影响价值创造？（3）零售商业模式的架构属性是否会影响零售商业模式的价值属性？

　　根据极端案例的选择原则（Eisenhardt，1989），本书初步选择优衣库、ZARA、尚品宅配、宜家四个案例，优衣库和 ZARA 为一组，尚品宅配和宜家为一组，重点探讨这些零售企业的商业模式架构和可能存在的效率性、互补性、锁定性和新颖性的商业模式价值属性，以及它们之间的关系。

3.2　优衣库案例研究

　　优衣库（UNIQLO），日本服装品牌，属于日本迅销集团，创始人柳井正，通过摒弃了不必要装潢装饰的仓储型店铺，采用超市型的自助购物方式，以合理可信的价格提供顾客希望的商品、价廉物美的休闲装，为消费者提供"低价良品、品质保证"的经营理念，以 SPA（speciality retailer of private label apparel）经营

---

① 互补性的经济学解释是：假设产出由两种要素决定，增加一种要素的投入会提高另一种要素的边际产出。

模式在日本经济低迷时期取得了惊人的业绩,而今已成为国际知名服装品牌。

目前,迅销集团旗下多个品牌在日本、中国、英国、韩国、新加坡、法国、俄罗斯和美国等全球各地拥有 2000 多家店铺,2018 年其全球门店数将扩张至 3500 家以上,优衣库从 2002 年开始进入中国市场,截至 2017 年 10 月优衣库在中国共有 645 家分店。

3.2.1　优衣库案例描述

为了更清晰地描述优衣库的整个案例的历史过程,本书用表 3-2 的形式呈现,纵列分成案例描述具体内容,表格最右端的纵列为"特征提炼",包涵了"Why"(为什么)的提炼和"How"(怎样)的提炼,及相应的具体事件、行为或论断。案例从优衣库的前身 Man's Shop 小郡商事开始描述,基本按照历史发展过程进行,优衣库的商业模式是创始人柳井正一手打造和创建的,伴随着他早期的整个创业过程,所以案例描述内容侧重于优衣库的早期发展历史,部分地参考了优衣库开创者柳井正以第一人称著作的自传,并参阅了其他大量的相关资料。

表 3-2　优衣库的案例描述

序号	案例描述具体内容	特征提炼
1	男士服装特别是西服,价格很高,毛利也很大,但是就像日本的和服,商品的周转期很长,一年往往只能周转两次。卖那些不需要给客人量尺寸的休闲服似乎更适合我(出现"我"的都是柳井正以第一人称的自传内容,下同),西服只销售给 20 岁以上的男士,而休闲服的客户群没有年龄限定,很大众化。那时,我开始隐约感觉到休闲服市场的发展潜力。于是我的脑海里开始有了在郊外开一家大型休闲服商店也许很有意思的朦胧想法。	优衣库的前身是一家卖男士西服的服装店"Man's Shop 小郡商事",做男士西服对经验依赖太高,虽然毛利高但周转太慢,客户群比较小,谋求业务领域转型,想由男士西服转向休闲服
2	我曾到过美国的大学生活协会参观,在那里,学生需要的生活用品一应俱全,完全是自助形式,店里也没有那种想挖空心思把东西卖出去的商业味,店铺布局完全是站在顾客的立场上设计的,学生进店就像逛书店和唱片店一样,十分随意。我想,如果能够开出一家尽可能不需要店员接待服务,还能卖衣服的休闲服店,这不是更好吗? 能不能即使是针对十几岁的青少年,用自助式服务的销售方式,提供紧跟时尚潮流的休闲服呢? 在我脑海里想要的店铺模样渐渐清晰起来:开设一家"任何时候都能选到衣服的巨大仓库"。	自助服务让顾客更加随意,店员可以利用空余时间补充货源和整理商品,萌生开设自助服务的巨大仓库式的休闲服店的想法,将店名改为" UNICLO CLOTHING WAREHOUSE",1984 年 6 月,第一家优衣库店成立

序号	案例描述具体内容	特征提炼
3	休闲服是一种平时的穿着,是在任何时候、任何地方、任何人都可以自由穿戴的服饰,它可以与任何服饰搭配。然而从制衣商进来的商品,虽然价格很便宜,但是品质不够理想。我们通过日本国内的制衣商在海外委托加工。由于当时还没有建立品质管理制度,海外加工的产品常常会发现一些质量低劣的东西。在这种情况下,我开始考虑我们必须在海外组织生产,自己来进行生产和质量管理。	大量销售就要求大量进货,但从制造商进来的产品和海外委托加工的产品质量得不到保证,不仅从制衣商进货,开始通过日本国内制衣商在海外委托加工
4	传统的服装零售店通常是在制衣商和批发商下单的商品中进货,这种代销方式对销售方来说经营风险比较小,卖得不好可以退回给供应方,但商品毛利率会很低。而商家为了维持一定的毛利率,就必须抬高售价,结果就转嫁到消费者头上。另外,商品生产是由制衣商和批发商主导的,所以店铺的商品缺乏一贯性,而且必须按照制衣商或批发商的价格要求出售,没有自由定价的空间。	拜访了香港"佐丹奴"创始人黎智英,受到启发,可以自己生产自己销售,完全摈弃从制衣商进货的代销模式,积极探索委托厂家生产"特别订货"方式
5	随着商铺数量不断增加,商品采购能力也在不断提高,我们决定采取自己开发商品,然后委托厂家生产的"特别订货"方式,但是没有一定的量是不被接受的,而且产品必须百分之百买断,不得退货,这样零售企业就必须承担所有风险,一旦在商品企划和下单上看走了眼,会导致致命的结果。	海外委托生产也有很大的风险,并且不知道如何对生产质量进行控制,所以要有自己的海外生产基地
6	我们常常说商品是我们自己生产的,但是事实上是委托中国等地的工厂生产,我们只是出差来回奔跑而已,但要真正踏进生产管理环节,这种出差方式显然是不行的。1999年4月在上海、9月在广州分别成立了当地的生产管理事务所,委托管理人员常驻那里。	1999年4月在上海、9月在广州成立生产管理事务所,需要有人常驻生产工厂指导生产,提高生产技术
7	要想按照日本的品质标准组织生产,就必须采用与日本相同的生产方式,提高生产技术。我发现因为日本纤维产业的衰退,那些上了一定年纪的熟练技术工人渐渐失去了可以发挥作用的场所,于是我就拜托他们到中国进行技术指导,想不到他们竟然兴趣很高,不久,匠师们的努力终于有了结果,产品质量得到了明显提高。	要有人来指导中国企业生产技术的事情,找到了一批日本上了一定年纪的熟练技术工人从事技术指导工作,启动了匠师计划

续　表

序号	案例描述具体内容	特征提炼
8	优衣库将生产工作都委托给外部制造商,在这点上与其他服装制造商没有什么区别,不同的是优衣库要由己方进行彻底的生产管理,优衣库撰写好完整而精确的工序说明书,管理从染色到缝纫线的根数等全部工序,使制造商能够生产出质量相同的同种品种,与其说制造商是在进行服装加工,倒不如说是在做"工业制品的加工"。	要基于对生产工艺的绝对控制保障产品生产质量,进行彻底的生产管理,撰写完整而精确的工序说明书,基于产品质量保障的生产一体化基本完成
9	1998 年 6 月,推行了 ALL BETTER CHANGE(简称 ABC 行动)的改革,其中一个举措是对中国的服装加工厂进行一次清理,提高生产的集中度,将原本 140 家的加工厂缩减到 40 家,同时增加每家厂的产量,从而提高面料和缝纫的质量。	提高生产集中度,减少加工厂数量,实现规模经济,降低生产成本,更易控制产品质量
10	无论卖场有多宽阔,陈列在那里的商品种类一定会比采取其他经营模式的店铺少,优衣库只有 300～500 种商品,虽然商品品种较少,但优衣库以"少量品种大量销售"为理念,整合商品品种,通过大型店铺提高对顾客的吸引力。	优衣库的商品种类决策定位,压缩、减少和集中商品种类,与优衣库商业模式高度契合

资料来源:根据柳井正自传《一胜九败》和网上资料整理。

　　由优衣库的案例描述来看,优衣库的创业发展过程就是一个不断向制造领域延伸的一体化过程,这个过程起始于柳井正作为创业者和企业家谋划将休闲服作为企业经营领域的战略决策,同时是一个根据这位企业家的战略认知不断将一体化的商业模式推进和完善的过程,为更清晰描绘这个一体化过程的大致逻辑关系,以图呈现,如图 3-1 所示。

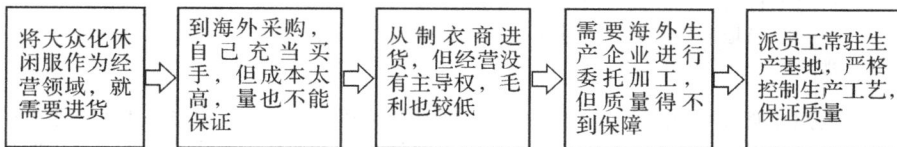

图 3-1　优衣库一体化过程逻辑关系

　　当然,图 3-1 主要表现的是生产一体化的过程,其中还伴随着经营产品种类的决策定位。基于以上分析,我们可以有一个基本的判定:优衣库的零售商业模式是一体化的商业模式,该零售商业模式体现了一体化的架构属性。一体化架构是指多个原来相互独立的主权实体通过某种方式逐步形成了在同一体系下彼此包容、相互合作的架构。优衣库原来是一个独立的零售企业实体,通过不断地向制造领域延伸,从而形成了一个零售企业实体与制造企业实体彼此包容、相互合作的架构。

3.2.2 优衣库商业模式的一体化架构对价值创造的影响

优衣库商业模式的一体化架构对价值创造的影响是什么呢？我们试图从优衣库最负盛名的摇粒绒事件进行典型事件的案例分析。表 3-3 是优衣库摇粒绒事件的案例材料。

表 3-3　优衣库摇粒绒事件的案例描述 1

在美国有一家名叫 Malden Mills 的专做摇粒绒的公司,这家公司生产的 POLATEC 摇粒绒被誉为世界第一。因生产摇粒绒成衣而闻名的 PATAGONIA 公司使用这家公司的摇粒绒面料。在原宿店开店以前,我们采用的做法是自己规划商品,然后向他们订货,主要款式有两种,售价分别为 5900 日元和 4900 日元。当时优衣库是日本最大的 POLATEC 摇粒绒进口商。但是,仅仅只做这些,我是不满足的。我的理想是要做成和 POLATEC 一样,甚至比它更好的商品,我要把价格便宜但质量很好的摇粒绒衬衫送到消费者手中。优衣库至高无上的命题永远是：如何通过公司上下努力,追求低价格高质量的商品极限。为了实现这一想法,优衣库的生产管理担当者和中国加工企业的经营者开始共同着手研究这个课题。一开始生产出来的商品,在光泽和保温性、保湿性方面比 POLATEC 摇粒绒差很多。经过不断的改良,最终形成了这样一个生产流程：从日本东丽公司买原料,在印度尼西亚纺成丝,然后在中国进行纺织、染色、缝制。这个流程大大提高了商品的质量,也提高了商品的性价比。通过数百万件摇粒绒衬衫的大批量生产,使"低价格高品质"目标得以实现。

摇粒绒的色彩也应该有所突破。把几十种颜色的摇粒绒衬衫一起推向市场,一直是我们的梦想。长期以来,摇粒绒衬衫作为户外专用的服装,颜色大多局限于红色、海蓝色等几种。而我们现在是要把摇粒绒衬衫作为一般的大众休闲服提供给消费者,让一般民众能轻便舒适地穿着。所以,可供选择的颜色一定要有震撼力,必须做得丰富多彩。

资料来源：柳井正：《一胜九败》,中信出版社,2011 年,第 104-105 页。

以上案例材料已经展示了优衣库的企业使命,即"追求低价格高质量的商品极限",这就是为消费者的价值创造,一体化的商业模式架构对这个价值创造影响的机理是什么呢？如图 3-2 所示。当实现了制造零售一体化,就可以节省大量中间环节成本,体现了降低交易成本(Williamson,1975、1983、1989)的影响,但不止于此,规模经济也在其中发挥巨大作用,就可以降低成本,获得定价权,价格更低,刺激了消费者的购买需求,进一步导致可以更大规模生产,通过产品有限种类的控制,则更可以实现规模经济、降低成本、降低价格,进一步又促进需求和销售,如此的循环往复,体现了 Casadesus-Masanell 和 Richart (2011)对商业模式的自我强化性的理解,也是生产效率和流通效率累积的交互增强的宏观流通经济现象(米辉,2014)在优衣库商业模式微观个体层面的完美诠释和极致体现。我们由此判定优衣库的零售商业模式是一种具稳定性和典型性的商业模式,这种稳定性和典型性就是由该商业模式的一体化架构而获得的。

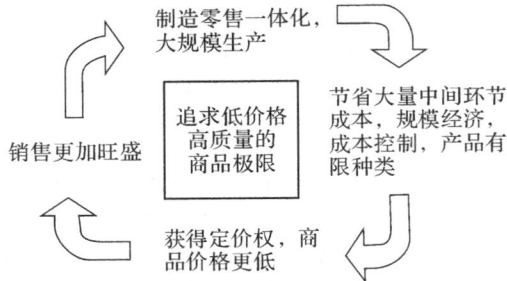

图 3-2 优衣库商业模式的一体化架构对价值创造的影响机理

当然,价值创造的受益对象不止是优衣库和消费者,还包括诸多的供应链合作伙伴,尤其是众多承担了为优衣库制造生产的服装加工企业,虽然供应给优衣库的出厂价格(这对于优衣库表现为成本)是变低了,但这早就由大批量生产的规模经济弥补回来了,而也许更重要的是有一个稳定的和长期的下游供货渠道,当然,供应链合作伙伴价值创造的实现必须以消费者价值创造的实现为前提和条件,即优衣库服装的市场需求强劲和销售旺盛。

3.2.3 优衣库商业模式的一体化架构对价值属性的影响

新商业模式本质在于颠覆性竞争,如同战略一样,商业模式能带来竞争优势并不是因为其创造并获取价值的基本逻辑,而在于其背后所蕴含的关键竞争属性在特定环境下发挥了重要作用(如 Hamel,2000;Zott & Amit,2010),商业模式的价值属性是对企业谋求基于商业模式的颠覆性优势内在逻辑的解释(杨俊等,2018)。那么,在优衣库商业模式一体化架构的形成过程中,又是怎样体现这种颠覆性优势的价值属性呢?优衣库商业模式的一体化架构对价值属性有什么影响呢?我们依然借鉴 Amit 和 Zott(2001,2010)的 NICE 分析框架(即新颖性、锁定性、互补性和效率性)来进行分析。

首先,我们对优衣库商业模式的一体化架构对价值属性的效率性可能存在的影响进行案例分析。我们还是以优衣库的摇粒绒事件作为案例,如表 3-4 所示。

表 3-4　优衣库摇粒绒事件的案例描述 2

2000 年优衣库卖出了 2600 万件摇粒绒外套，而 1999 年也卖出了 850 万件。按照服装制造商的常识来看，服装销售第二年的销售肯定会低于第一年的销量，但柳井正认为摇粒绒热潮还没有结束，于是加大营销力度。刚刚进入 2000 年销售季时，优衣库对销量的预测是 2000 万件，然而到了后期，在预计的基础上又增加了 600 万件，并全部售罄。只要是与服装界有些许关系的人，听到这个消息都会惊诧不已。

他们惊诧的其实是在服装季中途修改生产计划这件事，在工序繁多的服装领域，从发出订单到生产出产品往往要花费几个月的时间。从这一点来看，在短时间内变更生产计划是完全不可能的。从人员的调配，到布料和其他材料的调配，再到仓库的准备，等等，变更最初预订的生产计划，需要从零开始追加各种手续。因此，服装界一般都会习惯性地认为做出来的商品卖光就结束了。也就是说，按他们的思维，优衣库在卖光 2000 万件摇粒绒服装之后，就会以商品缺货而告终。优衣库为什么能再增加 600 万件的销量呢？

资料来源：川岛幸太郎：《图解优衣库》，南方出版社，2015 年，第 83 页。

从这个案例描述中可以看出优衣库的效率性绝不仅仅是生产的高效率和销售的高效率，还反映在面对市场需求变化时调整生产计划的极大的供应链柔性适应。优衣库会利用 IT 技术及时地将大量销售信息反映到生产端，哪些颜色、哪些尺码的衣服受欢迎，一目了然，在生产的过程中追加受欢迎的服装，从而提高销量，即是一种将"畅销的商品"在"畅销的时机"生产出"能销售的量"的准时制（Just In Time）生产方式。所以，我们基本可以下一个论断：优衣库商业模式的一体化架构对价值属性的效率性有正向影响。

其次，我们对一体化架构对价值属性的锁定性可能存在的影响进行案例分析。锁定性是指零售企业将消费者或供应链合作伙伴保留在活动系统中的能力（Amit & Zott，2001），在优衣库的案例中主要是体现在将供应链合作伙伴保留在活动系统的锁定性能力上，我们可以通过优衣库的"匠工程"来分析说明，如表 3-5 所示。

表 3-5　优衣库的"匠工程"

我们将很多在日本上了一定年纪的熟练技术工人派到中国工厂进行生产的技术指导，称之为"匠工程"。但中国的工厂一开始对这一举措是有抵触情绪的，总拿这样的话来搪塞："我们自己能管好质量，不用你们多管闲事。"但是经过一段时间的技术指导，他们看到了技术指导所带来的好处，于是态度也突然出现了一个 180 度的大转弯。这些企业的产品品质提高了，也就提高了他们在市场中的竞争能力，具备了接单加工世界著名品牌服装的资质。

资料来源：柳井正：《一胜九败》，中信出版社，2011 年，第 84 页。

Williamson（1991）指出，导致双边组织依赖性增强的原因中，资产专用性起到了关键性的作用，资产专用性会使企业产生可占用的专用性准租金

(appropriable specificity quasi rents)。专用性资产是指有着特定用途且很难移作他用的那一部分资产,发生交易关系的双方组织中一旦其中一方做出了专用性资产的投资,由于这种资产用于其他方面的价值要比用于这种专用性投资所产生的价值小很多,投资一方就会被紧紧地"锁定"在这笔交易中,同时被投资方发现再次寻找使其满意的货源所带来的成本不仅昂贵而且困难得多,因此被投资方也就会对这笔交易承担相应的义务(Williamson,1979)。

一方面,优衣库的"匠工程"产生了"产品品质提高了"和"提高了他们在市场中的竞争能力,具备了接单加工世界著名品牌的资质"的"双赢"效果,从而产生了"锁定"效应。这种锁定效应是借由双方的专用性资产投资而获得的,以"匠工程"为代表的优衣库专用性资产投资越多,所产生的锁定效应也就越大,通俗地讲,如果因为机会主义行为,供应链合作伙伴的服装加工企业放弃与优衣库的合作,会因为整个服装生产工艺和流程因适应优衣库的大众化休闲服特点而很难在短时间内转做其他类型服装(如男士西装和颜色艳丽的时尚女装),转移成本太高,同时也会丧失优衣库的服装批量和稳定的供货渠道。

另一方面,由优衣库主要生产不分年龄、不分性别、服装百搭的休闲服装基本款,我们似乎也可以认为由此产生了对消费者的锁定效应,但这主要是由优衣库的商品品类和品种定位所带来的,很难讲是由优衣库商业模式的一体化架构所直接带来的,至多只能理解为一体化架构对消费者锁定的间接效应。但不管怎么说,综合以上分析,我们可以基本下一个判断,那就是:优衣库商业模式的一体化架构对价值属性的锁定性有正向影响。

最后,我们对一体化架构对价值属性的新颖性可能存在的影响进行案例分析。新颖性是指在零售活动中引进了新的技术、新的产品或服务、新的原料、新的市场、新的组织结构和新的销售方法。在表 3-3 优衣库摇粒绒事件的案例描述 1 中本身就体现了优衣库对产品研发的事迹,摇粒绒事件是最有影响力的事件之一,优衣库总是利用市面上已经存在的原材料,赋予极高的性能和低廉的价格,从而创造出具有市场爆发力的商品,如表 3-6 所示。

表 3-6 优衣库的产品研发事例

产品	产品研发事例描述
HEATTECH 服饰	HEATTECH 系列尽管面料极薄,却可以靠体温发热,因此即使是简单一件,也可以抵御严寒。优衣库还在提高了该系列的吸水速干性、弹性、减轻其重量的同时,增强了服装的设计感,使其成为可以作为内衣穿着在身上的时髦服饰。

产品	产品研发事例描述
"BRA TOP"系列 女式内衣	在该系列推出之前,年轻女性都是将胸罩和吊带背心等上装重叠穿着的,但是肩带变成了两条,总是有些影响美观。优衣库的研发人员将胸罩与吊带背心等上装合二为一,将肩带合成了一条,创造出了能贴身勾勒出优美身形的"BRA TOP"系列服饰,并且与SARE FINE这种材料结合,使其无论在质量上还是数量上都达到了其他制造商所无法比拟的高度。
摇粒绒服饰	摇粒绒这种材料又轻便又保暖,用它做外套,尽管只是被那些想在冬季登山的人当作冬季运动装购买,需求比较有限,但在市场上确实是存在的。优衣库了不起的地方在于,它注意到了摇粒绒这种材料,创造了大规模生产、销售摇粒绒服饰的系统,并集中精力进行销售推广。在此之前,消费者基本不了解摇粒绒,当他们发现这种材料又保暖又轻便,结实耐用,颜色还非常鲜亮之后,便纷纷购买。

资料来源:根据《图解优衣库》和网上资料整理。

优衣库正是通过不断的研发投入实现产品创新和产品改良,创造出一个个销售奇迹,我们可以在图 3-2 的基础上,加入一个产品研发的循环逻辑,从而可以更好地帮助理解优衣库商业模式一体化架构的新颖性价值属性,如图 3-3 所示。图中右边的一体化商业模式架构反映的是生产销售的循环逻辑,立足于产品成本和价格的降低,左边的产品研发循环逻辑立足于提高产品的性能,产品价格越低,产品性能越高,越能引致爆发式的销售增长,更体现了具有一体化架构的优衣库零售商业模式的自我强化性(Casadesus-Masanell & Richart,2011)的颠覆性竞争优势的逻辑。

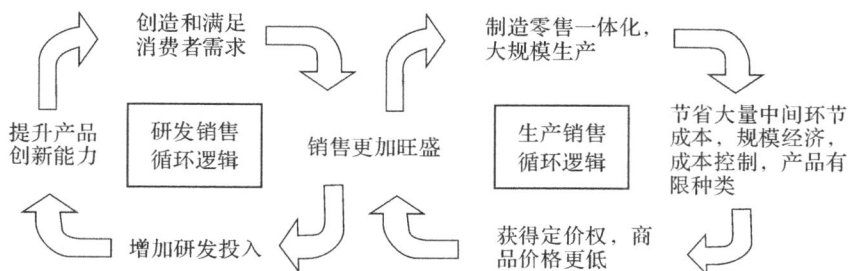

图 3-3　优衣库研发销售循环逻辑和生产销售循环逻辑

新颖性基于熊彼特(1934)的创新理论,反映的是一种对市场的创造性破坏,以上仅是从优衣库的产品研发角度来诠释商业模式的新颖性价值属性,事实上,优衣库商业模式的一体化架构本身就是一种新颖的组织创新,我们通过

表 3-7 的"优衣库改变了牛仔裤市场"案例来例证优衣库的一体化架构对市场的创造性破坏。

表 3-7　优衣库改变了牛仔裤市场

　　说起优衣库的破坏力,有时其甚能够瞬间改变市场的格局。其中最典型的例子要数在 2009 年发生的"廉价牛仔裤之战"。这场"战争"使牛仔裤市场不得不发生巨大改变。2009 年 3 月,优衣库旗下第二大品牌 GU 发售了 990 日元的牛仔裤,这一举动震惊了整个市场。选择低成本的生产地(中国、柬埔寨)、研发低成本的材料、整合产品数量、削减运费成本等,优衣库运用这些低成本生产的诀窍,以 3 位数的压倒性低价,给予以往 3000 日元以上的牛仔裤以沉重的打击。该打击对市场的冲击是源源不断的,同年 5 月,Seven & I 集团发售 980 日元的牛仔裤;10 月,西友百货推出 850 日元的牛仔裤,随后堂吉诃德百货店也以业界最低价 690 日元加入了"战争"。毫无疑问,这场"低价之战"波及了整个行业。以往,牛仔裤这样的商品,除了专业品牌之外,一般的服装企业是做不了的,所以除了专业品牌制作的牛仔裤被拿到牛仔裤专卖连锁店销售外,基本就没有其他的牛仔裤流通渠道了。而彻底打破这一惯例的,正是 GU 的超低价牛仔裤。

　　在 GU 开始销售低价牛仔裤以后,日本国内的牛仔裤休闲市场开始迅速萎缩,2011 年销售额为 1.15 万亿日元,连续 3 年下滑。其主要原因是即使销售数量大幅增长,但无奈价格只有 3 位数,销售额的上升并不明显。当然,复古牛仔裤市场并没有受到冲击,这些价格在 7000 日元以上的高价牛仔裤有自己固定的追随者,而且在品质上也是超低价牛仔裤所不能比拟的。受到严重冲击的是价格在 5000 日元以下的普通牛仔裤,它们的份额几乎都被 990 日元的牛仔裤所蚕食了。

资料来源:川岛幸太郎:《图解优衣库》,南方出版社,2015 年,第 52—53 页。

优衣库一体化的商业模式架构之所以具备这种创造性破坏的新颖性,是因为它具备了对市场需求的敏锐感知和把握的潜力,以及在实践中能够创造和满足消费者需求的能力,正如优衣库创始人柳井正所说:"我们需要做的是,努力挖掘顾客的需求,按照顾客的需求生产出更好的商品。至于这样做是否会引起新一轮的'优衣库热潮',那是谁也无法预料和控制的。"[①]

基于以上分析,不论是由优衣库的产品研发,还是由优衣库的一体化架构的组织创新,我们都可以得出一个坚实的结论:优衣库商业模式的一体化架构对价值属性的新颖性有正向影响。

总结以上案例分析,发现优衣库商业模式是一种一体化架构的商业模式能够创造低成本价值,一体化架构对价值属性的效率性、锁定性和新颖性都有正向影响,互补性不甚明显和突出,总结得到三个结论:

(1)优衣库商业模式的一体化架构对价值属性的效率性有正向影响;

(2)优衣库商业模式的一体化架构对价值属性的锁定性有正向影响;

----

① 　柳井正:《一胜九败》,中信出版社,2011 年,第 8 页。

（3）优衣库商业模式的一体化架构对价值属性的新颖性有正向影响。

3.3 ZARA 案例研究

ZARA（飒拉）是 1975 年设立于西班牙、隶属 Inditex 集团[①]旗下的一个子公司,既是服装品牌也是专营 ZARA 品牌服装的连锁零售品牌。ZARA 是全球排名第三、西班牙排名第一的服装商,在 87 个国家设立了服装连锁店。

ZARA 深受全球时尚青年的喜爱,品牌设计师的设计优异,价格却更为低廉,简单来说就是让平民拥抱快时尚。尽管 ZARA 品牌的专卖店只占 Inditex 公司所有分店数的三分之一,但是其销售额却占总销售额的 66% 左右。

ZARA 在国际上的成功清楚地表明时装文化无国界。凭借一支拥有 200 多名专业人士的创作团队,ZARA 的设计过程紧跟大众口味。2017 年 6 月,《2017 年 Brand Z 全球最具价值品牌百强榜》公布,ZARA 服饰以 251.35 亿美元的品牌价值在百强榜排名第 34 位。

3.3.1 ZARA 案例描述

ZARA 作为一个享誉世界的服装品牌,相关的报道、纪实、资料和材料很多,和优衣库一样,ZARA 的商业模式形成伴随着创始人奥尔特加(Inditex 集团的现任主席)的早期创业史和奋斗史,也是企业家的企业愿景和使命的直接体现和反映,一如奥尔特加所说的:"只有有钱人才能衣着光鲜是不公平的,我想要解决掉类似这种不公平的社会现象。"[②]优衣库成立第一家店时,其商业模式还没有完全成型(优衣库一号店成立时,其在中国还没有生产基地,与之直接合作的代加工生产企业还没有),而 1975 年 5 月 ZARA 首家店成立时,ZARA 的商业模式通过奥尔特加的早期创业奋斗已渐成雏形,并在随后的企业发展中不断成熟和完善。所以本书在对 ZARA 的案例描述中以 1975 年 ZARA 第一家店的诞生为事件和时间节点,分成前后两个部分,第一部分侧重描述具有鲜明的企业家个性化特点的 ZARA 商业模式是如何形成的,有哪些基本的特征(这些特征作为"基因"被后期 ZARA 和企业的发展发扬光大),第二部分侧重描

---

① Inditex 是西班牙排名第一,超越了美国的 GAP、瑞典的 H & M、丹麦的 K & M,全球排名第一的服装零售集团。截至 2013 年 10 月 31 日,它在全球 86 个国家和地区开设了 6249 家专卖店,旗下共有 8 个服装零售品牌,ZARA 是其中最有名的品牌。

② Xabier 和 Jesus:《从 0 到 ZARA——阿曼西奥的时尚王国》,刘萍、史文静译,国际文化出版公司,2017 年,第 1 页。

述和总结成型和成熟的 ZARA 商业模式的主要特点。在呈现方式上,依然以表格形式为主,表 3-8 最右端的纵列为"特征提炼"。在资料搜集上以 ZARA 的大量传记为主(奥尔特加本人非常低调,不愿写自传),可信度也很高,再辅之以参阅其他相关书籍,以及大量相关报道和纪实,符合和满足了案例研究的"三角验证"要求。

表 3-8　ZARA 的早期商业模式形成

序号	案例描述具体内容	特征提炼
1	1953 年,17 岁的奥尔特加去了哥哥安东尼奥和姐姐佩皮拉所在的拉马哈高级成衣店,在那儿与第一任妻子罗莎莉雅相识,拉马哈成衣店可以说是 ZARA 即 Inditex 集团的源头,从这间小小的店铺走出了 Inditex 集团的创始人们	ZARA 商业模式发展的最初起点
2	1963 年,奥尔特加要建立自己的事业,开了一家制衣厂,公司取名 GOA,妻子和嫂子负责缝纫的服装生产,自己和哥哥负责市场推广,当时妻子为了支持丈夫事业离开了拉马哈,奥尔特加还没有	创业起点
3	生产的第一件产品是婴儿睡篮,后收益不高放弃了。奥尔特加发现客人们的目光都盯着橱窗里的居家服,于是决定缝纫居家服,第一批居家服卖给了老东家拉马哈	时尚猎手的最原始雏形
4	第一次居家服的尝试取得了成功,订单供不应求,原因是把设计元素加入居家服,有剪裁,有设计,传统意义上的居家服就像个带袖子的口袋,奥尔特加打破了这一概念,加上对销售非常在行	设计、生产与销售的一体化雏形
5	如果只是前期实验的话,布料在哪儿买都一样,但真正大量生产的话,开价合理的供应商必不可少,1963 年奥尔特加和哥哥赴巴塞罗那找到了原料供应商	原料采购
6	当时最大的障碍在于说服整个西班牙的批发商,让他们知道拉科鲁尼亚也生产居家服,价格也要比加泰罗尼亚地区的产品更有吸引力。"我们想要售卖的愿望绝不输于那些低价出售劣质产品的商家,但我们坚持自己的价格,我们的价格比市场上大部分同类产品高出一些,但质量相同的纺织品里,我们价格最低。"	价格合理,性价比较高,下游主要是服装批发商
7	奥尔特加通过观察,发现不少过于丰满的女士羡慕地看着那些她们穿不进的居家服,所以决定生产大号和特大号,通过合理的售价,将时尚又便宜的居家服推广给了所有女性,此举获得成功,实现了"居家服的民主化"	ZARA 商业模式的价值创造内涵雏形
8	有个德国的批发商生意伙伴突然取消了订单,而这批服装是奥尔特加专门为其生产的,商品积压使公司资金周转困难,公司因此陷入了随时可能倒闭的危险境地	受制于批发商

续　表

序号	案例描述具体内容	特征提炼
9	奥尔特加到西班牙最大的百货连锁店 El Corte Inglés 谈生意时，通过对不止一位女性的访谈及街头观察，知道了当时女性追求什么商品，当他满怀信心地提出自己的方案时，这家百货商店的采购人员全然不顾市场实情，提出了一些不着边际的要求，这让奥尔特加深感失望	受制于零售商
10	奥尔特加从事服装生产 12 年，但成品总是由别人来销售，仔细思考后，他意识到利润的大头被商店收入囊中，因此他决定干回老本行，把控好每一个环节，要卖什么，他就生产什么，什么卖得好，他就卖什么，有了自己的店铺，就可以自由决定价格和促销方式，而不必受主打系列服饰的支配或是季节的影响	有了进入零售领域的动机和欲望
11	1975 年 5 月 15 日，奥尔特加举行了首家 ZARA 服装店的开业典礼，第一家 ZARA 成立	完成了生产到零售的一体化

资料来源：根据《从 0 到 ZARA——阿曼西奥的时尚王国》及其他相关资料整理。

　　之所以将奥尔特加在拉马哈高级成衣店的职业生涯经历而不是将创业公司 GOA 的成立理解为 ZARA 商业模式的起点，是因为一方面 Inditex 集团创始人们很多都是从拉马哈走出来的（奥尔特加本人、哥哥、姐姐、妻子），或者是在拉马哈相遇相识的；另一方面更重要的原因是 13 年的零售店学徒和工作经历（在拉马哈之前在卡拉服装店做了 3 年学徒）对他日后创业发展进入零售领域影响很大，他拥有有别于一般服装生产企业的对市场的敏感性和对顾客观察的敏锐度，这种经验是在早期的零售店长期工作中积累获得的。

　　由 ZARA 的早期商业模式形成的案例描述来看，ZARA 的创业发展过程也是一个不断一体化的过程，但和优衣库不一样的是，优衣库是从零售端向上游生产端的一体化过程，而 ZARA 早期的商业模式形成是一个从生产端向下游零售端一体化的过程，第一家 ZARA 店的成立，标志着这个一体化过程基本成型，为更清晰地描绘这个一体化过程的大致逻辑关系，以图呈现，如图 3-4 所示。

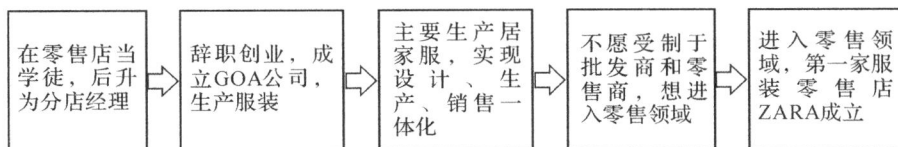

```
┌─────────┐   ┌─────────┐   ┌─────────┐   ┌─────────┐   ┌─────────┐
│在零售店当│   │辞职创业，成│   │主要生产居│   │不愿受制于│   │进入零售领│
│学徒，后升│ → │立GOA公司，│ → │家服，实现│ → │批发商和零│ → │域，第一家服│
│为分店经理│   │生产服装  │   │设计、生 │   │售商，想进│   │装零售店 │
│         │   │         │   │产、销售一│   │入零售领域│   │ZARA成立 │
│         │   │         │   │体化     │   │         │   │         │
└─────────┘   └─────────┘   └─────────┘   └─────────┘   └─────────┘
```

图 3-4　ZARA 早期商业模式形成的一体化过程逻辑关系

　　以此为基础和雏形，ZARA 的一体化架构得以不断完善、成熟和发展，如表 3-9 所示。

表 3-9　ZARA 的一体化架构商业模式的完善和成熟

序号	案例描述具体内容	特征提炼
1	为了从最原始的原材料环节就开始控制成本,ZARA 采取从集团内部获取稳定原料、从外部 200 多家原材料供应商分别小额订购的方式。其自产产品 40% 的原料布来自集团公司拥有的 Comditel 厂(该厂 90% 的销售额来源于 ZARA),而这些原料布有一半是没有染色的。保有一部分未染色的布料,保证了 ZARA 能够在一个销售季节中随时应对市场对颜色的需求而进行即时的染色变化。ZARA 还和集团公司持股的染料公司 Fibracolor 保持了良好的合作关系,该公司产量的 20% 专供 ZARA。	原材料采购的一体化
2	ZARA 每年能够推出 12000 多种新款服饰,是一般品牌的 4～5 倍多。ZARA 公司 400 多人的设计团队的基本工作就是在巴黎、米兰等地看高级时装秀,从中汲取顶级设计师的智慧和理念,然后加以模仿制造。来自第一线的信息可以迅速反馈到设计师和生产者那里,从而在最短时间内调整产品细节和生产流程。	设计的一体化
3	ZARA 在西班牙拥有 22 家工厂,其中 18 家位于拉科鲁尼亚及其周边地区,50% 的产品是通过这些工厂完成的,但是所有的缝制工作都是由代工厂来完成。ZARA 下属工厂都有自己的利润中心,进行独立管理。ZARA 另外 50% 的产品供应是由 400 余家 OEM 供应商来完成,这些供应商 70% 位于欧洲,其他则主要分布在亚洲。欧洲的供应商主要分布在西班牙和葡萄牙,这样能够保证供应商能对其订单的变化做出迅速的反应。	生产的一体化
4	ZARA 在法国、德国、意大利、西班牙等欧盟国家以卡车运送为主,平均 24 小时即可运达连锁店,ZARA 在这些地区的销售占总销售量的 70%。对于美国、日本、东欧等较远的国家和地区,ZARA 通过空运方式送货,美国的连锁店需要 48 小时,日本的连锁店在 48～72 小时,这些地区贡献了 30% 的销售量。	物流的一体化

资料来源:根据《快胜——极速盈利模式》及其他相关资料整理。

由以上案例描述可知,ZARA 由早期的生产延伸至零售,基本实现一体化后,后期发展不断完善和成熟,实现了原材料采购的一体化、设计的一体化、生产的一体化和物流的一体化。也就是说,ZARA 对供应链几乎完全掌控,负责所有产品的设计与分销,制造生产外包业务的比例也低于同行,几乎拥有所有的专卖店,未开放加盟,所以和优衣库一样,我们有一个判定:ZARA 的零售商业模式是一体化的商业模式,该零售商业模式体现了一体化的架构属性。

3.3.2　ZARA 商业模式的一体化架构对价值创造的影响

ZARA 商业模式的一体化架构对价值创造的影响是什么呢？要回答这个问题，我们首先要知道，ZARA 商业模式的价值创造是什么呢？ZARA 商业模式的形成是作为企业家的奥尔特加企业愿景和使命的直接体现和反映，一言以蔽之，就是要创造让大众和平民消费者都买得起时尚服装的价值，这由 ZARA 商业模式早期形成的居家服成功案例也可见端倪，居家服是有裁剪和设计的，是加入了时尚元素的，初期成功后又发现不少过于丰满的女士羡慕地看着那些她们穿不进的居家服，所以决定生产大号和特大号，通过合理的售价，将时尚又便宜的居家服推广给了所有女性，从而实现了"居家服的大众化"。所以，对于消费者而言，ZARA 商业模式的价值创造有两个关键词，一个是"时尚"，一个是"平价"（注意不是低价，是价格不高）。一体化的商业模式架构对这个价值创造影响的机理是什么呢？如图 3-5 所示。

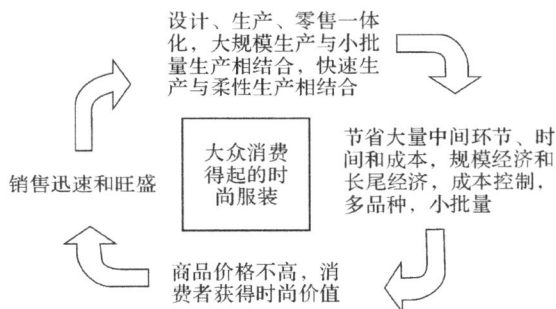

图 3-5　ZARA 商业模式的一体化架构对价值创造的影响机理

通过设计、生产和零售的一体化，大规模生产与小批量生产相结合，快速生产与柔性生产相结合，实现了基于成本控制的多品种和小批量的服装产品产出，从而让消费者可以通过不高的价格满足对时尚价值的追求，继而带动了迅速和旺盛的销售，又进一步强化了设计、生产和零售一体化的商业模式架构，图 3-5 依然体现了 Casadesus-Masanell 和 Richart（2011）对商业模式的自我强化性的理解，是一种稳定的和典型的商业模式。

在这里有两点需要注意：第一，在一体化架构对价值创造的影响机理中，规模经济和长尾经济在同时发挥作用。长尾理论（Anderson，2006、2007）揭示，除了拳头产品可以主打市场，小众的和个性化的产品同样可以创造巨大的市场价值，从这个角度上讲，"长尾市场"的本质是提供一个广阔的渠道或平台，满足客户各种各样的个性化、定制化的需求，从而吸引足够多的客户以形成"规模经济"。在 ZARA 的实际运营中，可以从两个现象来例证规模经济和长尾经济作用的同时存在。一是在表 3-10 的案例材料中"ZARA 自产产品 40％的原料布来自集团公司拥有的 Comditel 厂,而这些原料布有一半是没有染色的,保有一部分未染色的布料,保证了 ZARA 能够在一个销售季节中随时应对市场对颜色的需求而进行即时的染色变化",这所有未染色的布的总和是规模经济在发挥作用,而随时应对市场对颜色的需求进行即时的染色变化是长尾经济在发挥作用;二是 ZARA 销售的服装也是存在产品结构的,"一部分服饰是固定的,占总生产的 60％,称之为基本款,剩下 40％～50％是机会款,每两周就会进行更新",基本款主要是规模经济在发挥作用,而机会款主要是长尾经济在发挥作用。第二,在一体化架构对价值创造的影响机理中,追求时间价值的速度是实现价值创造的重要手段。在很多描述 ZARA 的杂志、报道和评论中,经常会发现将速度理解为 ZARA 品牌或 ZARA 商业模式追求的目标,这是有偏颇的,我们认为 ZARA 追求的目标并非速度,而是表现为买得起的平价的时尚服装的价值创造,速度是实现这一目标的手段而并非目标本身,因为时尚价值是时间的反函数,即随着时间推移,时尚价值呈现不断递减甚至快速递减的一般规律,那么要实现时尚价值的目标,自然就需要追求速度的方式和手段。

3.3.3 ZARA 商业模式的一体化架构对价值属性的影响

那么,在 ZARA 商业模式一体化架构的形成过程中,又是怎样体现这种颠覆性优势的价值属性呢? ZARA 商业模式的一体化架构对价值属性有什么影响?

首先,我们对 ZARA 商业模式的一体化架构对价值属性的效率性可能存在的影响进行分析,如表 3-10 所示。

表 3-10 ZARA 供应链的快速和柔性

生活在城市的年轻人愿意为流行的时装慷慨解囊,但是为了满足他们的胃口,ZARA 必须以闪电般的速度将潮流从设计室带到店铺的货架上。ZARA 创造了价值网络,它的生产线流程从店铺开始:每天的销售情况和消费者的反馈都汇总到公司设计师那里,一旦设计完成,公司就立刻开始生产。公司有该技术的机器,能设计样品和裁剪布料。对于劳动密集型工作,如缝纫和加工,ZARA 都以合同的方式交由西班牙西北部的小作坊代工,如此一来,ZARA 的新品从设计到摆上货架只需要 10～15 天。

ZARA 对这些小代工厂提供的信息和物流支持使它们能有效地、小而灵活地批量运送高质量的成品,这样 ZARA 的成本得以持续降低。一般而言,每个生产单位只接受一个款式、被安排一个班次,这样可以快捷地增加或减少某款衣服的产量。与业内其他公司相比,ZARA 的库存更低,因为它每两周更新一次设计,并能准确地控制生产;而竞争对手设计、制造和储存的服装却要以一个季节为单位,臃肿的库存让这些公司在财务上负担沉重,最后,它们不得不清仓大甩卖。

资料来源:葛星等:《快胜——极速盈利模式》,清华大学出版社,2008 年,第 42-43 页。

由案例材料我们可以看出 ZARA 供应链有着很快的速度和很好的柔性,这种快速和柔性的效率性如果不通过一体化架构是无法获得的,因此我们得出一个结论:ZARA 商业模式的一体化架构对价值属性的效率性有正向影响。

其次,我们对 ZARA 商业模式的一体化架构对价值属性的锁定性可能存在的影响进行分析。

锁定性是指零售企业将消费者或供应链合作伙伴保留在活动系统中的能力,和优衣库商业模式的锁定性主要体现在将供应链合作伙伴保留在系统中不同,ZARA 商业模式的锁定性主要体现在将顾客保留在系统中的能力。ZARA 每种商品的平均销售周期只有短短的 4 周,如果顾客在门店里碰上了自己中意的商品而不立即购买,那么在几个星期甚至几天后可能就买不到了。ZARA 经营流行服装,不会为了避免畅销商品缺货而补充商品,即 ZARA 执行的是一种类似"饥饿营销"的缺货策略,正如曾经的 Inditex 集团欧洲区总经理布兰克所说:"我们试着让顾客明白,要是他们看到了喜欢的衣服,一定要立刻买下来。因为几小时或几天后,就已经不在原来的地方了。这样,我们营造出了紧迫感,当即购买的可能性也更大了。"[①] 这种现象可以用 Kahneman 和 Tversky(1979)的前景理论(prospect theory)来解释,前景理论的核心假设之一是人们厌恶损失(景奉杰、熊素红,2008)。该理论认为,失去(lose)的斜率大于获得(gain)的斜率,因此失去一个 X 主观感受到的痛苦大于获得一个 X 主观感觉到的快乐,即避免了一个损失比得到一个相同大小的获得更让人愉快。失去了对一次心仪服装的购买机会感受到的痛苦大于实现这次购买机会感受到的快乐,或者说避免了一次购买机会失去的损失比获得和实现这次购买机会更让人愉快,正是因为这个原因,从而将顾客锁定在系统中。所以,我们得出一个结论:ZARA 商业模式的一体化架构对价值属性的锁定性有正向影响。

最后,我们对 ZARA 商业模式的一体化架构对价值属性的新颖性可能存在的影响进行分析。

如果说在产品层面上优衣库的新颖性体现在原材料基础上的产品研发,那么 ZARA 的新颖性体现在与众不同的产品设计理念上。ZARA 的设计理念是根据顾客对摆放在门店货架上的商品评价和反馈来决定是否需要追加生产以及生产什么。按照传统的服装流通方式,商品从设计到上架需要 6 个月时间,而 ZARA 由于是自主设计和生产,根据顾客对在售商品的反馈决定是否追加生产成为可能,而且最快只需 2~3 周时间,如图 3-6 所示,此刻店铺不再仅仅是商

---

① Xabier 和 Jesus:《从 0 到 ZARA——阿曼西奥的时尚王国》,刘萍、史文静译,国际文化出版公司,2017 年,第 48 页。

品销售的销售界面,也成为获取顾客心声、顾客评论、顾客需求的设计研发界面。由传统的服装流通方式向 ZARA 的流通方式转变,本质上是基于设计理念的转变,即由"卖设计和生产出来的产品"转变为"设计生产出能卖得出去的产品"。

同时,ZARA 商业模式的一体化架构本身作为一种新颖的组织创新,也体现出了对市场的创造性破坏。对于传统的所谓主流时尚市场,ZARA 将时尚按照如此便宜的价格卖给大众,有人称其为"时尚杀手",也有人抨击 ZARA 没有原创的时尚设计,设计大多为模仿甚至抄袭,对此,与奥尔特加关系很好的设计师巴拉尔是这样认为的:"ZARA 确实是在模仿别人的设计,但哪个其他品牌不是呢?甚至我敢说,现在有不少人去 ZARA 的店铺抄袭服装的创意。在这个行业,不存在不受任何启发、完全凭空而生的设计。每个人对于某一设计的理解都不同,而那个最聪明的,懂得将其最大商业化。"[①]

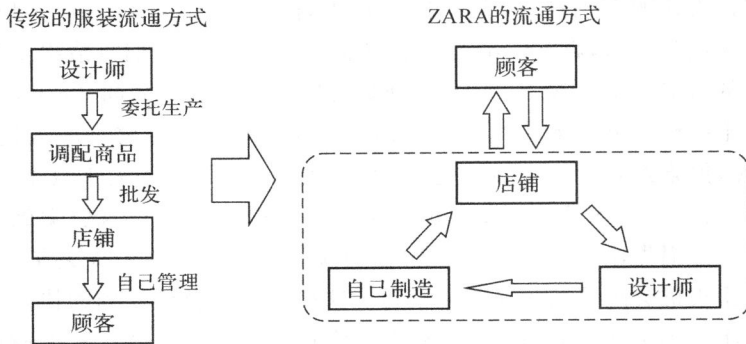

图 3-6 基于产品设计的一般服装流通方式与 ZARA 流通方式对比

基于以上分析,不论是由 ZARA 的产品设计,还是由一体化架构的组织创新,我们都可以得出一个结论:ZARA 商业模式的一体化架构对价值属性的新颖性有正向影响。

总结以上案例分析,发现 ZARA 商业模式也是一体化架构的商业模式,一体化架构对价值属性的效率性、锁定性和新颖性都有正向影响,互补性不甚明显和突出。可以总结得到三个结论:

(1)ZARA 商业模式的一体化架构对价值属性的效率性有正向影响;

(2)ZARA 商业模式的一体化架构对价值属性的锁定性有正向影响;

(3)ZARA 商业模式的一体化架构对价值属性的新颖性有正向影响。

① Xabier 和 Jesus:《从 0 到 ZARA——阿曼西奥的时尚王国》,刘萍、史文静译,国际文化出版公司,2017 年,第 46 页。

3.3.4 优衣库与 ZARA 的案例对比分析及相关命题

由案例研究构建理论的核心在于其复制性逻辑（Eisenhardt，1989），即每一个案例都可以视为一个独特的实验，是自成一体的一个分析单元，而多案例正像一系列相互关联的实验室实验一样，通过这些不连续的实验对所产生的理论进行重复、对比和扩展（Yin，2003）。

通过优衣库和 ZARA 的商业模式案例分析，我们确认一体化是零售商业模式的一种架构，也就是说，零售商业模式的架构属性存在一体化的架构属性，下面我们从一体化过程、价值创造、一体化架构对价值创造的影响、一体化架构对价值属性的影响等方面对优衣库与 ZARA 的商业模式差异进行对比，如表3-11所示。

表 3-11　优衣库与 ZARA 的商业模式案例研究差异对比

项目		优衣库	ZARA	共同点
一体化过程		从零售端向生产端延伸	从生产端向零售端延伸	最终形成了从制造到零售的一体化架构
价值创造内涵		低价格高质量的基本款休闲装	平价的设计，时尚的服装	面向大众消费者
一体化架构对价值创造影响		交易成本和规模经济，少品种，大批量	交易成本、规模经济和长尾经济，多品种，小批量，快速	一体化都可以降低交易成本，实现规模经济，都是一种自我强化的循环逻辑
一体化架构对价值属性影响	效率性	极大的供应链柔性	极大的供应链柔性和极快的速度	都是将"畅销的商品"在"畅销的时机"生产出"能销售的量"的准时制（just in time）生产方式
	锁定性	主要体现在对供应链合作伙伴的锁定，专用性资产投资发挥锁定作用	主要体现在对消费者的锁定，害怕失去的前景理论发挥作用	都具有锁定性
	新颖性	对产品进行研发投入尤其是引入新的原材料，一体化架构的组织创新	反馈式的设计理念，一体化架构的组织创新	都体现了一体化架构组织创新的新颖性，都表现了对市场的创造性破坏

由优衣库和 ZARA 的商业模式案例研究，我们发现它们都是一体化架构，虽然优衣库是从零售端向生产端延伸，ZARA 是从生产端向零售端延伸，但最终都实现了从制造到零售的一体化架构。这里对一体化架构进行一个定义：一

体化架构是指通过向制造领域延伸,或者向零售领域延伸,由原来多个相互独立的主权实体,通过某种方式逐步形成在同一体系下制造与零售彼此包容、相互合作的架构。

优衣库和 ZARA 的一体化架构对价值创造的影响,都可以降低交易成本、实现规模经济,都是一种自我强化的循环逻辑,所以得到第一个初始命题。

命题 1:零售商业模式的一体化架构对低成本价值创造实现有正向影响。

由优衣库和 ZARA 的一体化架构对价值属性影响的案例分析,发现一体化架构对效率性、锁定性和新颖性的价值属性都有正向影响,我们可以归纳得到第二个初始命题。

命题 2:零售商业模式的一体化架构对价值属性有正向影响。

3.4 尚品宅配案例研究

尚品宅配公司成立于 2004 年,是广州尚品宅配家居用品有限公司旗下的品牌公司;是依托高科技创新的家具企业,采用了高新技术,将现代化的设计方案加入高科技的元素,呈现的家具效果更好、家具设计方案更多,其拥有国内最先进的开料数据台、CNC 加工中心,采用 3D 虚拟设计、3D 虚拟生产和虚拟装配系统,以及先进的虚拟现实技术和智能化的家居设计软件,不仅让消费者在购买前就能看到家具摆放到自家的效果,实现了低风险购物,还实现了消费者的家居 DIY,拉近了家具家居设计师与普通消费者的距离。通过尚品宅配平台,消费者能够享受到专业的设计服务,再也不用担心家具尺寸不合适、家具颜色不协调、空间陈设不合理,每一个消费者都能享受到舒适的家具家居设计和装修服务。

作为全屋定制家具的先驱者,尚品宅配在 2018 年迎来了第 14 个发展年头,14 年间该公司经历了从软件公司到家居企业的跨界转变,目前在全国拥有超过 1600 家门店而成为国内定制家具第一梯队的零售品牌。

3.4.1 尚品宅配案例描述

和优衣库及 ZARA 一样,尚品宅配的商业模式形成也是与企业创始人李连柱有很大关联。李连柱从家装设计软件圆方起家,一开始并未涉足家具的销售和生产,在一次偶然的经历中他发现了定制家具的庞大和潜在市场,从而决定进军家具零售和制造领域。正因为李连柱有着起始创业的 IT 工作经历和积累,在后期对家具生产的信息化改造才天然地带有"IT 基因",从而给人感觉尚品宅配是家具零售行业的异类,并成为以后实现大规模定制生产的资源和能力禀赋，详细案例描述如表 3-12 所示。

表 3-12　尚品宅配的案例描述

序号	案例描述具体内容	特征提炼
1	尚品宅配的前身是从事家装设计的圆方软件公司。为了提高软件的销售量，2004 年圆方在广州开设了橱柜定制门店，表面上是提供家居设计方案，实际是"教育"潜在客户，为消费者提供设计服务。圆方免费为消费者设计图纸，提供设计方案，最后客户还可以免费获得打印的彩色效果图。可是很快，李连柱惊奇地发现，这家店面的生意很好，消费者对其设计方案异常青睐，2004 年当年就实现了月均 50 万元的销售额。	为了展示圆方软件的优越性，提高软件销售额，无意中发现了巨大的和潜在的家具定制市场需求，开设橱柜定制门店
2	李连柱和公司董事们决定更进一步，从软件提供商变身为家具生产商，摆在他们面前的有两条路：一是像传统家具公司一样，做成品家具的大生产；二是完全按照消费者要求，做定制的生意，李连柱毫不犹豫地选择了后者。	准备涉足家具定制生产业务，软件企业向家具企业的战略转型
3	2006 年，随着加盟店的快速增长和销售额的不断攀升，生产环节渐渐跟不上公司发展的需求，最初，尚品宅配只做橱柜定制，将订单外包给家具生产厂家，自己只提供设计方案，专注于客户需求的挖掘，这种轻资产模式虽然没有库存上的烦恼，但成本非常高，质量也参差不齐，交货周期长且无法保证，外协厂无法实现快速协同，生产问题开始成为公司发展的瓶颈，所以决定创办属于自己的家具制造加工厂，并对家具制造流程进行彻底的信息化改造。	成本高，质量无法保证，交货周期长，供应链不能实现快速协同，由定制业务需求扩张引致的生产制造一体化需求，创办属于自己的家具制造加工厂
4	办一个工厂并不难，难的是"个性产品＋规模"，规模生产的价值就是量大、效率高、成本低，而个性化的产品因为零部件很多不一样，往往生产效率低。所以要在生产工艺上采取全新的流程，实现产品生产的部件化（将"魔方"打开），即将订单分拆成一个个的零部件。客户的订单产品通过软件处理在电脑上生成一套零部件，然后变成一条条清晰的信息指令传给制造环节，工厂再用信息指令指挥机器进行不同部件的切割。	个性化的产品生产效率太低，将个性化的产品部件分解成相同的零部件，由定制业务需求扩张引致的大规模定制生产
5	开发了一系列的软件，比如为加工中心安装了 CAD/CAM 接口软件，设计师为消费者提供的设计图同时能转换为指导机器生产的工业化制造图纸；为加工设备加装电子看板，大大压缩了找图和读图的准备时间，为电子开料锯加装"制造执行软件"，方便实现快速、准确的裁切加工。	销售端的信息要快速转换为制造端的生产信息，通过信息化的改造提升大规模定制生产的效率

续　表

序号	案例描述具体内容	特征提炼
6	当尚品宅配能够用自己的软件实现将客户认可的设计转换为一条条生产指令,就设想是否可以通过研究数控设备,对其软件部分进行改造,以便钻孔机器能够自动识别和执行已生成的生产指令,省却了通过控制键控制数控设备的操作麻烦,通过对德国机器的技术攻关和与国内相关企业的合作,实现了这个重大技术突破。	对数控设备内嵌的软件进行改造研发,能自动识别和执行生产指令,通过信息化的改造提升大规模定制生产的效率
7	整个尚品宅配的工作流程是:①各地经销商的订单先汇总到总部后端软件系统,系统把客户的每一件家具设计拆分成不同规格的零部件(虚拟进行),这些零部件配以唯一的条形码;②被分解的零部件变成生产指令传输给工厂,工厂每一台机器都配装一台电脑,电脑读取条形码信息后,对机器发出操作指令;③工厂指挥机器加工出各个零部件,自动把条形码贴在板件和零部件上,客户所需家居的全部零部件完成之后,就会被分类拆装,通过物流公司发往客户所在地的加盟商,相关的组装程序也通过内部系统发给加盟商;④加盟商收到货后,派人把全套零部件送往客户家里进行组装,安装人员按照之前发给的"组装程序"按部就班,完整的家具就呈现出来。	需要有一个贯通的紧密结合的从销售到生产再到组装的工作流程,定制化的架构基本完成和实现

资料来源:根据《尚品宅配凭什么?》及其他相关资料整理。

由尚品宅配的案例描述来看,尚品宅配的创业发展过程就是一个不断将定制化向纵深推进的过程,这个过程起始于李连柱将家具销售作为企业经营领域的战略决策,同时是一个根据这位企业家的战略认知不断将定制化的商业模式推进和完善的过程,是一个利用自身信息化资源和能力禀赋对从销售到生产的定制化改造和改进的过程,是一个由小规模生产到小规模定制生产再到大规模定制①生产的过程,为更清晰描绘这个定制化过程的大致逻辑关系,以图呈现,如图3-7所示。

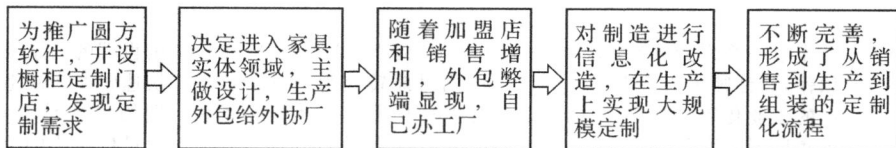

图3-7　尚品宅配定制化过程逻辑关系

---

① 大规模定制(mass customization,MC)是一种以大批量生产的成本和速度提供定制化、个性化的产品和服务的生产模式。

因此，我们认为尚品宅配的零售商业模式是一种定制化架构的商业模式。定制化架构是指零售企业立足于消费者，不断探测、了解和掌握消费者个性化需求，进行需求筛选、收集和汇聚，在此基础上向制造企业传达生产指令，甚至参与生产制造，从而满足消费者个性化需求的运作模式。

但是，我们也必须注意到，在尚品宅配商业模式形成的中后期，也向制造端进行了延伸。在早期，销售量不大，完全可以通过外协家具生产厂的外包实现，尚品宅配只负责需求端的需求挖掘和需求汇聚，初始的想法是走轻资产的路线；但当销售规模不断增大，供应链无法实现尚品宅配预期和需要的柔性，才会进入生产的阶段，所以也一定程度存在一体化架构的特点。但我们认为，这种一体化架构是反映了定制化架构的一体化架构，对生产制造环节进行了信息化改造，从而实现大规模定制生产，是由需求端的定制业务扩张引致的，也是为适应和配合定制化架构而产生和存在的。定制化架构是尚品宅配零售商业模式架构属性的主要属性，一体化架构是它的商业模式架构属性的从属属性。综上所述，尚品宅配的零售商业模式是一种定制化架构的商业模式，定制化架构的商业模式是零售商业模式的一种存在。

3.4.2 尚品宅配商业模式的定制化架构对价值创造的影响

尚品宅配商业模式的定制化架构对价值创造的影响是什么？所谓定制就是按照消费者的意愿进行商品的生产和销售，而不是商品生产出来再供消费者选择，因此满足的是消费者的个性化需求。所谓个性化需求是和大众化需求相对的，大众化需求的产品是标准的、统一的和无差异的。尚品宅配作为家具生产行业，满足的消费者个性化需求是什么呢？住房是满足人们吃穿住行的基本生活必需品，住房的价格不菲，为购买住房，人们尤其是年轻人往往花费很大。在买到住房后人们往往有强烈的个性化需求，想按照自己的意愿布置、装修和设计自己的"小巢"，尽可能地充分利用每一寸宝贵的空间，正是出于这种原因，尚品宅配打出广告词："买 $79m^2$ 的房子，住 $97m^2$ 的家。"通过尚品宅配的定制化设计，可以实现住房功能的复合化和多样化，如书房和卧室的复合、餐厅和会客室的复合、厨房和餐厅的复合、卫生间与梳妆台的复合。在设计细节上，还可以把床的下方做成若干格子且有抽屉的收纳功能，家里有两个小孩的可以设计成高低床，但爬上去的楼梯做成了抽屉可以收放杂物，衣柜门的反面安装了穿衣镜，甚至连进入书房的门也可以做成旋转式的书架，加上住房的户型图也是千差万别，甚至会出现不规则的户型，例如，转角由于柱子的存在就不是规整的 90 度转角，这时如果购买一般成品家具，旮旯里的空间就被浪费了，而尚品宅配的定制化设计可以连旮旯空间也不放过,总之是想尽一切办法尽可能利用每一寸可以利用的空间。尚品宅配的榻榻米系列产品之所以畅销,深得年轻消费者青睐也正是因为这个原因。再则,每一个消费者由于性别、年龄、受教育程度、收入、职业、性格的差异,对住房的需求、偏好也存在极大的个性化差异,例如,对颜色的偏好、对风格的偏好、对形状的偏好、对图案的偏好等,尚品宅配能依照消费者需求做出不同的颜色,还可以做出类似3D打印的"花形"而不是直角的橱柜。所以,尚品宅配的定制化满足了消费者对住房、家具的个性化需求,这种个性化需求的满足就是尚品宅配商业模式的价值创造,即个性化价值的实现。

尚品宅配商业模式定制化架构对价值创造影响的机理是什么呢?定制一般出现在奢侈品领域,如服装的定制、手表的定制、珠宝首饰的定制等,价格往往非常高昂,而尚品宅配的价格并不是很高,得益于其采取了大规模定制的生产方式,机理如图3-8所示。

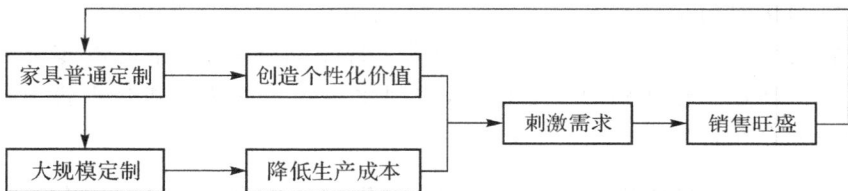

图 3-8 尚品宅配商业模式的定制化架构对价值创造的影响机理

家具定制实现和创造了消费者的个性化价值,由家具定制业务的扩张引致大规模定制生产方式的引入和实现,从而可以降低生产成本,表现为不高的商品价格,个性化价值获得越多,商品价格越低,就越能刺激需求,导致销售旺盛,就更有动力扩张家具定制的业务,正如其广告词所说:"我们以爱之名,从每个中国家庭的个性出发,我们为爱定制,尊重每个消费者的想法,我们只专注做一件事,把少数人的定制变成多数人的生活——我,就爱定制。"[①]这依然体现了Casadesus-Masanell 和 Richart(2011)对商业模式的自我强化性的理解,是一种稳定的和典型的商业模式存在。

3.4.3 尚品宅配商业模式的定制化架构对价值属性的影响

那么,在尚品宅配商业模式定制化架构的形成过程中,又是怎样体现这种颠覆性优势的价值属性呢?尚品宅配商业模式的定制化架构对价值属性有什么影响呢?

---

① 尚品宅配官网:http://www.spzp.com/index.html。

首先,我们对尚品宅配商业模式的定制化架构对价值属性的效率性可能存在的影响进行分析。

尚品宅配的定制流程是这样的:(1)网上预约;(2)免费上门量尺,48 小时出方案;(3)到店看方案,签订合同;(4)产品配送,安装售后。为了获得对尚品宅配定制流程效率的直接感知,笔者采取了参与性观察的一手资料搜集方法,详细过程如表 3-13 所示。

表 3-13　参与性观察的尚品宅配案例资料描述

需求描述:我(此为笔者,本表下同)在杭城购买一套 112 平方米住房,三室两厅一厨一卫,一家五口,一室是父母住,一室是我、爱人和儿子住,一室是由阳台改造的书房,面积较小,只有大概 6 平方米。今年儿子要上小学,儿子渐渐长大,应该有属于自己的空间,应该独立居住,不能永远和父母睡在一起,我和爱人于是商量是否有可能把不大的书房改造成放得下一张儿童床的房间,但保留一排书柜,另一排书柜要全部拆掉(否则是不可能放得下一张儿童床的),看了很多家具市场,包括宜家、华东家具市场、红星美凯龙,都寻找不到中意的款式和型号(因为房间太小),为了更充分地利用空间,于是决定选择复合床,上面是床,下面是柜子和抽屉,但对尺寸依然没有把握。

于是找到尚品宅配的门店,位于杭城北部万达广场的三楼,与尚品宅配的设计师陈某沟通,表达自己的需求,陈设计师当即表示是可以的,并给我们看了电脑上已有的复合床的 3D 展示图和效果图,但为了进一步了解实际情况,3 天后陈设计师到家里量尺寸,又过了 3 天,一套免费的复合儿童床的设计方案完成,配合以整个房间的 3D 效果图。我对方案非常满意,只提出了 4 个小细节的修改建议。15 天之后,我们在尚品宅配定制的复合儿童床便运到并开始安装,又花了 2 天时间,整个复合儿童床安装完毕,整个过程只用了 25 天时间,价格也还比较实惠。

资料来源:根据笔者亲身经历的参与性观察获得。

由此可见,尚品宅配定制流程的效率是比较高的,之所以能做到这样的高效,在生产方面能够运用智能机器进行钻孔切割的大规模定制固然是一个原因,但另一个原因是设计师的高效,陈设计师在家里精确地量完尺寸以后大概用了半小时就让我们阅览了初步的三维设计方案。她电脑里储存了产品模型库,只需修改几个参数,就完成了方案设计。为了更好地了解尚品宅配在这方面的作为,以表 3-14 说明。

表 3-14　尚品宅配的设计数据库

在尚品宅配成立的前 10 年时间,李连柱通过圆方软件的持续销售,积累了丰富的设计数据库,各种家具的设计样板、组件应有尽有,已经有了丰富的"家具产品库"。在此基础上,李连柱又带团队前往全国几大城市,收集了数千个楼盘、数万种房型的数据,对其中的特征做分析,建立"房型库"。综合下来,全国大致有 100 多种卧室、70 多种客厅。然后他们根据不同的房间,按照不同价位、不同年龄和性别,分别建立若干解决方案,消费需求的要件基本被包含其中。

这些标准化的数据全部存入尚品宅配的数据中心。当消费者上门时,设计师只需根据他们的要求,输入一些关键字,便可自动获得近似于积木组合的房间图形配套,再依其个性对其中的家具部件进行调整即可。而成功的订单又进一步丰富了设计数据库,为以后提供更多的借鉴,形成一个良性的循环。

资料来源:段传敏,徐军:《尚品宅配凭什么?》,浙江大学出版社,2013 年,第 156 页。

综上所述,尚品宅配定制流程的高效表现为设计的高效、大规模定制生产的高效和物流的高效,因此我们可以下一个结论:尚品宅配商业模式的定制化架构对价值属性的效率性有正向影响。

其次,我们对尚品宅配商业模式的定制化架构对价值属性的新颖性可能存在的影响进行分析。

尚品宅配的新颖性首先体现在产品的创新上,尚品宅配建立了清晰和详细的产品定制细分目录,消费者根据自己的定制需求,按照这个目录可以很快地找到所需要的定制产品,如表 3-15 所示。

表 3-15　尚品宅配的产品定制目录

定制分类		具体细分
按房间功能分类	卧房	衣柜、衣帽间、飘窗利用、电视柜组合、定制床、装饰柜组合
	书房	榻榻米、书柜组合、直角书桌组合、转角书桌、多功能室、挪威月色书房
	青少年房	上下床、榻榻米、书桌组合、衣柜组合、书柜组合、飘窗利用
	客餐厅	隔断柜组合、电视柜组合、餐柜组合、沙发茶几组合、鞋柜组合、吧台组合
	厨房	一字型橱柜、L 型橱柜、U 型橱柜、整体厨房、法式厨房、新实用厨房
按功能定制分类		衣柜、榻榻米、客餐厅、鞋柜、飘窗利用、上下床、小户型、电视柜、衣帽间、儿童房、凹凸位、避梁包柱、多功能书房
按风格分类		新实用、简约风、欧式风、中式风、田园风(下面还可以进一步细分)
按价格分类		以客餐厅为例:10000 元以下、10000～12000 元、12000～14000 元、14000～16000 元、16000 元以上

定制分类	具体细分
按面积分类	以客餐厅为例:25m² 以下、25～30m²、30～35m²、35～38m²、38～44m²、44m² 以上

资料来源:尚品宅配官网新居网,网址:http://www.homekoo.com。

我们以榻榻米来例证尚品宅配的产品创新。榻榻米的使用非常灵活,既可以用在书房、卧房、青少年房和客厅,也可以与飘窗结合设计,可以当床用、当收纳柜用,也可以当桌子用,甚至中间部分可以升起当餐桌用,极大地提高了功能的复合性和空间利用率,深受年轻人青睐。

尚品宅配的新颖性其次体现在产品设计的呈现方式上,消费者买家具就像试穿衣服一样,根据房间形状、长度、宽度、门位、窗位等家居空间"体形要素",能够找到上万款适合自己家居"体形"的家具"套装",还可以通过技术软件,根据平面图生成三维立体模型,模型可以 360 度旋转,像 CS 游戏一样,消费者可以身临其境地在虚拟家居里漫游,从各个角度审视家具效果。

尚品宅配的新颖性最后体现在基于家具家居设计软件的信息化优势对生产工艺流程的大规模定制生产的改造上,前面已有大量的案例描述信息,此处不再赘述。

尚品宅配是做装修软件出身,跨界进入家具领域,因此和传统的家具企业很不一样,它完全按照消费者的定制意愿进行生产,没有库存,在家具行业引起很大反响。由于尚品宅配的定制化商业模式的标杆存在,传统家具行业纷纷模仿和学习,也在进行定制化架构的业务改进甚至是商业模式创新,这体现了尚品宅配商业模式颠覆式创新的新颖性。

因此我们可以下一个结论:尚品宅配商业模式的定制化架构对价值属性的新颖性有正向影响。

总结以上案例分析,发现尚品宅配商业模式的定制化架构对价值属性的效率性和新颖性都有正向影响,锁定性和互补性不甚明显和突出。可以总结得到两个结论:

(1)尚品宅配商业模式的定制化架构对价值属性的效率性有正向影响;

(2)尚品宅配商业模式的定制化架构对价值属性的新颖性有正向影响。

3.5　宜家案例研究

宜家家居(简称宜家)于 1943 年创建于瑞典,是一家跨国性的家具家居用品零售企业,"为大多数人创造更加美好的日常生活"是宜家自创立以来一直努力的方向。宜家品牌始终和提高人们的生活质量联系在一起,并秉承"为尽可能多的顾客提供他们能够负担、设计精良、功能齐全、价格低廉的家居用品"的经营宗旨。宜家在提供种类繁多、美观实用、老百姓买得起的家居用品的同时，努力创造以客户和社会利益为中心的经营方式，致力于环保及履行社会责任。瑞典宜家集团已成为全球最大的家具家居用品零售企业，销售主要包括座椅/沙发系列、办公用品、卧室系列、厨房系列、照明系列、纺织品、炊具系列、房屋储藏系列、儿童产品系列等约 10000 个产品。

中文的"宜家"除了取 IKEA 的谐音，也引用了成语中"宜室宜家"的典故，来表示带给家庭和谐美满的生活。宜家大部分的门店位于欧洲，其他则位于美国、加拿大、亚洲和澳大利亚，是全世界最大的家具零售企业。

3.5.1 宜家的案例描述

和优衣库、ZARA、尚品宅配一样，宜家的商业模式也与创始人英格瓦·坎普拉德的早期创业史分不开。笔者之所以选择宜家的案例，也是为了与尚品宅配案例的商业模式更好地做比较分析，因为尚品宅配认为自己是"定制的宜家"，既模仿宜家又试图超越宜家，是站在"宜家"巨人的肩膀上往前进了一步。但宜家成立于 1943 年，年代久远，所以在案例描述中分成两部分进行，一部分是企业的发展简史，以创始人英格瓦·坎普拉德的传记为主，如表 3-16 所示；另一部分以 1999 年至 2009 年执掌宜家实际运营的宜家 CEO 安德斯·代尔维格的自传为主。

表 3-16　宜家企业发展简史

序号	案例描述具体内容	特征提炼
1	1926 年，英格瓦·坎普拉德出生于瑞典，父亲是农场主。英格瓦幼年就热衷于骑着自行车四处向邻居推销商品，从中体会赚钱的乐趣。上高中时，他的床底下放了一个纸箱，里面塞满了皮带、皮夹子、手表、钢笔等货物。	创始人英格瓦·坎普拉德从小就有经商爱好和天赋
2	1943 年，英格瓦 17 岁，父亲帮助他创建了自己的公司，宜家（IKEA）诞生了。IKEA 这个名称结合了英格瓦·坎普拉德（Ingvar Kamprad）名字的首字母 I 和 K，和他长大的农场 Elmtaryd 和村庄 Agunnaryd 的名字的首字母 E 和 A。宜家起初销售钢笔、皮夹子、画框、装饰性桌布、手表、珠宝以及尼龙袜等低价格产品。随着生意的不断扩大，英格瓦已经无法应付大量的销售电话，他开始在当地报纸上刊登广告，并制作临时邮购目录册。宜家通过当地的收奶车分销产品，利用收奶车将产品运送到邻近的火车站。当时的瑞典正处于经济迅速发展时期，城市在不断增多和扩大并向郊区辐射发展，年轻人迫切需要找地方住下来，人们需要尽可能便宜地装修新房子，于是英格瓦开始把目光投向了家具行业。	宜家名字由来，宜家商业模式形成起点。最早是邮购公司，邮购目录册就是《宜家家居指南》的前身和雏形，渐渐由销售低价格生活用品转入家具销售

序号	案例描述具体内容	特征提炼
3	1948年,英格瓦登出了第一条家具商品的广告,宣传的是一种没有扶手的护理椅和一种咖啡桌。广告效果不错,两件家具卖出去不少。于是,英格瓦开始向顾客印发一种叫"宜家通讯"的小册子,上面有新商品的宣传,如沙发床和玻璃吊灯等。	"宜家通讯"就是《宜家家居指南》的前身
4	1953年,宜家公司开始在阿姆霍特的一幢大楼里长期举办家具展览和销售,让人们亲眼看到宜家的家具。同时把便宜的和稍微贵一点的同种商品放在一起,以便顾客就它们的不同质量比较其价格,这种方式受到了大家的欢迎。	邮购和家具商场合二为一,实现了家具零售的门店实体化
5	1958年,第一家宜家商场正式开张,拥有6700平方米建筑规模,是当时北欧地区最大的家具展示厅。商场开张那天,门外的人排起了长龙。英格瓦相信,饿着肚子的客人是没有心情看家具的,因此在商场专门开辟了小茶座,为远道而来的顾客准备了甜点和饮料,后来小茶座便发展成为今天每个宜家商场都能看到的餐饮部。在宜家开设展厅的同时,来自竞争对手的压力却使得供应商停止向宜家供货,于是宜家不得不开始自己设计家具,但这实际上为宜家后来的发展奠定了基础。宜家自己设计家具时,又发明了平板包装模式,卸掉桌腿的平板包装使得一辆运输车上装载的货品更多,需要的存储空间更小,人工成本降低,并且避免了运输过程中的损坏现象,对顾客来说,能够方便地将货品运送回家,自己就能够组装产品,更是大大降低了产品成本。	宜家的餐饮是宜家门店保留至今的一大特色,开始自己设计家具是一体化的开端,平板家具也是宜家的基本特征
6	1965年,在数千人排队的等候中,规模为45800平方米的斯德哥尔摩宜家商场开业。该商场取得了成功,但也产生了一个问题:顾客太多,员工不够用。于是宜家干脆开放仓库,让顾客自提货品,宜家概念的重要部分也随之诞生。	仓储式陈列、自助式服务成为宜家商业模式的基本特征
7	1963年,宜家在挪威奥斯陆郊外开办了商场,这也是在瑞典以外开办的第一家商场。1969年,宜家在丹麦开办第一家商场。1973年,北欧之外的第一家宜家商场在瑞士苏黎世郊外开办。该店取得的成功为宜家在德国迅速开拓业务铺平了道路。1974年,宜家在慕尼黑开办德国第一家商场。	宜家在欧洲的扩张
8	1975年,在澳大利亚开办第一家宜家商场。1976年,在加拿大开办第一家宜家商场。1985年,第一家美国宜家店在费城郊外开张,有三个美式足球场那么长。1998年1月在上海开设其在中国的第一家店铺,1999年1月北京宜家正式开业。截至2018年3月,在中国门店数量达到25家。	宜家在全球的扩张

资料来源:根据《宜家故事:IKEA创始人英格瓦·坎普拉德传》及其他相关资料整理。

图3-9中是宜家早期商业模式形成过程的逻辑关系。

宜家初期的成功遭到竞争对手的联合抵制,迫使供应商断绝向宜家供货,迫于无奈,宜家不得不开始自己设计家具,这是早期宜家一体化的表现,但以上案例

1943年，宜家成立，销售小件低价商品，邮购公司	渐渐转移到家具销售，虽有邮购目录，但消费者看不到实物	开设家具卖场，零售实体化，价格低廉，但人手不够	仓储陈列，消费者自助，平板包装，但供应商联合抵制	自主设计，设计一体化，渐渐实现采购与生产一体化

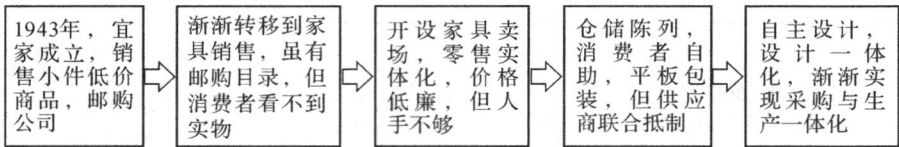

图 3-9　宜家早期商业模式形成过程逻辑关系

材料除了能了解到宜家的早期发展，对宜家商业模式提炼不足，所以我们根据宜家 CEO 安德斯·代尔维格的自传进一步进行商业模式特征提炼，如表 3-17 所示。

表 3-17　宜家商业模式特征提炼

序号	案例描述具体内容	特征提炼
1	宜家的独特性在于有能力打破传统，提供设计精良、功能性强、物美价廉的产品。宜家之所以能实现销售价格一降再降，主要在于它具有以下特点：将产品研发和供应商采购环节融入生产过程的一体化机制，实现全球采购策略，采用平板包装以及顾客自助提货的配送方式，拥有独特的产品配送机制。另外，也归功于宜家一直秉承的成本意识，以及巨大销量带来的规模效应。	低成本，一体化架构
2	20 世纪 90 年代的新采购策略主要有四个特点：将产地转移到成本更低的国家，主要是亚洲；大幅削减供应商数量；重点放在压低价格上，加强采购部门之间的竞争机制；通过收购 Swedwood 公司，创办宜家自己的生产企业。	采购的一体化
3	1991 年宜家收购了 Swedwood 公司，选择自主生产，原因有三：第一，宜家在一些重要的家具生产领域体量过大，导致寻找不到适合的外部生产商；第二，在板材和实木产品这两个最重要的生产领域中，牵涉到核心生产技术的保密性问题；第三，宜家通过 Swedwood 能够为其他供应商树立参考、范例和生产标准。因此，Swedwood 也成为宜家内部掌握的有竞争力的原材料和生产技术研发中心。在 Swedwood 集团的支持下，宜家在竞争中扩大了领先优势，其中最主要的优势在于板式家具。为了建立更强的价格优势，宜家工业集团（Swedwood）在供应链的上游实现了功能整合，从最初只有一些家具生产厂，一直逐步控制了原材料、木材切割厂、板材供应商和零件加工厂。	采购、生产和研发的一体化

资料来源：根据安德斯·代尔维格的自传《这就是宜家》及其他相关资料整理。

所以，我们得出一个结论：和优衣库、ZARA 一样，宜家的商业模式也是一体化架构的商业模式。

3.5.2　宜家商业模式的一体化架构对价值创造的影响

英格瓦·坎普拉德对宜家企业愿景的描述是这样的："在所有的国家和社

会体系中，无论是东方还是西方，大部分的资源都被用于满足一小部分人的生活，这种不均衡的情况普遍存在。以我们的行业为例，时髦和美丽的产品被一小群生活条件优越的人垄断着，宜家的目标就是改变这种现状。"（英格瓦·坎普拉德的企业愿景和 ZARA 创始人奥尔特加的企业愿景有异曲同工之妙）所以宜家的企业宗旨是"为大众创造更加美好的生活（To create a better everyday life for the majority of people），提供种类繁多、设计精良、功能性强、老百姓买得起的家居用品"。宜家将焦点集中在降低销售价格上，目标是使越来越多的人可以消费得起宜家的产品，低价就是宜家商业模式为消费者的价值创造。

宜家的一体化架构是如何实现低价的价值创造的？表 3-17 的案例描述材料中虽也有提及，但表 3-18 给出了更明确的阐释。

表 3-18　宜家一体化架构对低价的价值创造影响

　　宜家是怎样做到既保证低价又能盈利颇丰？一般来讲，与绝大多数零售商相比售价最低，意味着同类商品比竞争对手便宜最少 5%～10%，而宜家能做到最少便宜 20%，甚至能便宜 100%。1999—2009 年的 10 年间，宜家全线产品的售价平均下降了 20%，接近 80% 的西欧国家认为宜家比其他零售商拥有更强的价格优势，宜家新上市的主打产品往往比市场定价低 50%，甚至更多。一开始的利润往往很低，因为成交量还不明朗。低价策略背后的想法首先在于竞争对手不能跟上，其次在于吸引人的售价会拉动成交量，从而导致更低的成本采购价格，最终实现盈利走向正轨。这个过程是需要魄力的，要去相信一个主动性的定价方法总会使最初的低利润投资换来之后丰厚的回报。

　　隐藏在所有这一切背后的秘密究竟是什么？宜家是怎么成为一家低价销售却盈利颇丰的公司的？

　　秘密在于宜家有能力控制和协调整个价值链，从原材料、产品研发、生产、运输，一直到商场的销售环节。其他大部分零售行业的公司只能掌握其中某一些环节，或者能控制零售终端（商场和货物运输），或者能控制产品设计和生产终端。这使得宜家与大多数公司相比更具有复杂性，既掌握产品的生产和研发，又掌握运输配送和商场销售。

资料来源：安德斯·代尔维格：《这就是宜家》，中华工商联合出版社，2015 年，第 85-86 页。

宜家的一体化架构对低价的价值创造的影响机理是什么呢？如图 3-10 所示。

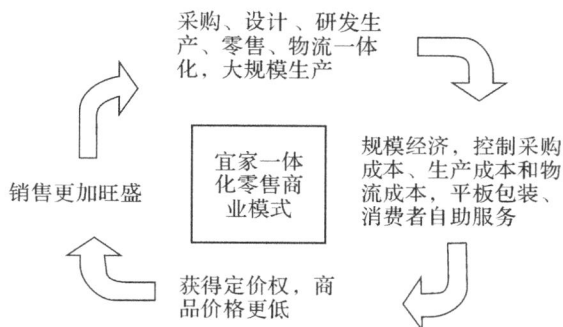

图 3-10　宜家一体化架构对低价的价值创造的影响机理

宜家一体化架构对价值创造的影响机理和优衣库非常相似,通过更低的售价,拉动销售,从而能够带来更大规模的生产。通过一体化架构更能实现成本控制和成本降低,构成了一个不断加强循环的影响机理,也体现了 Casadesus-Masanell 和 Richart(2011)对商业模式的自我强化性的理解,是一种典型的和稳定的商业模式存在,其中主要是规模经济在发挥作用。

优衣库主要商品品类是大众休闲服的基本款,并且优衣库会控制和收缩商品的品类,实行产品有限种类,这更有利于实现规模经济,而宜家要提供种类繁多的家具家居产品范围,种类数量庞大一直成为困扰货物装卸效率的难题,那么究竟是要可供多样选择的更有竞争力的产品范围,还是要更有效的仓储物流?宜家通常选择后者,维持低价的必要条件是维持低成本,低价永远排在宜家的第一优先级。

3.5.3 宜家商业模式的一体化架构对价值属性的影响

首先,我们对宜家商业模式的一体化架构对价值属性的效率性可能存在的影响进行分析,如表 3-19 所示。

表 3-19 宜家一体化架构的供应链优化整合

宜家需要对供应链进行更加优化的配置,但已经不是单纯地实现降低采购价格那么简单,同时需要满足一系列复合性要求,比如生产能力、物流、产品质量等方面的提升。即使在压低采购价格方面成效显著,宜家依然面临许多挑战。谁能够想到宜家竟然拥有各自为政的一个产品部门、一个配送部门和一个采购部门,也就是说,宜家的供应链是彼此割裂开的,产品开发、配送、采购和零售市场彼此独立。公司一直都采用功能性分区组织模式,长远目标和具体目标缺乏协调性,工作流程、时间计划和 IT 系统基于各自的功能分别设计。采购部门最关注供应商的采购价格,零售商场往往看重及时供货、产品无损以及高品质的保证,配送部门看重满载率和更为经济的交通运输。本应从长期角度培养供货商生产能力的采购部门,现在为了满足产品研发"短平快"的需要不得不放弃一些原本准备购买的原材料;零售商场在制定商业促销活动的时候也很少与供应链进行协调沟通。所有以上提到的事实都在各个不同的功能部门之间造成了障碍,令彼此缺乏信任感。刚刚争取到低廉的采购价格,随之被抬高的配送成本、产品运输过程中的损坏、产品质量问题和商场中的操作成本所抵消,更糟糕的是,商场中的产品库存情况并未得到改善。

新的供应政策正是在综合考量以上现实的基础上,致力于解决固有问题而制定的。它意在优化整合整个供应链,而不是单单改善某些区块。供应链的新目标是降低总成本,包括供应商采购价格、配送成本、运输成本、产品上架率、产品质量,以及供应商的社会和环境问题治理责任。

对供应链的调整,称得上是宜家自成立以来所经历的最大的改变之一。我们将供应链从"功能导向"转变为"过程导向",健全必需的流程环节,制定整体性的供应链策略,建立新的组织架构,开发新的工作方法和 IT 系统。

资料来源:安德斯·代尔维格:《这就是宜家》,中华工商联合出版社,2015 年,第 96-97 页。

供应链整合是指企业为了实现为最终客户提供最大化价值的目标,从战略上与供应链成员合作,管理企业内部与企业之间的流程,实现产品、服务、信息、资金、决策的有效流动(Zhao et al.,2008)。供应链整合追求的是跨企业整体最优而不是企业局部最优,是总成本的最低而不是局部功能模块的成本最低。宜家正是在一体化架构的前提和背景下通过供应链整合实现了企业运营效率的提升,因此我们可以得到一个结论:宜家商业模式的一体化架构对价值属性的效率性有正向影响。

其次,我们对宜家商业模式的一体化架构对价值属性的新颖性可能存在的影响进行分析。

宜家商业模式的新颖性首先体现在表现出了一定程度上的定制化架构属性。虽然宜家商业模式的主要架构是一体化架构,绝不是定制化架构,但并不排斥具有一定程度的定制化架构属性,这是因为宜家将消费者整合于供应链过程之中,消费者自助式采购、付款、运输、自己拆卸和组装产品,这固然一方面有利于低价格的实现,而另一方面通过商场现场的产品展示和体验、家居整体解决方案样板间的展示以及《宜家家居指南》的发布,消费者可以最大限度地在种类繁多的商品展示中满足自身的个性化需求,感受着和想象着像搭积木一样的不同家具组合方案并实现之,消费者通过融入宜家的供应链,一定程度上实现了消费者和企业之间的价值共创(Prahalad & Ramaswamy,2000、2004)。宜家产品的价格较低,部分原因也是消费者与企业共创的这部分价值可以分割为对企业的价值和对消费者的价值,对消费者的价值就表现为较低的价格。而尚品宅配的商业模式是消费者完全融入并决定了整个供应链过程,消费者的个性化需求是整个供应链过程的起点,消费者与设计师的互动沟通是一个更高程度上的价值共创过程(周文辉等,2016)。所以判断定制化架构属性,就是考察消费者在多大程度上整合于供应链过程和在多大程度上满足消费者的个性化需求,而宜家的商业模式在一定程度上体现了定制化的架构属性。

再次,宜家商业模式的新颖性体现在基于一体化架构和价值链控制而形成的产品和服务特色,在这点上和优衣库的商业模式并无二致,但宜家 CEO 安德斯·代尔维格有一段非常精彩的论述,如表 3-20 所示,体现了宜家商业模式的颠覆性竞争优势的来源。

表 3-20 宜家基于一体化架构和价值链控制而形成的产品和服务特色

在产品种类研发与定价方面形成企业自身的特色是获取利润的关键。在零售行业特别是其中的快速消费品行业,一旦产品种类的开发被其他竞争对手所控制,企业就会陷入艰难的境地之中,这一点在食品行业、个性产品订制行业以及家电行业非常明显。在这些行业中,大部分零售商没有自己的品牌,无法自主开发产品种类,所以只能在大体相同的产品领域展开价格竞争。但是,由于拥有品牌的企业往往希望新产品的价格比较稳定,没有自主品牌的零售企业就面临基本一致的采购价格,任何单方面依靠降价来赢得市场的做法都会导致恶性价格竞争,最终导致两败俱伤的局面。当然,一些企业会试图通过在服务、场地条件、分期付款和工作人员素质训练等环节的创新来获取竞争优势。但依我看,相比于产品种类开发和定价权对企业绩效的影响,这些手段的实际效果都非常有限。

而对于宜家来说,由于拥有自己的品牌并能够控制产品的供应链,它的价格策略和利润率选择具有非常大的弹性,甚至可以直接影响总体销售绩效的 10%。快速消费品领域拥有自主品牌的企业,也大多可以保证相近的策略空间。像这样的企业,首要任务在于通过优化产品种类的开发实现其竞争优势的最大化,并借助供应链的过程化导向放大自身优势。

资料来源:安德斯·代尔维格:《这就是宜家》,中华工商联合出版社,2015 年,第 219-220 页。

因此我们可以下一个结论:宜家商业模式的一体化架构对价值属性的新颖性有正向影响。

总结以上案例并分析,发现宜家商业模式的一体化架构对价值属性的效率性和新颖性都有正向影响,锁定性和互补性不甚明显和突出。可以总结得到两个结论:

(1)宜家商业模式的一体化架构对价值属性的效率性有正向影响;

(2)宜家商业模式的一体化架构对价值属性的新颖性有正向影响。

3.5.4 尚品宅配与宜家的案例对比分析、相关命题及讨论

尚品宅配和宜家都是家具零售行业非常成功的案例,宜家的历史发展逾半个多世纪,是历史悠久的传统家具零售企业,尚品宅配是跨界进入家具零售业的企业,但这并不妨碍两个企业都是非常成功而又迥异的零售商业模式案例。尚品宅配是通过定制化架构为消费者实现和创造个性化价值,宜家是通过一体化架构为消费者实现了低价格的价值创造;尚品宅配会通过大规模定制的一体化架构的从属属性实现生产成本的降低,宜家会通过定制化架构的从属属性提升顾客的个性化价值;尚品宅配主要是通过与设计师的互动沟通,理性表达自己的个性化需求,以理性购买为主,宜家不仅有理性购买,也包含着在家具家居卖场的冲动性购买。尚品宅配与宜家的商业模式案例差异对比如表 3-21 所示。

表 3-21　尚品宅配与宜家的商业模式案例差异对比

项目		尚品宅配	宜家	共同点
商业模式架构		定制化架构（主要的架构属性）	一体化架构（主要的架构属性）	一体化架构都有助于降低成本，定制化架构都有助于提升个性化价值
商业模式架构的从属属性		具有一体化架构的从属属性	具有定制化架构的从属属性	
价值创造内涵		满足个性化需求，个性化价值的实现和创造	低价格但种类繁多、设计精良、功能性强	面向广大消费者
消费者购买方式		以与设计师互动沟通的理性购买方式为主	既包括理性购买，也包括在家具卖场的冲动性购买	消费者都不同程度上融入了供应链，都有消费者与企业互动的价值共创
商业模式架构对价值创造的影响		通过定制创造个性化价值，通过大规模定制降低生产成本，长尾经济和规模经济	交易成本和规模经济，多品种，大批量，成本控制	都是一种自我强化的循环逻辑
商业模式架构对价值属性的影响	效率性	定制流程的高效化，大规模定制生产的高效化和设计数据库的丰富化和累积化	一体化架构下供应链优化整合实现运营效率的提高	锁定性和互补性都不甚明显和突出，都体现了商业模式价值属性的颠覆性竞争优势
	商业模式架构的从属属性	具有一体化架构的从属属性	具有定制化架构的从属属性	

　　由尚品宅配和宜家的商业模式案例研究，我们发现了尚品宅配是一种定制化架构的零售商业模式，定制化架构是指零售企业立足于消费者，不断探测、了解和掌握消费者个性化需求，进行需求筛选、收集和汇聚，在此基础上向制造企业传达生产指令，甚至参与生产制造，从而满足消费者个性化需求的运作模式。

　　由尚品宅配定制化架构对价值属性影响的案例分析，我们可以得到第三个初始命题。

　　命题 3：零售商业模式的定制化架构对个性化价值创造实现有正向影响。

　　但具体展开，由尚品宅配案例研究，发现定制化架构对效率性和新颖性的价值属性都有正向影响，所以得到初始命题 4。

　　命题 4：零售商业模式的定制化架构对价值属性有正向影响。

　　由宜家的商业模式，与优衣库及 ZARA 一样，我们依然发现了这是一种一体化架构的商业模式。由宜家的案例分析，我们又继续验证了前面得到的初始命题 1，即零售商业模式的一体化架构对低成本价值创造实现有正向影响，也依然验证了初始命题 2,即零售商业模式的一体化架构对价值属性有正向影响。

接着我们需要进一步追问的是"理论抽样饱和了吗?"(Eisenhardt & Bourgeois,1988)。通过四个案例,我们得到了一体化架构和定制化架构两种架构属性,那还存在其他可能的零售商业模式架构吗?有一家实体书店零售企业——西西弗书店,它既不是一体化架构,更不是定制化架构,在实体书店一片萧条的今天它却能表现突出,主要的原因在于它的场景化打造和建设(详细的案例描述见下文)。同时,在前文四个案例中讨论了价值属性的效率性、新颖性和锁定性,但互补性没有出现。所以,理论抽样还没有达到饱和的程度,是现象驱动的"理论抽样不饱和",还需要再增加探索性案例以确认可能的零售商业模式的架构存在,基于此,下文选择了西西弗和言几又两家实体书店进行探索性案例研究。事实上,在以上四家零售企业案例中,每家企业在场景化建设上各有特点,例如优衣库朴素的装修风格、ZARA 对橱窗的高度重视、宜家的家居样板间和仓储式陈列及对餐厅的打造、尚品宅配的三维虚拟展示,但是这些特点都被更有亮点的一体化和定制化的光芒给掩盖了,而西西弗和言几又书店商业模式既没有一体化架构,也没有定制化架构,可以更好地提炼和挖掘在场景化方面的亮点。

3.6　西西弗书店案例研究

西西弗书店(Sisyphe Bookstore)创立于 1993 年 8 月,诞生于遵义。创办者们将书店命名为西西弗,典故来源于希腊神话中的西西弗斯(SISYPHE),科林斯的建立者和国王,他曾一度绑架死神,让世间没有了死亡。后来,西西弗斯触犯了众神,诸神罚他将巨石推到山顶。受永世惩罚的西西弗斯,他每天周而复始地将大石推向山顶,不知疲倦、从不放弃。西西弗书店希望能成为图书乃至文化行业的西西弗斯。

西西弗书店一直秉承"参与构成本地精神生活,助益人们生活成长事业"的价值理念、"引导推动大众精品阅读"的经营理念,以"我们天赋地关怀存在世界及存在的本义,这是我们现在及今后一切行为的缘起,为此我们将竭力整合资源,构建企业、训练团队,致力建筑自由交流的空间,参与居民的生活对话和文化建设"为信念,把"背包太沉,存吧;站着太累,坐吧;买了太贵,抄吧;您有意见,提吧"作为座右铭,来发展连锁书店。书店以丰富的正版图书、有益的文化活动和优质的服务得到了广大读者的喜爱和赞赏。

截至 2017 年 10 月 15 日,西西弗书店已发展为拥有 100 家门店、超过 1000 名员工、100 万活跃会员的连锁文化企业,连锁店辐射北京、天津、上海、西安、广州、深圳、重庆、成都、贵阳、昆明、武汉、南宁、杭州、温州、南京、无锡、赣州、泸州、青岛、福州、沈阳、厦门、郑州、海口等城市。

3.6.1 西西弗书店的案例描述

西西弗书店(以下简称西西弗)创立时是一家只有 20 平方米的小书店,在重庆发展时商业模式基本成形,经过 10 多年发展和摸索,奠定了向全国各大城市扩张的基础,如表 3-22 所示。

表 3-22 西西弗的案例描述

序号	案例描述具体内容	特征提炼
1	1993 年 8 月 8 日,西西弗在遵义成立,当时营业面积 20 平方米。	商业模式发展起点
2	2007 年,西西弗先后在贵阳、重庆成立了有限公司,采取董事会股东制和总经理制度,完成了向现代公司的过渡。这一年,现任的董事长金伟竹进入了公司。在金伟竹的主导下,西西弗从传统书店向新型书店转型,强调以图书为本,加大对阅读氛围和阅读体验的延伸。	强调以图书为本,加大对阅读氛围和阅读体验的延伸
3	西西弗于 2008 年 3 月在重庆三峡广场开出了贵州省外的首家门店。在这家店内,首次出现了现在西西弗里标配的矢量咖啡和不二空间两大项目。	开创了咖啡与创意空间业态
4	2014 年 5 月,西西弗在重庆煌华购物中心开出一家新店,新店除保持"矢量咖啡""不二生活"创意空间等原有的品牌,还推出了"7&12 阅读课"儿童阅读体验馆,将 0~12 岁儿童划分为 7 个阅读阶段,并配以适龄图书及衍生创意产品,定期推出趣味性与成长性相结合的阅听小课堂。	增加了儿童阅读体验馆
5	重庆市场是西西弗的试验田,也是西西弗重新焕发生机的地方。为此,西西弗将公司的总部从贵州搬到了重庆。正是重庆市场试验的成功,西西弗的新形态才开始向成都、深圳等城市扩张。	商业模式在重庆基本形成,从而在全国复制扩张
6	西西弗的店面装潢很讲究,以英伦风为主,书店 LOGO、店内配色浑然一体,外墙大面积绿色,醒目有张力,不同门店保持统一风格,辨识度极高。整个书店环境亲切温暖,专门设有阅读区,提供沙发、椅子供读者坐着看书;店内工作人员统一穿戴带 LOGO 的绿色围裙微笑服务,他们不会嫌弃你不买只看,甚至会主动邀请你去阅读区就座。	有阅读氛围和阅读体验的西西弗场景建设
7	书籍的摆放也有学问,分类清晰,有层次有条理,叠放造型丰富,畅销书籍都能在显眼的堆头中找到。另外,堆头上的书都有已拆封的样本供读者阅读,给读者接触试读的机会,这种体验式的消费是网络购书不可能做到的。	书籍的陈列非常讲究,有别于网络购书的阅读体验

续　表

序号	案例描述具体内容	特征提炼
8	西西弗遵循"一切皆可阅读"的空间设计理念,以书与寓意深刻的文化艺术造型,强烈展现了欧式橱窗的文化美感。以 LOFT 的粗犷奔放与道具的精致细腻,展现了艺术与时尚刚柔并济的独特气质。以深绿为主基色,红、黑为辅基色的 VI 色彩搭配产生的视觉冲击力,与极具文化精神内涵的装饰,制造出强烈的艺术张力。	西西弗打造阅读氛围的空间设计
9	产品运营是核心问题。西西弗在商品体系内,建立了三大模型——商品采控、商品流控和商品调控。根据每个门店运营和大数据做的信息化、数据化模型,实现运营标准化,这三大模型是西西弗开发、独有的。	西西弗的产品运营体系和大数据技术运用
10	西西弗向网店的标签体系、推荐系统学习,为每一本书建立十几个标签,通过标签来建立书本之间的关联、书与书店的对应。为此,西西弗专门有一个图书分析团队,是建立在对图书属性与消费者需求的分析之上的。为了将整个书店打造成一架高效、可复制的"销售机器",西西弗有一个采控模型,对每一家店的客群定位、阅读习惯、消费能力进行模型分析,再通过对图书的标签化处理,形成一一对应,从而决定哪家店应该采购何种图书,每过三个月,采控模型都要做一次微调:客群有没有变化?客群与图书的匹配性如何?	借助大数据技术的辅助,对作为读者的消费者需求进行精准定位,西西弗产品运营体系的采控模型
11	流控模型是对每一本进店图书的单品管理,一本书不能随便摆放,而是要经过流控模型观察其销售形态,新书赶老书形成书流。	西西弗产品运营体系的流控模型
12	调控模型是为了解决书店最头疼的库存周转问题,通过店与店之间的内部调剂,从而优化库存效率。	西西弗产品运营体系的调控模型

资料来源:根据实地体验、访谈调查及其他相关资料整理。

　　我们可以将西西弗与传统书店(如新华书店)进行一个对比,更能明确西西弗商业模式的特点,如表 3-23 所示。

表 3-23　西西弗与传统书店的对比

对比项目	西西弗	传统书店
经营对象	以书籍为对象和主要载体的具有阅读氛围和阅读体验的文化空间	书籍销售
硬件设施	提供沙发和座位(经典广告词:背包太沉,存吧;站着太累,坐吧;买了太贵,抄吧;您有意见,提吧)	一般不提供座位(传统书店认为读者如果长时期站着看书,一般就不会买这本书了)

续　表

对比项目	西西弗	传统书店
卖场功能	提供一个书籍阅读、书籍销售、读者交流、文化休闲的空间	单纯的书籍销售功能
商品陈列	结合读者的趣味和书籍分类进行陈列（如文字的虚构与现实、缤纷的童年小世界、生活的滋味）	根据书籍的分类进行陈列（教辅、文学、历史、经济管理、计算机、建筑等）
配套业态	有咖啡店和生活创意馆	一般没有配套业态
装修风格	英伦风,有较为强烈的艺术风格	装修一般,缺乏艺术风格
顾客黏性	有较高顾客黏性,培养消费者阅读兴趣和习惯,有最新潮和畅销的书籍推荐	顾客黏性一般,一般没有书籍推荐

　　由以上案例描述及与传统书店的对比,我们可以看出西西弗是在经营一个"场景"。场景原出自影视用语,是指在特定时间、特定空间内发生的行动,或者因人物关系构成的具体画面,通过人物行动来表现剧情的特定过程。Kenny 和 Marshall(2000)首次提出场景的学术化定义,即泛指顾客生活中的特定情境,以及在这种情境下产生的需求或情感因素。目前场景的研究主要集中在营销领域基于服务主导逻辑的服务场景,Bitner(1992)将服务场景划分为氛围因素、空间布局与功能要素以及标志、象征和工艺品要素三个维度;Baker 等(2002)将服务场景要素划分为社会因素、设计因素、氛围因素。但与营销领域的场景内涵不同,本书所指的场景内涵更加立足于企业主动构建的消费者与场景空间的互动关系,而营销视角的服务场景更多是侧重于表达消费者对客观的场景要素的主观感知,两者存在一定差别。回到场景出自影视理论的本源,传统的零售学将卖场比作舞台,将商品比作主角,将顾客比作观众,将店长比作导演,称之为卖场的剧场理论(肖怡,2003)。但西西弗作为场景,与传统的卖场剧场理论还存在一定差别,对比和分析如表 3-24 所示。

表 3-24　西西弗场景与卖场剧场理论的差别

对比因素	传统卖场的剧场理论	西西弗的场景	具体解释
卖场	卖场是舞台	卖场是舞台	卖场就是舞台,舞台就是场景,这个和传统剧场理论没有本质差别
商品与顾客关系	商品是主角,顾客是观众	顾客是主角,商品是布景和道具	传统的卖场是以商品销售为主,顾客在浏览和挑选商品中获得购物体验;西西弗不仅是书籍销售,以经营阅读体验以及由此衍生出的文化体验为主,书籍既是布景,也是顾客实现阅读体验的道具

续　表

对比因素	传统卖场的剧场理论	西西弗的场景	具体解释
店长	店长是导演	店长是布景师	传统卖场的店长负责对作为主角商品的卖场布局和商品陈列；西西弗店长是布景师，负责空间体验的规划，更好地让作为主角的读者实现阅读体验的"唱戏"

由分析可知，西西弗已经不仅仅是卖场或早已经超越了卖场，西西弗以优质图书和优质阅读环境吸引顾客，运用文化营销策略提升书店的价值，让更多的人走进书店，热爱书店，并提供了咖啡、文创产品，实现了经营从以商品为中心到以消费者为中心的商业模式转变。西西弗正是通过"硬件"的空间阅读感和"软件"的读者归属感及文化感染力，使书店实现从"卖场"转变成"文化空间"的升级，实现的是一种场景化的升级和架构。我们将场景化架构定义为：打造和形成以消费者为主体和中心的，以物理空间或虚拟空间的建设为基础的，以所售商品和服务为内容和载体的，以获得体验价值为目的的，具有极高顾客黏性的体验空间。西西弗的商业模式是一种场景化架构的商业模式。针对这个定义需要说明的是，体验空间既可能是基于真实的物理空间，也可能是基于虚拟的网络空间（张敏等，2015；孙中伟等，2016），只不过真实物理空间的"所见即所得"的体验属性是虚拟网络空间所无法具备的。

3.6.2　西西弗的场景化架构对价值创造的影响

在移动互联网时代，消费者的电子阅读渐成趋势，纸媒阅读受到很大影响，同时由于当当、亚马逊[①]、京东等网络书店具有便捷、图书种类丰富并且价格便宜的优势，消费者购书也渐渐养成不去实体书店而去网上购书的习惯，实体书店受到很大冲击。同时，在当前社会文化环境下，普通成年消费者越来越难以觅一处环境静怡的地方享受纸媒阅读，正是在这种情况下，消费者反而有一种希望回归纸媒阅读体验的趋势。

而西西弗秉承"引导推动大众精品阅读"的经营理念，以满足"客群心理共性趋势需求"为目标，打造以物理空间体验为基础、以产品运营体验为核心、以服务互动体验为增值的"三位一体"复合体验模式。所以，西西弗的场景化架构创造了顾客的阅读体验价值，那么，西西弗的场景化架构对体验价值创造的机理是什么呢？如图 3-11 所示。

---

① 2019 年 7 月，亚马逊发布官方声明称"将于 2019 年 7 月 18 日停止为亚马逊中国网站上的第三方卖家提供卖家服务"，主营电商业务由此退出中国市场。

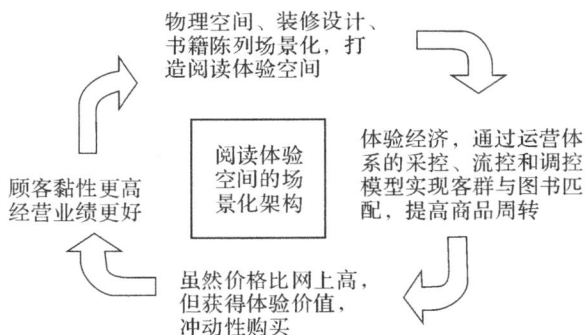

图 3-11　西西弗场景化架构对体验价值创造的影响机理

如图 3-11，西西弗通过对物理空间的装修设计、书店的布局和互补性业态（咖啡、生活创意馆）的引进，试图打造和实现场景化，但只局限于物理空间的努力和作为是远远不够的，必须实现本身作为场景不可或缺的一部分的书籍和读者的匹配和耦合，这就需要通过产品运营体系的完善，包括采控模型、流控模型和调控模型，达成这一目标，从而实现客群与图书匹配，提高书籍商品的周转率。通过产品运营体系，西西弗的书籍更新较快，每周还会有一次畅销书籍排行和推荐，消费者每次去都会有耳目一新的新鲜感，从而获得体验价值，虽然书的价格比网上高，而且很少进行降价促销，但并不影响读者的冲动性购买（曾锵，2013）；因为可以在现场实现阅读，顾客黏性更高，经营业绩更好（坪效＋人效＋频效）。西西弗的图书销售能贡献一家店 80％ 左右的收入，而且每一家书店开业当年即营利，没有养店期。由此构成了一个正反馈的加强循环的影响机理，依然体现了 Casadesus-Masanell 和 Richart（2011）对商业模式的自我强化性的理解，是一种典型的和稳定的商业模式存在，其中主要是体验经济在发挥作用。体验在本质上是个人的，体验事实上是基于精神需求的情绪、体力、智力达到某一特定水平时个人意识中产生的美好感觉，结果是没有哪两个人能够得到完全相同的体验经历，因为任何一种体验都是某个人心智状态与那些筹划事件之间互动作用的结果（Pine，2016）。

3.6.3　西西弗的场景化架构对价值属性的影响

西西弗是场景化架构的商业模式，是对传统书店以书籍为中心向以消费者为中心的升级转变，经营的范围不仅仅是书籍的销售，还有以书籍为基础的文化体验空间的场景构建，并引入了新的互补性业态，且在产品运营体系中引入了大数据技术的帮助，自主研发后台的 IT 系统，这些都表现了西西弗作为零售企业在产品和服务、新技术的引入上的创新，所以，西西弗商业模式的场景化架构对价值属性的新颖性影响非常明显。由于受到网络书店的冲击和读者由纸媒阅读向电子阅读习惯的改变，实体书店一片萧条，出现了大面积的倒闭风潮，而恰在此时，西西弗能够表现优异，足可见西西弗场景化架构的商业模式在书店市场的颠覆性竞争优势。我们可以非常容易地得出一个结论：西西弗商业模式的场景化架构对价值属性的新颖性有正向影响。

以下重点讨论西西弗场景化架构对价值属性的互补性的影响。互补性是指将一组产品或服务捆绑在一起的价值要大于所有单个的产品或服务的价值相加之和或供应链主体之间资源的交叉和依赖程度（Amit & Zott,2001）。

首先，体现在互补性业态的引入上，"矢量咖啡"和"不二生活"创意空间成为西西弗的标配。以咖啡店为例，咖啡店业态的引入，能够更好地实现阅读体验空间的场景化构建，"一边闻着书香，一边喝着咖啡；一边闻着咖啡香，一边看书"，这是极好的阅读体验。所以，将书店和咖啡店捆绑在一起的价值要大于单个书店与单个咖啡店的价值相加，因为咖啡店的存在，提升了书店的价值，同样因为书店的存在，也提升了咖啡店的价值，两者是基于场景化架构的完美的互补关系。

其次，体现在书店与购物中心的互补关系上，西西弗的选址基本上是位于核心地段、繁华商圈的有一定体量的购物中心。作为供应链伙伴的购物中心，它主要是给西西弗提供作为生产要素的场地，它对西西弗的依赖在于西西弗能够更好地将顾客滞留于购物中心内，有较强的聚客力，能够在购物中心内产生较大的正外部性（曾锵,2015），同时因其经营产品的特殊属性能够将文化体验溢出而提升整个购物中心的文化价值（曾锵,2017）；西西弗对购物中心的依赖在于它需要购物中心提供的场地，需要购物中心提供的人流资源并将之转换为自己的客流资源，需要因自身经营产品的属性而接受购物中心较低的租金。两者完全是基于资源基础观（Barney,1991）在资源上的交叉和依赖，体现了很好的供应链主体间的互补关系。

所以，我们可以下一个结论：西西弗商业模式的场景化架构对价值属性的互补性有正向影响。

总结以上案例分析，我们发现西西弗商业模式的场景化架构对价值属性的新颖性和互补性都有正向影响，效率性和锁定性不甚突出。可以总结得到两个结论：

（1）西西弗商业模式的场景化架构对价值属性的新颖性有正向影响；

（2）西西弗商业模式的场景化架构对价值属性的互补性有正向影响。

3.7 言几又书店案例研究

言几又是四川言几又文化传播有限公司旗下的书店品牌，公司于 2006 年在成都成立，主要为 18～40 岁的城市新青年群体提供文化类综合服务，以书籍销售为主，在此基础上为新一代年轻人提供设计主导的新生活方式用品，如新食品、新饰品、新家居、新挂饰、新动漫化产品、新情趣品等。

言几又，品牌名称来源于繁体字"設"。将"設"拆解之后，由"言""几""又"三字建构、衍生的"言几又"品牌，重塑、延展着比原意更加丰沛充盈的文化内涵——言是语言、沟通方式，几是差异、别致，又是多元、迭代递进。整体而言，既是"言之有物""观念互通"，又是"存在即合理""创想无界限"。在品牌理念上，旨在分享文化创意理念，传达生活可能，通过不断创新与设计，呈现一个有思想的城市文化空间。在文化精神上，言几又象征着"无限可能性"，体现着"海纳百川，兼容并蓄"；在实体空间中，言几又也在探索着介乎家与写字楼之间的第三种可能，致力于打造一个涵盖书店、咖啡厅、艺术画廊、文创生活馆、创意孵化地的复合式文化美学空间。

言几又分为三种门店类型——言几又·今日阅读、标准店和旗舰店。目前言几又在成都、重庆、昆明、北京、天津、西安、上海、杭州、南京、南通、宁波、广州、深圳、厦门等城市都有门店。

3.7.1 言几又的案例描述

和西西弗一样，言几又的商业模式也是场景化架构，将书店打造成文化体验空间，但和西西弗稍微不一样的是，言几又的业态更加丰富和多元，它不再只是经典的书店，而会提供更多元化的功能，同时更注重店内的空间感、设计感和场景感。正如言几又董事长但捷所说："书店可以成为一种连接器，连接不同形态的空间体验，购物就变成了顺带的行为。"案例描述如表 3-25 所示。

表 3-25 言几又的案例描述

序号	案例描述具体内容	特征提炼
1	2006 年，但捷（言几又创始人兼 CEO）大学毕业后在成都紫荆小区开办了第一家社区书店"今日阅读"。当时的书店占地 100 平方米，采用白红相间的设计，很快就受到了成都读者的追捧。但捷乘胜追击，随后几年，今日阅读以"阅读好邻居"的形象，在重庆、西安、贵阳、昆明等城市相继开了 60 余家连锁书店。	"今日阅读"是言几又的前身，言几又商业模式的起点

续　表

序号	案例描述具体内容	特征提炼
2	互联网迅猛发展,线上的销售、电子书的流行,对线下书店造成了很大冲击,但捷自知以图书销售的单一形式走不下去,今日阅读也面临着门店接连倒闭的问题。	受到互联网的冲击,需要商业模式创新
3	2013年,今日阅读做了第一次尝试,在成都环球中心以500平方米空间打造新书店商业形态,融图书销售、咖啡体验和创意产品为一体。	引入了咖啡和创意产品新的业态
4	2014年,言几又应运而生,第一家言几又设立在北京的中关村创业大街。书店正如店名般地开展着特色体验经营,言几又这个文化空间售卖书籍、咖啡体验和创意产品,每个月组织作家签售会、音乐会等,引领着城市的新型阅读和创意文化生活。	言几又正式成立,打造城市文化空间,商业模式基本形成
5	此后,言几又不断丰富产品线,成立子品牌:言几又·见、言宝乐园 YJY KIDS、言·café	不断整合和丰富产品线
6	2015年5月,全国第一家言几又在成都凯德天府开业后,仅三年的时间,就在北京、上海、广州、西安、杭州等各大城市布局了43家店。	言几又在全国扩张,也是言几又商业模式在全国各大城市的复制
7	2017年,汇集亚洲10余家极具特色的书店代表以及出版社、作家、媒体人等各界知名人士,共举办包括主题分享、嘉宾对谈、高端圆桌会议在内的共计12场活动。	不断注入场景新的文化内涵
8	2018年,首次联合全国百家实体书店评选出行业内优秀的书店、出版社、作家、设计师,从文学、商业、设计等各个领域对书店延伸的行业生态链展开探讨,总共举办6场分论坛、4场作家分享及签售会、1场圆桌论坛、1场颁奖盛典、1场匠人市集。	通过举办各种活动、论坛,提升场景的文化内涵,打造文化体验空间
9	截至2019年7月,全国共开设58家门店。	商业模式渐趋成熟

资料来源:根据实地体验及其他相关资料整理。

3.7.2　言几又的场景化架构对价值创造的影响

与西西弗一样,言几又的场景化架构实现的价值创造也是体验价值,其影响机理如图3-12所示。

但与西西弗主要打造阅读体验场景不一样的是,言几又引入的业态更加多元化和丰富化,是意图打造"介乎家与写字楼的第三种可能"的文化体验场景。例如,根据笔者在杭州言几又来福士店的实地考察和体验,店内共有16家特色体验店,既有以 JOYDIVISION、亦茧和映牌原创为主的设计师原创品牌,也有

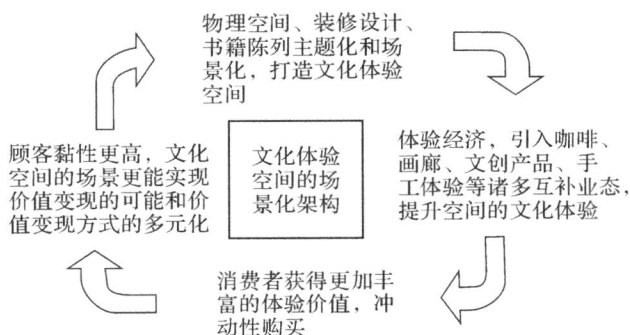

图 3-12　言几又场景化架构对体验价值创造的影响机理

诸如及木家居、左士造型、JUZI STORE、老板电器、URAKU、Feiyue 这类生活美学概念品牌，更有立足于教育体验的乐舍皮具、艺术里、天空音乐盒、小浣熊的花花草草、雷诺瓦拼图等手工 DIY 品牌，让消费者既享受到舒适的阅读环境，又能在各类特色体验店中开启文创生活体验，甚至还有文创产品——绘画、设计、艺术创作的孵化功能。由此消费者获得更加丰富的文化体验价值，更能实现冲动性购买，顾客黏性也更高，而空间场景本身更能实现价值变现的可能和价值变现方式的多元化，如表 3-26 所示。

表 3-26　言几又场景价值变现方式示例

服务项目	具体描述	说明
场地服务	1.活动包场：为各类团建、沙龙、公司培训、公司年会、发布会、生日宴会等提供场地服务（周一至周五 2000 元/小时，周末及节假日 3000 元/小时） 2.茶歇定制：提供定制茶水饮品及各式特色甜品。人均套餐 59 元起	店内提供投影电脑及麦克风等设备
定制空间	根据客户对自由空间的文化功能与氛围要求，为客户提供定制空间服务，包括：(1)空间设计和家具定制；(2)图书与文创商品的选品及采购供应；(3)空间落成后的活动策划服务与文化活动资源支持	场景布景和设计的能力输出
阅读卡	不记名储值卡，可储值金额 100～5000 元（任意整数金额），可消费图书、文创产品、咖啡饮品、餐饮，全国言几又和今日阅读门店可用	适用于赠礼和员工福利

资料来源：杭州言几又来福士店实地调查获得。

　　言几又场景化架构对体验价值创造的影响机理是在阅读体验空间基础上，通过诸多互补性业态引入打造文化体验空间，实现了顾客黏性和场景价值的创造，整个影响机理也构成了一个正反馈的循环，依然体现了 Casadesus-Masanell

和 Richart(2011)对商业模式的自我强化性的理解,是一种典型的和稳定的商业模式存在,其中也是体验经济在发挥作用。与西西弗确实有差异之处在于,言几又力图打造一个文化体验场景,又通过诸多方式实现场景价值的创造,变现和营利,从这个意义上讲,"西西弗是一家比言几又更像书店的书店"。

3.7.3 言几又的场景化架构对价值属性的影响

言几又场景化架构的新颖性非常明显,虽然采取的是连锁经营的方式,但每家店都设计得不一样,每个城市的旗舰店设计的主题也不一样,成都言几又 IFS 店的设计主题是"未来",杭州言几又来福士店的主题是"种子",广州言几又 K11 旗舰店的主题是"科技",都给人以耳目一新和赏心悦目的美感体验。正如言几又创始人兼 CEO 但捷所说:"言几又是一个从图书起家的文化品牌,在体验式商业升级的时代下,我们希望把言几又打造成一个城市的公共空间和社交空间。"所以结论是:言几又场景化架构对价值属性的新颖性有正向影响。

言几又场景化架构的互补性也非常明显,和西西弗一样,一方面体现在选址主要是和购物中心结合(理论分析在以上西西弗部分已经论述,不再赘述);另一方面是多种互补性业态的引入。

在互补性业态方面我们可以将西西弗和言几又做一个比较。西西弗是以"物理空间体验为基础、以产品运营体验为核心、以服务互动体验为增值"的"三位一体"复合体验模式,虽然增加新型的业态为西西弗带来了一批全新体验的客户群,但西西弗却对加入了商业元素的"矢量咖啡"和"不二空间"始终保持着警惕。西西弗认为"书店卖的主体一定是书,如果偏离了这个初衷,书店就失去了它本来的意义"。西西弗从 2008 年开始创立至今,"矢量咖啡"和"不二空间"两个品牌在书店商品的占比也一直维持在 20% 左右,书店商品所占比例为80%。而言几又是以阅读体验为基础,通过诸多互补性业态的引入试图打造有文化体验的文化空间,不仅包括咖啡和文创用品,还有艺术绘画、陶艺、绿植微景观体验制作,甚至还有家具、眼镜、美发、首饰和服装。言几又希望消费者能够把言几又看作是生活方式的社交空间和体验空间,是一种新的生活方式的集合。言几又不只是书店,还是生活方式体验店,是一个复合店和集合店,书籍的销售只占到言几又整个收入的 40% 左右。[①] 西西弗和言几又在这方面的商业模式细微差异、孰优孰劣超出了本书的研究范畴,但借鉴 Miceli 等(1998)的业态对购物中心需求外部性影响的研究以及互补性的经济学解释,从理论上来

---

① 笔者在言几又杭州来福士店实地调查时,听到有消费者说:"言几又又不是靠卖书赚钱,而是靠咖啡等其他业态赚钱。"

讲,只要增加一种新的业态的投入对整个店铺的边际产出是有促进作用的,这样的抉择就是合理的,当然,言几又虽然是以书店为主,但要在这诸多的互补业态当中找到一种共性进行整合也并非易事。总之,我们可以下一个结论:言几又的场景化架构对价值属性的互补性有正向影响。

总结以上案例分析,发现言几又商业模式的场景化架构对价值属性的新颖性和互补性都有正向影响,效率性和锁定性不甚突出。可以总结得到两个结论:

(1)言几又商业模式的场景化架构对价值属性的新颖性有正向影响;

(2)言几又商业模式的场景化架构对价值属性的互补性有正向影响。

3.7.4　西西弗与言几又的案例对比总结及命题

西西弗和言几又都是书店零售行业非常成功的企业案例,也是非常成功的零售商业模式案例,两者的商业模式比较接近和类似,都是场景化架构的商业模式,如表3-27所示。

由西西弗和言几又的商业模式案例研究,我们发现了它们都是一种场景化架构的零售商业模式,这里对场景化架构的定义为:打造和形成以消费者为主体和中心,以物理空间或虚拟空间的建设为基础,以所售商品和服务为内容和载体,具有一定文化价值取向和审美意味,以获得体验价值为目的的,具有极高顾客黏性的体验空间。并得到初始命题5。

命题5:零售商业模式的场景化架构对体验价值创造有正向影响。

由西西弗和言几又案例研究,我们发现场景化架构对新颖性和互补性的价值属性都有正向影响,所以得到初始命题6。

命题6:零售商业模式的场景化架构对商业模式价值属性有正向影响。

表 3-27　西西弗与言几又的商业模式案例差异对比

项目	西西弗	言几又	差异点
商业模式架构	场景化架构	场景化架构	没有本质差异
价值创造内涵	体验价值	体验价值	没有特别大差异
商业模式架构对价值创造的影响	物理空间、装修设计、书籍陈列场景化,打造阅读体验空间	物理空间、装修设计、书籍陈列主题化和场景化,打造文化体验空间	西西弗主要是阅读体验,言几又是阅读体验以及基于阅读体验衍生的文化体验

续　表

项目		西西弗	言几又	差异点
场景化架构对价值属性的影响	新颖性	统一的英伦风的空间设计风格,很好的阅读体验,很高的顾客黏性	设计主题多样化,千店千面,很好的阅读体验及文化体验,很高的顾客黏性	都体现了商业模式价值属性对传统书店的颠覆性竞争优势,但西西弗对书籍产品的运营管理要强于言几又,言几又的互补性业态要更加丰富和多元化
	互补性	以入驻购物中心为主,以互补性业态咖啡和创意空间为主	以入驻购物中心为主,互补性业态咖啡、文创用品、艺术绘画、陶艺、绿植微景观体验制作,家具、眼镜、美发、首饰、服装、餐饮等	

3.8　本章小结

本章对优衣库、ZARA、尚品宅配、宜家、西西弗、言几又六家企业的零售商业模式进行了探索性案例研究,其中两家是服装零售企业、两家是家具零售企业、两家是书店零售企业,得到了三种零售商业模式架构——一体化架构、定制化架构和场景化架构,总结如表 3-28 所示。

基于杨俊等(2018)的商业模式架构属性和价值属性的思想及 Eisenhardt(1989)的多案例研究理论构建方法,通过六家零售企业商业模式的案例分析构建得到的商业模式理论框架如图 3-13 所示。

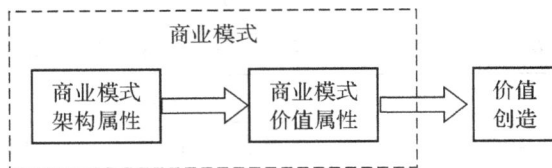

图 3-13　商业模式理论框架

本书通过探索性案例,以零售企业的商业模式为研究对象,构建"商业模式架构属性—商业模式价值属性—价值创造"理论框架。"价值创造"是商业模式的核心构念,也是企业为创造和获取价值而设计的基础架构内的主体、要素与活动系统,应针对基础架构而非商业模式本身谋求商业模式的概念化与维度化(Zott & Amit,2010;杨俊等,2018)。本章的研究回答了三个问题:(1)商业模式实现价值创造的具体内涵是什么? 通过对六个零售企业的案例研究,价值创造的具体内涵分别是低成本价值、个性化价值和体验价值。(2)为实现该价值创造所对应的商业模式架构是什么？通过探索性案例研究,存在三种零售商业模式架构,分别是一体化架构、定制化架构和场景化架构,所对应的价值创造分别是低成本价值创造、个性化价值创造和体验价值创造。(3)商业模式架构要实现价值创造,需要激发哪些商业模式价值属性？通过探索性案例研究,零售商业模式架构激发了效率性、新颖性、锁定性和互补性的价值属性。所以,具体展开就构成了零售商业模式的理论框架,如图 3-14 所示。

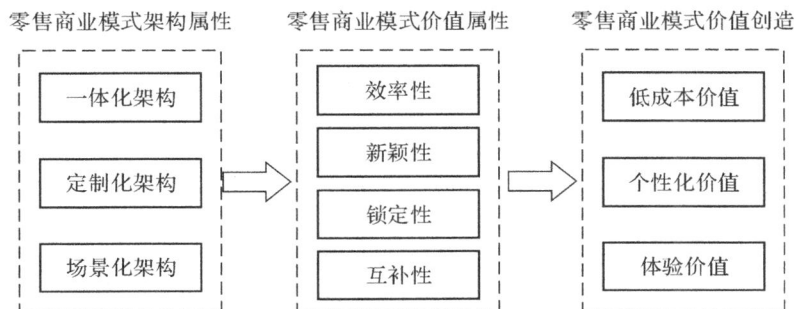

零售商业模式架构属性	零售商业模式价值属性	零售商业模式价值创造
一体化架构	效率性	低成本价值
定制化架构	新颖性	个性化价值
场景化架构	锁定性	体验价值
	互补性	

图 3-14　零售商业模式理论框架

表 3-28 六家零售企业的商业模式案例分析总结

企业	商业模式架构	价值创造内涵	商业模式架构对价值创造的影响	商业模式架构对价值属性的影响			
				效率性	新颖性	锁定性	互补性
优衣库	一体化架构	低价格高质量的基本款休闲装	交易成本和规模经济,少品种,大批量	极大的供应链柔性	对产品进行研发投入尤其是引入新的原材料,一体化架构的组织创新	对供应链合作伙伴的锁定,双边专用性资产投资发挥锁定作用	
ZARA	一体化架构	平价的设计时尚的服装	交易成本、规模经济和长尾经济,多品种,小批量,快速	极大的供应链柔性和极快的速度	反馈式的设计理念,一体化架构的组织创新	对消费者的锁定,客怕失去的前景理论发挥作用	
尚品宅配	定制化架构	满足个性化需求,个性化价值的实现和创造	通过定制创造个性化价值;通过大规模定制降低成本,长尾经济和规模经济	定制流程的高效化,大规模定制生产的高效化和设计数据库的丰富化和累积化	产品的创新,产品设计呈现方式的创新,基于信息化改造的大规模定制生产的创新		
宜家	一体化架构	低价格但种类繁多、设计精良,功能性强	交易成本和规模经济,多品种,大批量,成本控制	一体架构下供应链优化整合实现运营效率的提高	一体化架构体现的对产品开发和价格的整制		
西西弗	场景化架构	阅读体验价值	物理空间,装修设计,书籍陈列场景化,打造阅读体验空间,体验经济		统一的英伦风的设计风格,很好的阅读体验,很高的顾客黏性		以互补性业态咖啡和创意空间为主

续 表

企业	商业模式架构	价值创造内涵	商业模式架构对价值创造的影响	商业模式架构对价值属性的影响			
				效率性	新颖性	锁定性	互补性
言几又	场景化架构	阅读体验价值和文化体验价值	物理空间,装修设计,书籍陈列主题化和场景化,打造文化体验空间,体验经济		设计主题多样化,千店千面,很好的阅读体验及文化体验,很高的顾客黏性		互补性多元业态咖啡、文创用品,艺术绘画,陶艺等

注:尚品宅配具有一体化架构的从属属性,宜家具有定制化架构的从属属性。

需要说明的是,虽然通过案例分析的理论构建得到了零售商业模式的一体化架构、定制化架构和场景化架构,但三种商业模式架构的内在逻辑关系是什么呢? 如图 3-15 所示。

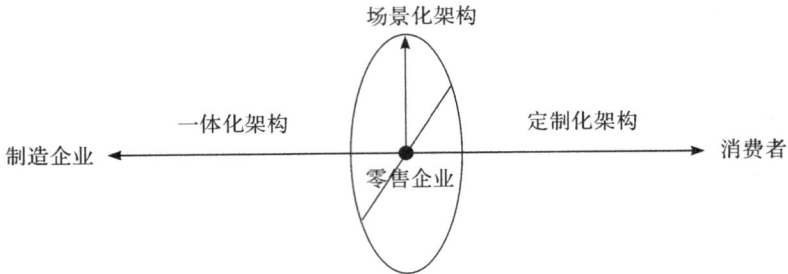

图 3-15 三种零售商业模式架构的逻辑关系

如图 3-15 所示,从零售企业作为供应链主体的视角,零售商业模式的一体化架构代表的是向制造企业方向靠近的努力和行为,由向制造企业采购转变为自己生产制造;定制化架构代表的是向消费者方向靠近的努力和行为,由向消费者销售转变为代表消费者和帮助消费者进行采购或制造,消费者个性化需求是整个供应链的起点;场景化架构代表的是在自身销售界面的场景建设的努力和行为,由产品销售转变为基于产品销售的体验价值创造与获取和顾客黏性获取,以及在此基础上的衍生产品和服务的推广和扩张。

4 零售商业模式理论模型建构

4.1 零售顾客价值创造理论分析

4.1.1 顾客价值与零售顾客价值

商业模式从本质上讲是企业的价值创造逻辑(Amit & Zott,2001、2015；Shafer,2005；Zott & Amit,2010；Baden-Fuller & Morgan,2010；Wirtz et al.,2016；Foss & Saebi,2017)，商业模式也是企业与利益相关者的交易结构(魏炜、朱武祥,2009；魏炜等,2012)，能够为利益相关者创造价值(王世权,2010)，包括顾客价值、伙伴价值和企业价值，而其中顾客价值是基础，伙伴价值是支撑(原磊,2009)。不论是企业价值还是伙伴价值，其价值实现必须以顾客价值的实现为基础和根源。

最早提出顾客价值的学者是 Jakson(1985)，他认为顾客价值是顾客感知到的利益与价格之间的比例。Anderson 等(1993)认为顾客价值是顾客通过与其他供应商提供的产品和价格进行比较后，对以一定价格付出所得的货币形式的经济、技术、服务和社会利得的感知。Woodruff(1997)认为顾客价值是顾客对特定使用情景下有助于(有碍于)实现自己目标和目的的产品属性、这些属性的实效以及使用的结果所感知的偏好与评价。Zeithaml(1988)认为顾客价值是基于感知的所得和所失，对产品效用的整体评价。Kotler(2001)认为顾客价值就是顾客让渡价值，是顾客感知到的总价值与总成本之差。从消费者需求的角度看，顾客价值从根本上讲就是为了满足消费者的需求，即决定顾客价值的最终标准是对顾客需求满足的契合程度，从这个层面上讲，张明立(2007)认为顾客价值就是企业与顾客交易过程中，企业提供给顾客，并由顾客自己判断，最终指向顾客需求的价值。

关于顾客价值的构成维度，学术界尚未形成统一认识，有两个观点的维度划分研究影响较大：一个是 Sheth 等(1991)的观点，他们认为产品或服务可以为顾客提供五种消费价值，即功能价值、社会价值、情感价值、认识价值（epistemic value，也有学者译为知识价值、尝新价值）及情境价值；另一个是Holbrook（1996，2006）的顾客价值体验理论，他将顾客价值分为四种类型，即经济价值、社会价值、享乐价值和利他价值（或称精神价值）。自此体验消费中作为一种内生的自我导向型的价值——享乐价值被纳入顾客价值的重要构成（隋丽娜、程圩，2014）。后续学者对顾客价值测量的研究多是基于以上两个观点的变化和演化，或者结合具体行业和具体情境进行适应性调整。Sweeney 等（2001）将顾客价值划分为情感价值、社会价值、质量价值和价格价值；范秀成和罗海成（2003）将顾客价值划分为功能价值、情感价值和社会价值；Smith（2007）将顾客价值划分为功能价值、体验价值、象征价值和成本价值；纪峰和梁文玲（2007）结合饭店行业将顾客价值划分为服务质量、地理位置、情境价值、认识价值、情感价值、社会价值、货币成本与非货币成本八个维度。

结合零售行业或零售企业，雷兵（2008）基于 Kotler（2001）的顾客价值分析框架，认为网上零售顾客价值等于总利益与总成本之差，其中总利益包括产品利益、服务利益、商品信息利益、便利及效率利益、购物乐趣利益五大因素，总成本包括货币成本、接入成本、学习成本、时间成本、安全风险成本、产品认知成本六大因素；赵卫宏（2007，2010）基于 Woodruff（1997）和 Holbrook（2006）的研究将网络零售的顾客价值划分为产品价值、服务价值、情感价值和社会价值；曾锵（2014）借鉴马斯洛需求层次理论，构建了零售业态的顾客价值层次模型，由低层到高层的顾客价值分别是便利价值、安全价值、舒适价值、乐趣价值、尊贵价值和时尚价值。

4.1.2 顾客价值创造与零售顾客价值创造

顾客价值是源于卖方的客观供应物的顾客主观感知，它是被顾客感知而不是售卖者及其利益相关者感知的，具有顾客指向性（Woodruff，1997；Zeithaml，1988；Gronroos，2006；张明立，2007）。那么，顾客价值如何创造呢？根据Kotler（2001）的顾客价值分析框架，有三种方式：一是总利益不变，降低总成本；二是总成本不变，提高总利益；三是同时提高总利益和降低总成本。在第 3 章的案例研究中，优衣库的休闲服总利益一般，但价格很低，从而实现顾客价值创造，而 ZARA 的时尚服装总利益较高，但价格是平价，不是很高（相较于香奈儿、迪奥、爱玛士等时装品牌），也能实现顾客价值创造。这是基于商品主导逻辑的顾客价值创造，而这个逻辑并不能很好地解释尚品宅配、西西弗和言几又的案例，也不能完全解释宜家的案例。

Vargo 和 Lusch（2004，2008）提出了服务主导逻辑（service-domiant

logic)，用以区别传统的商品主导逻辑(goods-dominant logic)，认为价值是由生产者、消费者及其他利益相关者共同创造的，两者的主要区别如表 4-1 所示。

表 4-1　服务主导逻辑和商品主导逻辑的主要区别

服务项目	具体描述	说明
价值驱动	使用价值	交换价值
价值创造者	企业、顾客和其他网络伙伴	企业在供应链中的投入
价值创造过程	企业通过市场提出价值主张，顾客通过使用来共同创造价值	企业将价值嵌入自己所提供的产品和服务中
价值目的	通过利用其他服务系统的知识及技能来增强整个服务生态系统的持久性和适应性	增加企业财富
价值测量	系统的持久性和适应性	通过交换获得的价值以价格来表现
所用资源	主要是工具性资源(operant resource)，如知识和技能等，有时通过对象性资源(operand resource)，如商品、自然资源和货币等	主要是对象性资源
描述工具	服务生态系统(service ecosystems)	价值链
企业的作用	提出价值主张，共同创造价值	生产和分配价值
顾客的作用	通过整合资源与企业共同创造价值	"用尽"企业创造的价值
商品的作用	服务提供机制，工具性资源传递者	一种产出，嵌入价值的对象性资源

资料来源：Vargo & Lusch (2004,2008)，李雷、赵先德、简兆权(2012)。

零售是将产品和服务出售给消费者，供其个人或家庭使用，从而增加产品和服务的价值的一种商业活动(Levy、Weitz，2010)。零售组织的实质在于能够为消费者提供具体商品以及相应的分销服务，分销服务可以分为五类：环境服务(ambiance)、品类服务(assortment)、区位服务即零售店的地理便利性(accessibility of location)、交付服务(assurance)和信息服务(information betancourt,2009)。因此，零售商提供给顾客的是具有一组利益和效用的商品和服务的混合产品包，商品价值和服务价值共同创造了顾客价值(王淑翠，2006)，由于产出物中商品和服务同等重要，对于零售顾客价值创造，商品主导逻辑和服务主导逻辑可能同时发挥作用。

零售顾客价值创造的因子可能会有若干，我们必须以某一个因子为基准，来探究其他因子出现和变动的可能，缺失这个基准，会带来研究操作上的困难，那么什么因子适合来做这个基准因子呢？不论是零售商品还是零售服务，必须实现消费者所期望的能够给消费者带来的基本功能和效用,这就是功能价值,功能价值在许多顾客价值研究中都作为其中一个类型或因子,如 Sheth 等(1991)、范秀成和罗海成(2003)、Smith(2007),所以是适合将功能价值作为基准因子的,即我们假定是在功能价值为既定和不变的前提下,来探究价值创造其他因子出现和变动的可能,这样理解有一个好处,那就是作为"顾客价值创造"而不是"顾客价值",本来就应该有一个"生出""多出"和"盈余"的概念,并能够给予消费者出人意料的惊喜(这方面一般的功能价值是做不到的)。所以,这里给零售顾客价值创造作一个具有操作意义的定义:零售企业通过商品和服务,在实现消费者既定功能价值的前提下为顾客创造的能够带来一定震撼效果、打动消费者的价值。

详细的零售顾客价值创造探索性因子分析实证过程见附录 1 零售顾客价值创造指标体系预调查问卷、附录 2 零售顾客价值创造指标体系调查问卷和附录 3 零售顾客价值创造探索性因子分析,得出结论是:零售顾客价值创造是由低成本价值、个性化价值和体验价值三个维度构成。

4.2 零售商业模式架构属性理论分析

4.2.1 架构理论

(1)架构理论内涵

架构有两种翻译,代表着两种不同的理论视角:一种翻译是 configuration,也翻译为构型或组态,也指具有全局性和系统性视角的架构方法(龚丽敏等,2014),也指在个体中影响因素的组合所形成的一致模式(pattern)或构想(constellaton),从而弥补单一变量、权变变量对组织结果解释的缺陷(Meyer et al.,1993),所对应和适用的具体研究方法是定性比较分析方法(qualitative comparative analysis,QCA)(Ragin,1987、2008、2014;Fiss,2007、2011;Fiss et al.,2013;杜运周、贾良定,2017;Misangyi et al.,2017);另一种翻译是architecture(刘洋、应瑛,2012),是基于复杂系统对架构的认识(Simon,1962),所以也称为系统架构(system architecture)。Ulrich(1995)从产品视角认为,架构是功能模块和物理模块联系在一起的图式(scheme);Baldwin 和 Clark(1997)认为架构是系统的组成模块以及模块间的作用关系;Jacobides 等(2006)认为架构是对经济系统中经济主体以及经济主体之间关系的具体规定;美国麻省理工学院工程系统架构委员会(MIT Engineering Systems Department Committee on Architecture)认为架构是系统实体以及它们之间的联系,并认为系统架构包括功能架构、物理架构、技术架构和动态运行架构(Crawley et al.,2004)。

　　而商业模式是企业进行价值创造的逻辑,是以价值创造为导向的核心企业与利益相关者互动的交易活动和系统(Amit & Zott,2001、2015;Shafer,2005;Zott & Amit,2010;Baden-Fuller & Morgan,2010;Wirtz et al.,2016;Foss & Saebi,2017)。商业模式本质上是对企业与外界所形成的、以价值创造和获取为导向的基础架构的理论凝练和概括(Baden-Fuller & Morgan,2010),是致力于以企业为出发点解构其创造并获取价值的基础架构,描述的是企业如何做生意的逻辑,所以本书对架构的理解取其 architecture 之意①,即试图立足于系统架构(system architecture)的视角对零售商业模式的三种架构进行理论分析。

　　(2)基于架构理论的零售商业模式理解

　　根据 Crawley 等(2018)的系统架构理论,系统包含了"形式"和"功能"两个基本分析要素,具体内涵及区别如表 4-2 所示。

表 4-2　"形式"和"功能"的内涵和区别

	形式	功能
定义	形式是系统的物理体现或信息体现,它存在,或有可能于某段时间内稳定而无条件地存在,且对功能的执行起到工具性的作用。形式包括实体的形式及实体间的形式关系。形式先于功能的执行而存在。	功能是可以产生或促进性能的活动、操作或转换。在经过设计的系统中,功能就是使系统得以存在的动作,它最终会令系统的价值得到体现。功能是通过形式来执行的,形式对功能起着工具性的作用。功能要从实体之间的功能交互中涌现出来。
具体解释	形式就等于形式实体加上结构。形式关系或结构,是形式实体之间有可能在某段时间内稳定而无条件存在的关系,它们可能有助于功能交互的执行。形式关系有三大类:连接关系(也就是能够创造形式的连接,并使得功能交互得以通过该连接而进行的那种关系)、地点与布局关系(包括空间/拓扑、地址关系及序列关系)、无形的关系(成员关系、所有权关系、人际关系)。形式是系统的属性(system attribute)。	功能是由过程和操作数组成的,也就是说,功能=过程+操作数,过程是一种活动,它对操作数执行操作,而操作数则是一个对象,其状态由过程来改变。操作数是一个对象,因而有可能会在某段时间内稳定且无条件地存在。这种操作数对象,不需要先于功能执行而存在,且会以某种方式为功能所操作。过程是对象所经历的一种转换模式,通常涉及操作数的创建、销毁或改变。功能是系统的属性(system attribute)。

---

① 杨俊等(2018)发表的《基于双重属性的商业模式构念化与研究框架建议》中对架构属性的翻译也是"business architecture"。

续　表

	形式	功能
	系统是什么（名词）	系统做什么（动词）
	对象＋形式结构	操作数＋过程
	聚合（与分解）	涌现（及细分）
区别	承载功能	需要以形式为工具
	在接口处指定	在接口处指定
	是成本的来源	是外部利益的来源
	强调该系统的物品层面	强调该系统的服务层面

资料来源：根据 Crawley 等《系统架构：复杂系统的产品设计与开发》梳理。

在"形式"和"功能"基本分析要素的基础上，则产生了"架构"和"概念"两个概念，从与具体方案无关的功能，跳到系统的架构，这中间有着巨大的认知鸿沟，为了完成这种思维转换，需要提到一个认知结构，它就是"概念"（Crawley et al.，2018），具体内涵和区别如表 4-3 所示。

表 4-3　"架构"和"概念"的内涵与区别

	架构	概念
定义	系统架构是概念的体现，是对物理的/信息的功能与形式元素之间的对应情况所做的分配，是对元素之间的关系以及元素同周边环境之间的关系所做的定义。	概念是我们对产品或系统所形成的图景、理念、想法或意象，它把功能映射到形式。它是对系统所做的规划，描述了系统的运作方式。它能够使人感觉到系统会如何展示其功能，也能够体现出对系统的形式所做的抽象。它是对系统架构的一种简化，有助于我们对架构进行宏观的探索。
具体解释	架构不是一项独立的属性，而是形式与功能之间的映射。	概念不是系统的一项属性，但它却是形式与功能这两项属性之间的一种观念映射。
区别	概念是功能与形式工具之间的一种观念性映射，是从功能到形式的宏观映射，而架构则是对内部功能与形式工具之间的关系所做的一种相当详尽的描述。如果脑中有了概念，那么它能够对架构的设计进行指导，反之，如果有一套架构在我们面前，那么我们就可以用概念来合理地解释这套架构。	

资料来源：根据 Crawley 等《系统架构：复杂系统的产品设计与开发》梳理。

借鉴 Crawley 等（2018）的系统架构思想，零售商业模式是核心企业以价值创造为导向的核心企业与消费者、供应链合作伙伴等利益相关者互动的交易活动和系统,包括制造企业、零售企业和消费者三个形式实体,分别体现了产品制造、产品销售和产品消费三种功能,一体化架构、定制化架构和场景化架构则代表了三种不同的形式与功能之间的映射,反映了低成本价值创造、个性化价值创造和体验价值创造三种不同的"概念"(系统架构理论语境下的"概念"理解),即三种架构是三种不同"概念"下的架构设计,通过三种不同的架构设计,把系统的三个形式实体组合起来,一种新的功能——"价值创造"就会随着这些实体的功能与实体之间的功能交互所形成的组合而"涌现"出来。以下对三种不同的零售商业模式架构进行进一步深入的分析。

4.2.2　一体化架构属性理论分析

(1)一体化架构零售商业模式

如图 4-1 所示,实体制造企业和零售企业实现了融合的一体化,所反映的功能产品制造和产品销售也实现了一体化,在未实现一体化前,制造企业与零售企业的产品制造功能和产品销售功能需要双方的界面接口交易完成,在实现一体化后,双方的界面融合,整个供应链流程只剩下与消费者形式实体的界面和接口以实现产品消费功能。

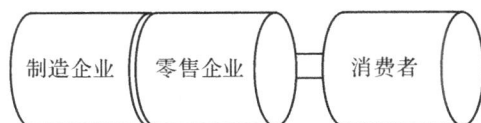

图 4-1　零售商业模式一体化架构

为什么零售企业有可能倾向于自己"制造"(make)或"组装"(alley)而不是"购买"(buy)的一体化? 这可以由新制度经济学经典的交易成本(TCE)理论来解释(Coase,1937;Williamson,1985、1999)。科斯(1937)最早注意到了,由于交易成本的存在,生产不能由市场上的一系列交易来协调,而应通过将交易内部化(企业或纵向一体化)来协调,因为利用市场是有交易成本的。Williamson(1985,1999)指出,由于契约当事人的有限理性、机会主义倾向,加上市场的不确定性、小数目谈判及资产专用性的存在,使得市场交易成本高昂,但又不可能签订一份囊括交易的未来所有或然情况的契约(签订这样的契约的成本是很高的),导致契约的不完全性,所以需要通过一体化来降低市场不确定性和机会主义倾向。

有关一体化的经济学解释的文献很多,本书无意于深度探究一体化的经济学内涵和机理,而是试图从系统架构的视角探究一体化架构的属性是什么。正如 Kay(2000)所说:"如果将架构理解为一座房子,包括房子的形式、式样和功能,而经济学家则像夜贼一样只关心房子内部的资产——交易成本和机会成本等,而较少将注意力关注到架构的内部结构和系统特征。"除了降低交易成本和由此带来效益和效率的提升的一般经济学解释,Jacobides 等(2006)认为一体化架构也有利于提高和增加以实现产品创新为表现方式的战略能力和资源,有利于更有弹性地应对环境变化和市场变化以满足消费者需求,这方面已经由第 3 章的优衣库、ZARA 和宜家的案例得到体现和印证。

(2)一体化架构属性分析

一体化架构的属性到底是什么呢? 由于一体化实现了"两家变一家"或"两个形式实体变成一个形式实体",对于任何"一家"而言都实现了组织边界或企业边界的扩张,本书就用"边界"的衡量维度来刻画一体化架构属性的一体化程度。

首先,是产权一体化程度。在科斯理论的基础上,Hart 等(1990)在引入产权范畴的条件下,对企业的一体化扩张(intergration)和非一体化的分立行为进行了详细的理论研究。Hart 的基本模型是以两个企业为基础的,假定存在 a_1 和 a_2 两种资产,以及两个资产的当事人或经营者 M_1 和 M_2,相应地存在三种最主要的所有权结构——分立型(M_1 拥有 a_1,M_2 拥有 a_2)、一类合并(M_1 拥有 a_1 和 a_2,或理解为制造企业合并了零售企业)、二类合并(M_2 拥有 a_1 和 a_2,或理解为零售企业合并了制造企业),哪一种所有结构最好呢? 答案是产生最高总盈余的所有权结构最好,或者说,只要两者之一的收益增加,而不同时使另一方的收益减少,则是帕累托最优。这是完全一体化的情形,即拥有完全的对资产的所有权、占有权、支配权和使用权,但在实践中也会存在另外一种情形,即一个企业对另一个企业控股或参股,通过对另一个企业资产的部分所有权的拥有而获得对资产的支配权和使用权(林子华、张华荣,2009),我们称之为不完全的产权一体化。从产权角度来看,由完全分立的两个产权到两个产权合并的完全一体化,中间存在过渡情形,我们称之为产权一体化程度。

其次,是契约的长期性和完备性。现实中也大量存在这样的情形,虽然有些企业的资产专用性很强,但交易双方并没有实行纵向一体化,而是以战略联盟等中间组织的形式进行交易,它是一种要素交易的契约,可是它明显是不同企业之间的交易行为,而不是通过产权的纵向一体化而实现了企业内部的交易行为。因此,这时企业间的交易行为具有企业契约的特征,一些经济学家(Klein et al.,1978)认为企业的边界是模糊的,在市场和企业之间,契约边界往往存在于企业间边界的交叉。经营环境的变化促使企业的边界变得愈来愈有弹性,企业逐渐放弃纵向一体化发展战略的同时,许多业务活动正从企业内部协调转由与企业有长期、固定关系的外部企业经营,或者通过建立虚拟组织与战略联盟形式与其他企业共同开发生产,即通过企业与企业之间契约的长期性和完备性加以实现,这些企业之间的结合形式既不同于具有紧密联结特征的企业组织结构,也不同于纯粹的市场交易协调机制,是企业协调与市场协调的一种中间形式(张宏军,2007)。

最后,是信息的共享化程度。从信息论的角度讲,任何组织之所以能够维持自身的内在稳定性,是由于它具有取得、使用、保持和传递信息的方法,就企业而言,与物流同时形成的是信息流,企业家及管理者都只能通过信息流来了解、判断和控制物流,企业家的决策过程就是他根据所掌握的信息在信息研判基础上做出决策的过程,一旦涉及决策,就必然与信息的收集、加工、处理和使用发生联系,企业的生产经营活动不仅需要并产生信息,还必须及时处理和利用这些信息做出决策,其核心问题因而是如何有效地生产、收集、处理和利用信息,从这个角度讲,企业就是一种生产、收集、处理和利用信息的机制(王京安,2006)。从系统架构的理论角度上来讲,在形式实体的边界范围之内,信息可以自由流动和传导至边界内的每一个部分,而形式实体和形式实体间的信息传导必须通过形式实体之间的界面接口,否则信息无法介入另一个形式实体内部,而由于形式实体和形式实体的一体化程度存在差异,则会导致两者之间信息共享的程度也会存在差异,能够直接有效控制和处理信息的能力也会影响和决定企业的边界。典型的例子是宝洁和沃尔玛共享信息的关系,两者通过战略联盟的契约化实现合作,从而使宝洁的企业边界(主要是信息控制和处理能力的边界)渗透和进入沃尔玛的企业边界范围之内。总之,制造企业和零售企业的信息共享化程度能够体现和反映两者的一体化程度,当实现了完全一体化后,两个形式实体就变成一个形式实体,信息就实现了在一个实体内部自由流动的完全共享。

4.2.3 定制化架构属性理论分析

(1)定制化架构零售商业模式

如图 4-2 所示,定制化架构的形式实体也包括制造企业、零售企业和消费者,但和一体化架构所不同的是,零售企业和消费者两个形式实体结合得非常紧密。在定制化架构中,零售企业的功能也由商品销售转化为消费者的采购代理,是立足于消费者的商品需求而进行需求筛选、收集和汇聚而进行的面向制造企业的采购代理。

图 4-2 零售商业模式定制化架构

在定制化架构中,零售企业作为形式实体,它的功能具有独特的存在价值,如果缺省这一形式实体的功能,成千上万分散的消费者无法有效形成汇聚的需求而实现制造企业生产制造的规模经济,制造企业也无心和无力探测每一个不同个体的消费者差异化需求。正是由于零售企业这一实体形式的存在,并和消费者无限靠近,一方面,能够探测和收集个体层级(individual hierarchy)的细致入微的消费者个体差异化需求;另一方面,通过分类、归类、合并、整合从而形成需求的规模经济,并通过与制造企业(可能是不止一家制造企业)的界面接口,实现产品的生产制造,从而满足消费者的个性化需求。

(2)定制化架构属性分析

那么,如何来衡量或刻画定制化架构的架构属性呢?如果说一体化架构的架构属性刻画的是制造企业与零售企业两个形式实体"合成"一个形式实体的一体化程度,那么定制化架构的架构属性反映和刻画的则是一种"另类"的零售企业与消费者的一体化程度,但是因为消费者本身并不是具有法人实体的机构或组织,"一体化"这个称谓肯定是不适宜的,这里我们就用零售企业与消费者靠近的程度来刻画定制化架构的架构属性。

首先,是顾客参与的程度,反映的是顾客主动靠近的程度。从顾客投入的角度而言,顾客参与是指企业在运营过程中顾客提供资源、合作生产的卷入程度,包括顾客在精神(智力)、体力、情绪上的努力和投入(Hsieh & Yen,2005;Fang,2008;Bharadwaj et al.,2012)。顾客参与定制过程中,需要顾客投入时间、精力、思想去设计产品,得到的定制化产品凝结了顾客自身的品位和对自我的认知,而顾客参与的程度越深,其个人潜能就越能够得到充分发挥,越能提供顾客自身的信息资源,也越能够参与产品的共同制造(Chien & Chen,2010),与企业的靠近程度也就越近。

其次,是消费者信息化和大数据化的程度,反映的是零售企业借助信息技术和大数据的手段识别、感知和洞察消费者的能力的高低程度。消费者在消费行为中或购买决策过程中(产生需求、搜集信息、评价替代物、购买决策和购后感受)会产生大量信息,消费者的会员管理则是消费者信息化的初步阶段,必然地包含着消费者个体特征(如性别、年龄、职业等)的信息,而目前许多消费者在网络环境购物,会产生大量的消费痕迹和轨迹,通过对不同消费者的消费行为特征打上不同标签,可以建立清晰的消费者画像,这就形成了消费者大数据。消费者大数据是各类与商品消费相关的消费者个体特征、消费者心理、消费者行为、消费者社会网络关系等的数据总称(Salvador & Ikeda,2014;Erevelles et al.,2016;Hofacker & Malthouse,2016)。零售企业借助信息技术和大数据的手段识别、感知和洞察消费者的能力越高,则与消费者的靠近程度越近,越能够探知消费者个体性的需求差异,实现精准营销。

最后,是产品的定制化程度,反映的是产品符合消费者个性化需求的程度。Sundbo 和 Gallouj(1998,2002)从生产方式的标准化程度这一视角,将产品分为三种形式:标准化产品、模块化产品和定制化产品。这三种生产方式之间并不存在明显界限,而是一个连续光谱,因此定制化是与标准化相对应的一个概念,用来形容或描述产品符合消费者个性化需求的程度。产品定制本质上是多个产品属性组合的过程,消费者必须对产品属性及其水平或附加项目进行取舍(而不是在竞争产品之间进行权衡),企业根据消费者的多次选择才能定制出完整的产品(Kurniawan et al.,2006)。因此,产品定制是一个比较复杂的多步骤决策任务,同时产品定制是一个有序的动态决策过程,消费者对各个产品属性(及其水平)或附加项目进行连续选择,最终形成完整的产品,每次选择不是孤立的,相互之间可能存在一定的内在联系(Liechty et al.,2001)。所以,产品的定制化程度越高,可供消费者决策的关于产品属性的选项就越多,越能够满足消费者的个性化需求,企业与消费者关联的紧密性(或者说两者靠近的程度)也越高。

4.2.4 场景化架构属性理论分析

(1)场景理论

"场景"最初来自影视理论,指戏剧、电影中的场面,即特定时空发生的行动,或者因人物关系构成的具体画面,是通过人物行动表现剧情的一个特定过程(李婷婷、董玉芝,2018)。例如,电影场景包含了美术设计的基本概念,是针对剧情展开而设计的影片环境的基本单位,在这个基本单位中,场景的固有形体与光、色、声、人物动作、故事情节、场面调度等紧密联系,形成一种全新内容的空间特质,这就是电影场景空间。夏青等(2015)认为电影场景空间包括造型空间(在规定情境要求下的具体物理空间)、情绪空间(人物感情与情绪的延伸与外化)和意向空间(象征主题寓意的有意味的空间)。

而后"场景"逐步应用于社会学、传播学和管理学等其他学科中,而基于不同的学科和不同的理论视角对"场景"的理解差异较大。

较知名的是管理学中的"服务场景"(servicescape)学派。Kolter(1973)很早就认识到服务场景对提升服务企业竞争力的重要作用,他用"氛围"(atmospherics)一词来界定经过精心设计和控制的消费环境,指出它能使置身其中的消费者获得特殊的情绪感受,并增强消费的意愿。Bitner(1992)用"服务场景"来代指服务企业中各种有形或无形的环境因素,并将其归结为三个维度:氛围因素(如音乐、温度、照明、气味等),空间布局与功能(如设备、陈列等的布局情况和它们之间的相对空间关系），标志、象征和工艺品（如引导标识、工艺品等）。Baker（1994，2002）则认为除了要考虑有形或无形的物理因素，还应当考虑人际和社会因素，他将服务场景划分为氛围因素（ambient factor）、设计因素（design factor）和社会因素（social factor），成为服务场景维度划分早期最具有代表性的研究。随着研究的进一步深入，越来越认识到顾客光顾服务场所不仅是为了满足功能性消费需求，也为了满足社会和心理需求，如获得自我认同、自尊、归属感、社会交往、社会认同、社会支持等，许多学者开始将社会要素作为服务场景的重要元素加以研究（如 Hu，2006；Hu & Jasper，2007；Rosenbaum & Montoya，2007；Rosenbaum et al.，2007）。

尽管服务场景的研究已取得丰硕成果，但关于服务场景中社会要素和社会象征要素的研究仍存在不足，关于服务场景中对某些特殊消费群体（如某一民族、亚文化群体和边缘社会阶层）具有特殊象征意义的社会象征要素的研究尚未充分展开（李慢等，2013）。事实上，管理学的服务场景研究始终是立足于较微观的层面探究人与场地的关系，不论是作为微观层面的企业所表现的物理环境（如布局、陈列、标识等），还是作为微观层面的消费者在不同企业微观环境中所表现的个体的环境心理和认知心理，都基本上是基于较微观的视角来探究两者关系，而试图从较宏观的社会、经济和文化的视角来探究"场景"内涵的研究空间则让位于城市发展经济学的"场景理论"。

城市发展经济学的场景理论（The Theory of Scenes）是 Clark 等提出的城市研究新范式（Clark & Silver，2013），该理论把对城市空间的研究从自然与社会属性层面拓展到区位文化的消费实践层面，通过对洛杉矶、纽约、巴黎、东京和首尔等国际大都市的研究发现，都市娱乐休闲设施和各种市民组织的不同组合，会形成不同的都市场景，不同的都市场景蕴含着特定的文化价值取向，这种文化价值取向又吸引着不同的群体前来进行文化实践，从而推动区域经济社会的发展，这也正是后工业化社会发展的典型特点。具体地说，场景是由各种消费实践所形成的具有符号意义的空间，包括五个要素：（1）邻里（neighborhood）；（2）物质结构（physical structure）；（3）多样性人群，比如种族、阶级、性别和受教育情况（persons labeled by race，class，gender，education，etc.）；（4）前三个元素以及活动的组合（the specific combinations of these and activities）；（5）场景中所孕育的价值和文化取向（legitimacy，theatricality，authenticity）。盖琪（2017）认为上述五个要素的提炼，体现了场景理论的创立者对于后工业城市空间日趋景观化、符号化甚至是象征化的清晰认知，越来越多的空间因素和社群因素被纳入中间阶层对个体自我认同的想象过程之中，这也使得城市与特定的生活方式和价值立场的关系可能比过去任何时候都更加密不可分。

为了更科学地对具体场景中蕴含的文化价值倾向进行叙述,Clark(2016)提出了包含3个主维度和15个次维度的文化价值观维度,如表4-4所示。场景理论的出现,为我们认识城市形态提供了新视角,它以消费者为基础,以城市的便利性和舒适性为前提,把空间看作汇集各种消费符号的文化价值混合体,从这个层面来理解城市空间,已经完全超越物理意义,上升到社会实体层面(Clark,2014)。从消费者视角出发,关注的不再是居住或工作,而是集休闲、娱乐、新鲜体验为一体的空间,一个充满文化、艺术和价值理念的场域,这种场域能够满足个体更高层次的欲望,如对艺术的渴望和体验(Clark,2014)。零售商业作为城市形态的重要组成部分,也为理解零售商业的场景极大地开拓了理论视野。

表 4-4　蕴含在场景中的文化价值观维度

3 个主维度	15 个次维度
合法性 感觉"善" (legitimacy)	传统主义(traditionalistic)
	自我表现(self-expressive)
	实用主义(utilitarian)
	超凡魅力(charismatic)
	平等主义(egalitarian)
	亲善(neighborly)
戏剧性 感觉"美" (theatricality)	正式(form)
	展示(exhibitionistic)
	时尚(glamorous)
	违规(transgressive)
	理性(rational)
真实性 感觉"真" (authenticity)	本土(local)
	国家(state)
	社团(corporate)
	种族(ethnic)

资料来源:[美]特里·N. 克拉克等:《文化动力——一种城市发展新思维》,吴军译,人民出版社,2016 年,第 73 页。

不论是管理学的服务场景学派,还是城市发展经济学的场景理论,都更多侧重于对实体或物理场景的研究，然而随着信息技术的快速发展，包括移动互联网、大数据、云计算、物联网和人工智能等，对场景的理解也开始赋予了信息技术的烙印，Scott和Israel(2014)预见性断言未来互联网将迈入场景时代，而场景时代的五种技术趋势(场景五力)是可穿戴设备、大数据、传感器、社交媒体和定位系统，必将重塑整个人类生活和商业模式。一方面，信息技术的发展创造了探测和挖掘消费者在不同场景下的细致需求的条件，以实现特定场景与特定信息、产品和服务的匹配。例如，以智能手机为代表的移动媒体几乎"控制"了我们的生活，每个人的一举一动、一言一行都被大数据记录，甚至无意识的睡眠状态也成为移动定位或传感系统的信息来源(郜书锴，2015)。另一方面，信息技术的发展为创造区别于物理空间的信息空间创造了条件。这方面服务场景的学派也开始有所涉猎，一些研究开始关注网上服务场景的作用(如Lloyd & Mark，2010；Fatema & Stephen，2012)，但主要集中于探究如何提高网站的功能性、易用性和美观性，将网站立足于信息空间的场景讨论不足。随着信息技术的发展，由信息技术所建构的空间已从单纯的"资料空间"进化成"互动沟通的精神空间"，进而成为"人类集体的精神舞台"，人们在数字化的空间中不仅可以扮演一个不同于真实世界的角色，而且可以分享集体参与的特质(刘丹鹤，2009)，因此也可以成为吸引希望拥有精神寄托的人们的"场景"。张敏等(2015)基于列斐伏尔(1991)的三元空间论，即空间的实践(spatial practice)、空间的表征(representations of space)与表征性空间(representational spaces)，以淘宝网的10家原创女装店为研究对象，认为网络消费空间的实践主要支持并为消费关系所决定，空间的表征主要通过符号的操作，是结构化与能动性的结合，表征性空间是对社会主流文化的顺从与反叛，呈现出矛盾与不平衡性。

管理学的服务场景学派、城市发展经济学的场景理论和信息技术视角的场景理论三者的比较如表4-5所示。

表4-5 三种不同理论视角的场景理论比较

理论视角	优点	缺点	典型学者
管理学的服务场景理论	对服务场景的物理和有形因素讨论非常充分，这方面研究成果非常丰富，逐步开始考虑社会因素和社会象征因素	主要是微观层面的研究，缺乏较宏观的社会和文化因素引入，也缺乏信息空间或虚拟空间场景的考量	Bitner，1992；Baker，1994、2002
城市发展经济学的场景理论	对社会和文化尤其是文化的影响讨论非常充分	没有信息空间或虚拟空间场景的考量	Clark & Silver，2013；Clark，2014

理论视角	优点	缺点	典型学者
信息技术视角的场景理论	讨论了信息空间的场景	缺乏文化因素引入,整体学术性较为薄弱,缺乏深厚的学术理论积累	Scott & Israel,2014

（2）场景化架构属性分析

综合以上三个不同理论视角的场景理论,结合本书的主题,本书主要吸收城市发展经济学的场景理论成果,兼收管理学服务场景和信息技术视角的场景理论研究成果,将场景定义为:具有一定文化价值取向和审美意味的能够满足消费者功能性需求及社会和心理需求的特定物理空间或信息空间。

那么,零售商业模式的场景化架构是怎样的?如图 4-3 所示。和一体化架构与定制化架构不同,场景化架构既不是和制造企业一体化,也不是和消费者无限"靠近",而是在自身销售界面的场景建设的努力和行为,由产品销售转变为基于产品销售的体验价值创造及获取和顾客黏性获取。零售企业这一形式主体成为承担场景空间建设的主体,制造企业形式主体主要提供产品,并且提供的产品也成为承载和传播场景文化价值的载体和媒介,消费者形式主体在场景中既作为消费实践的主体,也作为客体成为场景背景的一部分,感受、体验和消费着场景所传播的文化价值,并与场景中的其他消费者形成场景文化价值的交流、互动和"共鸣",实现心理体验的自我认同（期望自己认为自己是场景的一部分）和社会认同（期望别人认为自己是场景的一部分）。

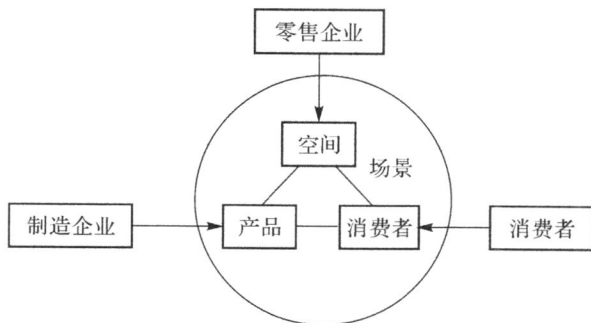

图 4-3 零售商业模式场景化架构

那么,如何来衡量或刻画场景化架构的架构属性?首先是空间的审美性。通过加强建筑的装饰装潢,加入诸多艺术和文化元素,强化空间传达的文化价值取向,增强空间的审美感,对于信息空间,提高网站的美观性和审美性,植入文化和艺术元素,增强审美体验。其次是产品作为场景文化价值载体的媒介性。产品不仅满足消费者的功能性需求,本身也成为传递和传播场景文化价值的媒介。最后是消费者对场景传达的文化价值的认同性。消费者在场景中作为消费实践的主体,其对场景文化价值的感受、体验和认同本身也是消费实践的部分内容甚至是重要内容。总之,如图 4-3 所示,空间、产品和消费者作为场景的三要素,空间的审美性越强,产品作为场景文化价值载体的媒介性越强,消费者对场景传达的文化价值的认同性越强,就越体现和符合零售商业模式的场景化架构特征,即三者是零售商业模式的场景化架构属性。

4.3 一体化架构零售商业模式理论模型

4.3.1 一体化架构对低成本价值创造的影响

Coase(1937)将交易成本引入企业边界分析,认为企业和市场是两种相互替代的资源配置手段,选择何种资源配置手段取决于市场交易成本与企业内部组织成本的比较,企业进行纵向一体化的目的是节约交易成本。Williamson(1975,1985)进一步开创了交易成本理论,将交易成本的具体构成分为搜寻成本、信息成本、议价成本、决策成本、监督成本和违约成本[1],企业进行纵向一体化的内部组织设计的目的在于加强激励和限制代理成本,当位于产业链上下游的企业之间签订长期合同存在困难时,应该选择纵向一体化。

企业的边界取决于市场交易成本和内部管理成本的比较(Coase,1937),从这个角度上讲,制造和零售的完全一体化并非最优的制度安排,但企业出于逐利动机,不论是制造企业向零售业务延伸,还是零售企业向制造业务延伸,只要有此意向并付诸行为,就都有降低交易成本的考量。同时,制造和零售融合的一体化架构,可以更好地共同开发产品和共同开发市场,合作关系的双赢效应则又会进一步决定和影响制造和零售实现一体化架构的一体化水平。

制造与零售的两个实体与功能的一体化能够保障稳定的供货来源和销售渠道,降低采购成本和销售成本[2],更好地控制各种投入物的生产安排,更好地

---

[1] 搜寻成本:指企业为了收集、比较商品和交易对象信息所产生的费用;信息成本:指取得交易对象信息与和交易对象进行信息交换所需的成本;议价成本:指针对契约及相关条款讨价还价的成本;决策成本:指进行相关决策与签订契约所需的内部成本;检验成本:指监督交易对象是否按照契约内容进行交易的成本;违约成本:指由于交易对方违约时所产生的损失等。

[2] 采购成本和销售成本也可以理解为是一种交易成本。

安排和保障物流、优化库存、降低库存成本,更好地制订和实施销售计划。一体化架构有条件实现大量生产、满足大量销售,通过价格控制引导和激发市场,又实现大量销售牵引大量生产,从而达到生产上的规模经济,这体现了一体化架构中制造与零售两个功能交互组合时,低成本价值创造这一新的功能可能会"涌现"出来。

再则,未采取一体化架构的零售企业往往会尽可能增加商品品类,通过范围经济满足消费者多样化的选择,而实现一体化架构的零售企业为更好地实现规模经济,往往会适当减少商品品类,这样就可以减少消费者的选择成本(孙曰瑶、刘华军,2008;吕承超、孙曰瑶,2011)。或者,假设相同的商品品类选择范围,实现了一体化架构的零售企业因为有自有的制造作为信赖背书,相对更容易追溯产品的生产质量,因此可以降低消费者购买的风险感知成本(Erbaix,1983;Rong & Feng,2003)。

所以,本书提出假设:

假设 H1:一体化架构对低成本价值创造有正向影响。

4.3.2 一体化架构对价值属性的影响

(1)一体化架构对价值属性的效率性的影响

Williamson(1975)和 Klein(1978)将市场的无效率归结为大量的小规模交易,由于信息的不对称和契约的不完备,会产生反复讨价还价和机会主义行为,当交易涉及专用性投资时,机会主义会因为专用性资产所产生的转租而变得更加突出。某些交易过程过于具专属性(proprietary),或因为异质性(idiosyncratic)信息与资源无法流通,使得交易对象减少,造成市场被少数人把持,使得市场运作失灵。同时,由于市场环境充满不可预期性和各种变化,交易双方都将未来的不确定性和复杂性纳入契约中,使得交易过程增加了制定契约时的议价成本,并使交易变得困难,Coase(1937)认为企业的存在是经济的多样性和复杂性所引发的。不同的组织治理结构反映了不同的解决交易问题的方案(Williamson,1991),纵向一体化在交易长期持续时是有优势的,等级制或科层制的管理可以把交易的各方联系起来,通过更广泛的制度和流程提高协调性,提高效率(Williamson,1975)。

从企业运营管理层面来看,一体化架构能够通过供应链整合挖掘效率的潜力。供应链整合是基于交易成本理论和纵向一体化理论提出的,纵向一体化是基于理论的概念,供应链整合是纵向一体化的发展和在应用层的细化(Stonebraker & Liao,2004)。Zhao 等(2008)认为供应链整合是企业与供应链伙伴战略合作、共同管理企业内部和外部的流程,实现产品、服务、信息和资金的有效管理,以快速和低成本的方式为客户提供最大价值。有效的供应链整合能显著降低交易成本(Johnson,1999;Frohlich & Westbrook,2001;Stank et al.,2001;Narasimhan & Kim,2002;Zhao et al.,2008;Flynn et al.,2010;Zhao et al.,2011);通过与少数供应商建立长期合作关系,供应链整合能减少搜寻成本;供应商更换频率的降低,进一步降低契约成本和议价成本;企业间信息共享、供应链整合能够减少信息不对称和有限理性,能降低监督成本;通过联合制定战略和运营协作,能减少强制实施成本;长期合作伙伴关系的建立、充分的信息共享和运营合作,还能增强彼此之间的信任,有助于减少机会主义行为,进而降低交易成本。因此,交易成本理论作为效率的理论,不但适合一体化的分析,也同样适用于运营层面的供应链整合降低交易成本和实现运营效率的分析(Grover & Malhotra,2003;Zhao et al.,2008;许德惠,2012)。

但对供应链整合的研究基本上都是以制造企业为主体和对象,以流通企业为主体或对象的供应链整合研究很少,有学者认识到流通企业在供应链整合中的作用和地位。谢莉娟(2013)认为,随着制造商在分销渠道中的话语权逐步被下游流通商所平衡甚至超越,传统厂商主导型供应链模式不断受到应用限制,而流通商借助渠道优势整合供应链趋势日益强化,并提出了批发商主导的、零售商主导的、第四方物流商主导的三种供应链整合模式。谢丽娟(2015)首创性地提出了逆向供应链整合的概念,即指由下游流通组织作为主导企业、上游制造商充当节点企业的、从传统自上而下商品流通的推式视角转向自下而上商品创造的拉式视角的供应链整合过程,并提出可以借助供应链的再中间化策略来增进逆向整合效率。

一体化架构对效率的影响还可以借鉴实物期权理论进行解释。与传统观点不同,期权理论把不确定性视为收益的来源,而不是风险和威胁,实务期权将纵向一体化描述为一种为获取未来机会的行为(Edward et al.,1993)。在市场需求剧烈波动和高度不确定的环境下,一体化的架构能够从冒险中获得更大的利益,只要其中一个产品能够提供一种可靠的、具有优先权的,能发展成一种与潜在有价值的产品相联系的期权时,一体化架构的柔性能够帮助企业获得冒险的收益(Srinivasan & Birger,1986)。正如案例中优衣库创始人柳井正所说:"我们需要做的是,努力挖掘顾客的需求,按照顾客的需求生产出更好的商品。至于这样做是否会引起新一轮的'优衣库热潮',那是谁也无法预料和控制的。"因此我们可以将这种"柔性"理解为是一种效率的表现。

基于此,本书提出假设:

假设 H2a:一体化架构对价值属性的效率性有正向影响。

（2）一体化架构对价值属性的新颖性的影响

借鉴熊彼特（1934）的创新理论，新颖性指在企业活动中引进了新的技术、新的产品或服务、新的原料、新的市场、新的组织结构和新的销售方法。许多学者都对一体化对创新或新颖性的影响进行了研究，Isabelle（2003）认为由于转移成本（switching cost）的存在，纵向一体化会激励创新研发的投入；Amina 和 Mohamed（2016）以食品供应链为研究对象，发现企业的纵向一体化会受到创新率和企业规模的影响；Xingyi（2016）认为纵向一体化能够更好地进行企业内部协调，会激励上游和下游的投资，但是只有上游和下游的创新都是重要的且相互关联和相互助益的，纵向一体化才有激励实现；Filippini 和 Vergari（2017）认为纵向一体化能够提升创新并有利于技术创新的扩散；González 等（2014）考察了产品创新、信息技术和一体化之间的关系，认为信息技术的采用会降低信息不对称，进而降低交易成本，促进一体化的形成，并有利于促进产品创新。虽然外包活动（outsourcing）带来的网络效应作为一种产品创新的类型也很重要，但更多的时候纵向一体化策略可能更有效，因为外部供应商很难理解创新，并且外包不利于支持创新的信息的交流和协调（Mazzanti et al.，2007）。

创新的本质是新知识在商品和服务中的体现，创新是组织的知识创造和利用的结果，因而从根本上来说组织的知识基础决定了企业创新的新颖程度，袁健红和李惠华（2009）认为，当企业采用开放的合作创新模式时，创新类型往往是突破性的，创新的新颖度大；如果采用封闭式创新模式时，企业的创新往往是渐进式创新，创新新颖程度较低。因此，制造企业与零售企业采取一体化架构，更易于获得外部顾客的顾客知识以进行开放式创新，一体化架构的一体化水平则会决定企业中顾客知识（Sourav，2012）分布的结构和规模，从而影响企业创新的新颖性。

基于此，本书提出假设：

假设 H2b：一体化架构对价值属性的新颖性有正向影响。

（3）一体化架构对价值属性的锁定性的影响

Arthur（1983）将锁定简洁地定义为：系统一旦达到某个解就很难退出，这种状态就是锁定。某种事物有多种可能性，由于某个偶然随机事件，某种可能性占据了优势，这种优势会不断强化，最终形成了锁定。Arthur（1990）从成本的角度分析了退出锁定的可能性："自我增强意味着某个特定结果或者均衡具有或已经积累了一定的经济优势，这种优势形成了潜在障碍。特定均衡被锁定的程度，是由影响它在均衡之间转变的最小成本来衡量。"这里所说的均衡之间转变的最小成本即是转移成本（switching cost）。

Williamson(1979)认为,发生交易关系的双方组织中一旦其中一方做出了专用性资产的投资,由于这种资产用于其他方面的价值要比用于这种专用性投资所产生的价值小很多,投资一方就会被紧紧地"锁定"在这笔交易中,同时被投资方发现再次寻找使其满意的货源所带来的成本不仅昂贵而且困难得多。Liliane(2016)利用欧洲复兴开发银行和世界银行的约1600家企业的数据进行实证研究,发现锁定的存在大大提高了供应商和客户之间纵向整合的可能性,并且由于无形资产比有形资产更有可能带来"敲竹杠"(hold-up)的机会主义行为,因此锁定对无形资产投资的影响更显著,而对后者的影响并不稳健和显著。Kirk和David(1982)以汽车工业为研究对象,发现由于汽车配件生产的技术诀窍(know-how)很难转移,汽车生产企业需要锁定某些汽车配件生产企业,因此重新选择汽车配件生产企业的转移成本很高,在这种情况下,为了降低交易成本和机会主义行为的影响,汽车生产企业倾向于一体化。这些都说明一体化确实会带来对供应链合作伙伴锁定效应的影响。

消费者也存在锁定。Shapiro和Virian(2017)将消费锁定的类型划分为合同义务、耐用品的购买、针对特定品牌的培训、信息和数据库、专门供应商、搜索成本和忠诚顾客计划七种类型。消费锁定的原因也是转移成本。转移成本越高,作为经济主体的消费者选择自由度越小;转移成本越低,消费者的选择自由度越大,当转移成本大于转移所带来预期增加收益时,消费者就被锁定(倪云虎、朱六一,2007)。Shapiro和Virian(2017)以品牌选择为例,论证了由于转移成本的存在(即由于随着消费者品牌使用时间的增加,形成品牌偏好,转移成本可能变大)而造成的消费锁定。

在制造企业—零售企业—消费者的供应链情境下,消费者的锁定性越强,转移成本越大,排他性则越强,此时从制造企业角度看只有"专属的与零售企业关系"才能将"零售企业专属的消费者高转移成本"转化和内化成企业福利(welfare),制造企业就有激励实现纵向一体化(如果纵向一体化实现不了,独家代理也是可以的替代)(Tommaso,2004)。因此,纵向一体化会决定所能够存量或容纳的消费者转移成本的大小(张昕,2009),进而影响消费锁定。

基于此,本书提出假设:

假设 H2c:一体化架构对价值属性的锁定性有正向影响。

4.3.3 价值属性对低成本价值创造的影响

(1)价值属性的效率性对低成本价值创造的影响

效率性是指运营效率的高低(Amit & Zott,2001),是单位时间内产品或工作的完成量,效率与成本成反比关系,效率越高,成本则越低。运营效率越高,越能够获得和创造低成本价值。低成本价值一方面体现为产品的低价,另一方面也体现为消费者购买产品时为获得产品的效用所付出的成本和代价(Sorescu et al.,2011)。

因此,本书提出假设:

假设 H3a:价值属性的效率性对低成本价值创造有正向影响。

(2)价值属性的新颖性对低成本价值创造的影响

通过创新,有可能找到更低价格的原材料或零部件进行替代,或找到新的市场以更易实现规模经济,或通过工艺创新降低生产成本、通过组织创新改善运营效率。而对于零售企业,经常出现的创新可能是通过组织创新改进运营效率,或通过销售方法创新降低了消费者的非货币成本(精力成本、时间成本和风险感知成本)。

因此,本书提出假设:

假设 H3b:价值属性的新颖性对低成本价值创造有正向影响。

(3)价值属性的锁定性对低成本价值创造的影响

企业通过与供应链合作伙伴的交易合作有可能将其"锁定"在供应链系统中,从而削弱合作伙伴的议价能力,可以较低的价格获得原材料或零部件,企业的最终产品以较低的价格启动、引导和激发市场,就有可能扩大市场规模,进一步获得生产上的规模经济,这种相对于供应链合作伙伴的外部规模经济就有可能使合作伙伴形成不断自我增强的路径依赖。这种"锁定"现象在宏观经济层面的代工产业的全球价值链升级[①]上表现得较为明显[②](Schmitz & Knorringa,2000;刘志彪、张杰,2007;卢福财、胡平波,2008;杜宇玮、周长富,2012)。

从消费锁定的角度看,消费者转移成本越高,消费被"锁定"程度越大,消费者对该商品形成了习惯依赖、消费偏好或品牌忠诚,那么消费者购买该商品中所付出的精力成本、搜寻成本、时间成本、风险感知成本就越小。如果消费者被相对长期和稳定地"锁定",企业也越有条件通过各种"销售者的锁定策略"(Shapiro & Virian,2017)获取消费者剩余,并进一步降低消费者为获得产品效用付出的成本和代价,实现低成本价值创造。

[①]　全球价值链(global value chain, GVC)理论考察了国际分工下的锁定效应,认为 GVC 能为发展中国家制造企业提供快速的产品升级和工艺流程升级渠道,但一旦发展中国家代工生产体系进入功能链的升级阶段,就会受到全球大买家或跨国公司用各种手段阻碍、威胁和控制,从而被"锁定"于 GVC 的低端环节。

[②]　"锁定可以是让人头疼的问题,也可以是巨大利润的来源,这要取决于你是被困在房中还是拿着钥匙。"(Shapiro & Virian, 2017)

基于此,本书提出假设:

假设 H3c:价值属性的锁定性对低成本价值创造有正向影响。

4.3.4 价值属性对一体化架构对低成本价值创造影响的中介作用

由上述理论分析可知,一体化架构能够实现低成本价值创造,即消费者以相对较低的成本和代价获得产品的效用,既表现为相对较低的货币成本(价格)的出让,也表现为相对较低的精力成本、体力成本和时间成本。但一体化架构要实现低成本价值创造,必须首先激发该商业模式的价值属性,包括提高运营效率(即效率性),提升创新水平(即新颖性),提高将供应链合作伙伴和消费者保留在系统中的能力(即锁定性),也就是说,一体化架构对低成本价值创造的实现,要通过效率性、新颖性和锁定性的激发来实现,效率性、新颖性和锁定性在一体化架构对低成本价值创造的影响中是在发挥一个类似桥梁的中介作用,因此本书提出三个价值属性的中介作用假设。

假设 H4a:效率性对一体化架构对低成本价值创造的影响有中介作用。

假设 H4b:新颖性对一体化架构对低成本价值创造的影响有中介作用。

假设 H4c:锁定性对一体化架构对低成本价值创造的影响有中介作用。

整个一体化架构零售商业模式理论模型如图 4-4 所示。

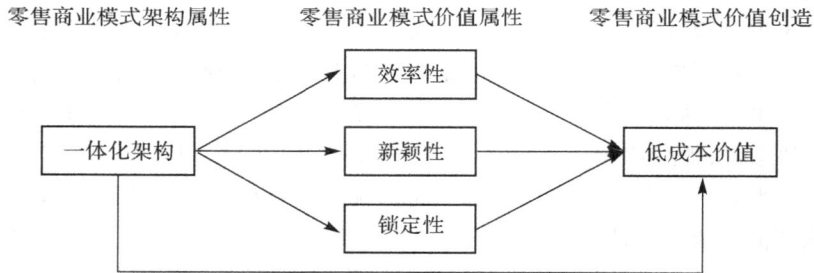

图 4-4 一体化架构零售商业模式理论模型

4.4 定制化架构零售商业模式理论模型

4.4.1 定制化架构对个性化价值创造的影响

定制化架构是指零售企业立足于消费者,不断探测、了解和掌握消费者个性化需求,进行需求筛选、收集和汇聚,在此基础上向制造企业传达生产指令,甚至参与生产制造,从而满足消费者个性化需求的运作模式。在定制化架构中,零售企业的功能也由商品销售转化为消费者的采购代理,是立足于消费者而进行的面向制造企业的采购代理,在这一过程中有可能会参与生产制造,同时也是一个为满足消费者个性化需求不断向消费者"靠近"的过程。

个性化价值是一种顾客价值。Aurélie 等(2008)认为定制能够给顾客带来功能性价值、独特性价值和自我表现价值;Atakan 等(2014)认为消费者参与产品定制过程可以提升定制产品的象征意义和自我表达价值,最终影响产品评价;郑喆(2017)以高级定制男装为研究对象,认为个性化需求是高级定制男装顾客价值的构成要素之一,如尺寸的合体性、设计细节的个性化、面料的特殊性以及工作场合的需求。所以,相较于标准化产品,消费者对定制化产品具有更高的价值感知(Franke & Schreier,2008)。

同时,定制化产品更能够满足消费者个人偏好,可以使企业获得额外收入,即通过满足消费者个性化需求而获取额外价值,因为消费者愿意为定制产品多付出价格成本(Martin,2006)。Franke 和 Schreier(2008)将手机壳作为测试产品,通过实验发现定制能提升消费者的支付意愿,驱动因素是偏好契合度和定制产品的独特性;随后,Franke 等(2009)将研究对象拓展到钢笔、报纸、厨房、滑雪板和早餐麦片等,得出了同样的结论:相比于标准产品,定制产品可以显著提高消费者的支付意愿和购买意愿。

基于此,本书提出假设:

假设 H5:定制化架构对个性化价值创造有正向影响。

4.4.2　定制化架构对价值属性的影响

(1)定制化架构对价值属性的效率性的影响

一般企业的生产需要通过库存来调节生产和消费的不平衡性,也需要通过库存来调节市场环境变化对生产制造的冲击影响,在动荡的市场环境中库存成本则更大,但定制是根据消费者的个性化需求进行生产,是完全以需定产,所以可以节约大量的库存成本,以及由库存成本所带来的物流成本。

一般企业在生产之前需要对市场进行大量的市场调查工作,以预测产品的市场前景,但定制需要和消费者互动沟通,产品需要和消费者共同完成生产(co-creation)(Prahalad & Ramaswamy,2000、2004),所以从消费者处收集的信息能够减少企业的先期市场调研费用。Piller(2007)认为企业根据已识别的顾客需求信息进行精准生产,不但可以减少配送、存货和流动性风险,所收集的顾客信息更有针对性,有利于企业做出更好的计划和预测,因此能够降低企业的信息收集和计划成本。

采取定制化的企业往往会形成企业和消费者之间以及消费者与消费者之

间的关系,使之成为一种社会资本(Fukuyama,1995;Nahapiet & Ghoshal,1998),并成为一种社会关系网络(Muniz & O'Guinn,2001;McAlexander et al.,2002),在长期的为消费者服务的过程中,企业能够获取、累积和沉淀这种顾客社会资本,集中地为这些消费者创造价值。一般企业虽然也会进行市场细分和确定目标市场,但消费者对于企业而言更是一个"群体"的概念,而非"个体"的概念,相较于定制化企业则较难有效沉淀这种顾客社会资本,也相对较难创造个性化价值。

我们也需要注意,完全采用定制方法虽然可以有效满足消费者个性化需求,但如果每件产品都需要重新设计和组织生产,成本会很高,生产效率会极低。定制化架构中的零售企业如果通过与消费者的互动和沟通,对消费者个性化需求信息的获得实现有效性、精准性和规模性,那么就有需求要求产品生产制造的有效性、精准性和规模性相匹配,大规模定制(Anderson & Pine,1997;Jiao et al.,2003)技术则是实现这种匹配的手段。James 和 Mondal(2019)对大规模定制的技术效率进行了全面综述,认为大规模定制可以实现多品种、小批量和低成本的生产,并且是可以提升效率的。但大规模定制的驱动力应该来自市场,而不是企业内部的产品生产能力(Bardakci & Whitelock,2003),大规模定制实施的研究也经历了从企业供应方向市场接受方的转变(王艳芝,2016)。所以,个性化需求信息获取效率的提升会引致生产效率的匹配和提升,如以大规模定制技术为手段,定制化架构有提升效率的潜力。①

基于此,本书提出假设:

假设 H6a:定制化架构对价值属性的效率性有正向影响。

(2)定制化架构对价值属性的新颖性的影响

定制化架构能促进产品创新。定制需要顾客参与,产品是由企业和顾客共同定义的。企业通过与顾客接触过程中所提取的定制化信息能详细透视顾客个性化需求的特点,这种对顾客需求的精准透视能使企业更有效地利用内部资源进行产品创新(王艳芝,2016)。

定制化架构能促进工艺创新(流程创新)。产品的个性化特点与高效率的生产始终是一对矛盾,定制化生产就需求通过工艺创新(流程创新)既能够生产足够多品种的产品,又能够实现低成本和高效率(Da Silveira et al.,2001),因此

---

① 这一过程可能表现为三种形式:零售企业要求界面接口的制造企业改进、提升生产效率,如引入大规模定制生产技术;零售企业以契约的形式参与制造企业的产品生产制造,双方如果存在较高的专用性资产投资,会出现一体化的可能;零售企业直接从事产品的生产制造,以完全一体化的产权的形式介入制造环节。

持续的工艺创新（流程创新）以不断提升效率对定制生产是必然的要求（Kristal et al.,2010）。

定制化架构能促进信息技术创新。定制化架构的实现要求企业能够运用信息技术和数字技术实现对顾客个性化需求信息的获取、分类、表达、分析、评估和管理（Harding et al.,2001；Xin et al.,2008；周文辉等,2018），也需要运用网络技术在产品设计和制造中支持客户互动（Chun-Hsien,2002；Frutos & Juan,2004）。

基于此,本书提出假设：

假设 H6b：定制化架构对价值属性的新颖性有正向影响。

4.4.3　价值属性对个性化价值创造的影响

(1)价值属性的效率性对个性化价值创造的影响

个性化价值是满足消费者个性化需求的价值,因为个体的差异性,即使面对同样的商品,也没有两个消费者的需求是完全一样的。这种需求包括所需要的产品功能是不一样的,因为产品的物理表现或功能表现的差异能够与其他产品相区别,从而由产品的专属性带来消费者身份识别的差别（Aurélie et al.,2008）。产品的这些专属差异也能够反映消费者兴趣、偏好、品位与风格的差异,产品差异因专属性能够带来消费者自我表达的象征价值（邱琪、王永贵,2013；Atakan et al.,2014）。

产品运营的效率并不能直接影响消费者自我表达的象征价值,但所有的产品的自我表达的象征价值都要由具体的产品功能来承载（邱琪、王永贵,2013）,而效率性会直接决定产品能否以更方便、更快捷、更细致和更精确的方式满足消费者需求,即效率性会直接影响产品功能价值,并间接影响象征价值,所以效率性对个性化价值创造有影响。

基于此,本书提出假设：

假设 H7a：价值属性的效率性对个性化价值创造有正向影响。

(2)价值属性的新颖性对个性化价值创造的影响

新颖性本质是满足消费者新的价值主张、需求或体验。企业的产品创新必须迎合消费者的个性化需求,即产品的功能属性应当与消费者个性化的偏好属性相匹配（孟庆良等,2015；徐杨等,2015）。虽然受制于消费者的认知（Klemperer,1987；Fornell,1992）、自我效能（Bandura,1977）和消费者介入（Zaichkowsky,1994；Hynes & Stanley,2006；陈文沛,2013）的影响,但产品创新不断涌现的新的功能属性和新的功能价值为满足消费者个性化的需求创造了条件和提供了充分的"选择"空间。

同时，新的产品、新的工艺、新的市场、新的原材料、新的组织等这些"新"的内涵作为差异点较容易成为消费者身份识别的标志，并体现消费者诸如"炫耀"（Shipman，2004）、"独特"（Sirgy，1982）、"地位"（Eastman et al.，1999）、"享乐"（Dubois & Laurent，1994）等象征性自我表达的个性化价值，甚至成为一种消费者生活方式（Spillan et al.，2007）外化的表达（陈文沛，2011）。

基于此，本书提出假设：

假设 H7b：价值属性的新颖性对个性化价值创造有正向影响。

4.4.4　价值属性对定制化架构对个性化价值创造影响的中介作用

由上述理论分析可知，定制化架构能够实现个性化价值创造，即能更好地满足消费者个性化的需求。但定制化架构要实现个性化价值创造，必须首先激发该商业模式价值属性的效率性和新颖性，即通过更方便、更快捷、更细致和更精确的运营和创新更多的功能属性和功能价值满足消费者个性化需求，也就是说，定制化架构对个性化价值创造的实现，要通过效率性和新颖性的激发来实现，效率性和新颖性在定制化架构对个性化价值创造影响中也是发挥一个类似桥梁的中介作用，因此本书提出两个价值属性的中介作用假设：

假设 H8a：效率性对定制化架构对个性化价值创造的影响有中介作用。

假设 H8b：新颖性对定制化架构对个性化价值创造的影响有中介作用。

整个定制化架构零售商业模式理论模型如图 4-5 所示。

零售商业模式架构属性　　　零售商业模式价值属性　　　零售商业模式价值创造

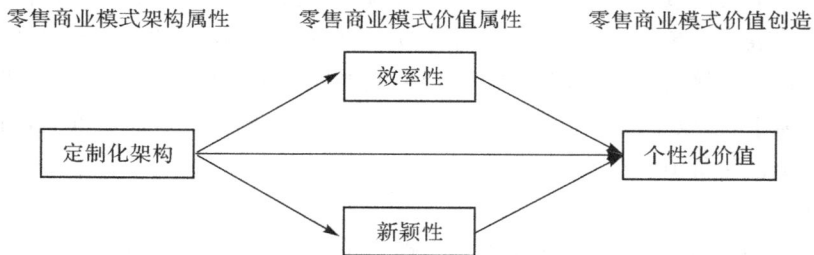

图 4-5　定制化架构零售商业模式理论模型

4.5　场景化架构零售商业模式理论模型

4.5.1　场景化架构对体验价值创造的影响

场景化架构是指零售企业自身销售界面场景建设的努力和行为，包括具有一定文化价值取向和审美意味的场景空间（包括物理空间和信息空间）、作为承载和传播场景文化价值载体和媒介的产品、作为场景文化价值消费实践主体和场景背景客体的消费者三个要素，空间、产品和消费者三个要素之间相互影响和相互支撑。

空间场景化的感官设计，包括颜色、音乐、图片、产品展示等氛围因素，会显著引发消费者感官认知和情绪体验的变化，触发消费者对产品的兴趣和关注（Venkatraman & Nelson，2008；Kim et al.，2009；Jang & Namkung，2009；Kim & Lennon，2010；Jooyeon & Soo Cheong，2012；Kawaf & Tagg，2012），会提高消费者的愉悦情绪，使消费者达到流体验（flow experience）状态（Skadberg et al.，2004；Rose et al.，2012）。

从存在属性来看，场景都是具体的且可以被人们感知的，不以人的意志为转移，具有物质结构的唯一性。[1] 但是，即使人们面对相同的场景，获得的体验尤其是文化体验也不尽相同（闫丽源，2018），这是因为场景不但具有物质结构的唯一性，也是建立在一定的社会建构水平（socially constructed level）之上的，场景是由各种消费实践所形成的具有符号意义的空间（Clark & Silver，2013）。场景是有"意义"（meaning）的，在特定场景下为场景赋予意义，让消费者参与到场景意义和价值的创造中（Carson & Gilmore，2000），就可以实现基于场景体验的企业与顾客的体验价值共创（value co-creation）（Prahalad & Ramaswamy，2000、2004；江积海、廖芮，2017），为消费者创造独特的体验价值。

基于此，本书提出假设：

假设 H9：场景化架构对体验价值创造有正向影响。

4.5.2 场景化架构对价值属性的影响

（1）场景化架构对价值属性的新颖性的影响

一方面，发现新场景或建构新的生活场景，为场景逻辑下商业关系的重构带来了契机（Gensler et al.，2017）。企业可以基于对场景需求的分析、识别和响应，找到产品创意和产品创新的价值来源（Logman，2008），场景已成为企业产品和服务创新的"催化剂"（Andrews et al.，2015）。场景时代的到来改变了消费者的购物、社交、出行等生活方式，为企业创造了新的商业机遇，变革了多种传统业态，催生了跨界融合的新产品和服务（Scoble & Israel，2014；曾锵，2019）。

另一方面，场景因素影响着消费行为、消费文化的形成（Douglas & Craig，2011），场景成为一个集各种消费符号和价值观念为一体的混合场域（Clark &

---

① 即使是虚拟信息空间的场景，也具有物质结构的唯一性。

Silver,2013)。这种场域是集休闲、娱乐、新奇体验为一体的空间,一个充满文化和价值理念的空间,能够满足消费者个体更高层次需求(Clark,2014)。所以,场景化架构能够将一种文化价值注入其中,让消费者获得一种新颖体验。

基于此,本书提出假设:

假设 H10a:场景化架构对价值属性的新颖性有正向影响。

(2)场景化架构对价值属性的互补性的影响

互补性的经济学解释是:如果(强化)一种活动会提高(强化)另一种活动的收益,那么这两种活动是互补的。在目标函数可导的前提下,互补性的理解等价于目标函数关于两个自变量的混合偏导值是正数,即某个变量的边际收益是另一个变量的增函数,或者某个变量增加会提高另一个变量的边际收益(Milgrom & Roberts,1990、1995)。

Howitt(1985)以及 Howitt 和 McAfee(1988)从交易成本的角度强调了互补性概念。行为主体之间存在相互作用关系,这些相互作用反映了交易外部性的各种形式,而互补性则来自"密集的市场",即活动的水平越高,交易的成本越低。场景化架构作为交易界面的场景化,有可能会容纳多种产品和服务的交易活动,并呈现较高的交易频率,就有可能促成互补性的实现。

在许多传统的经济学模型中,行为主体之间的利益是相互冲突的:你得到的越多就意味着别人得到的越少;而互补性的经济学含义则相反,互补性的经济学特点是只要活动协调得当,行为主体各方的利益都会得到更多是完全可能的(Cooper & John),所以利益的冲突会服从于更为一般的协调。

如果将场景理解为一种"场域"[①],即"位置间客观关系的网络或构型"(Bourdieu,1998),"场域是一种有内含力量的、有生气的、有潜力的存在",那么在这个场景场域中存在的诸多的具有异质性文化属性的产品和服务形成了一个网络关系,并具有内在关联,共同整合成具有特定文化内涵和价值的场景文化空间,在这个场景文化空间的场域中,每一种产品或服务,以及每一个空间单元都不是孤立和单一的存在及表现,而是相互关联和相互影响的。正如在本书有关言几又的案例中,书籍代表了阅读文化,咖啡代表了咖啡文化,两种产品或

---

① 信息技术视角的场景理论往往将场景(contex)理解为消费者生活中的碎片化场景(如驾驶汽车场景、乘电梯场景、睡眠场景等),而本书的场景化架构更多地将场景理解为能够容纳足够社会主体关系的空间,才有可能形成"场域"。但本书对"场域"的理解也是基于一定的"场"(field)或空间,并非指向完全的社会学概念,如"宗教场域""法律场域""政治场域""教育场域",更多地接近于旅游学对场域的理解(宋秋、杨振之,2015)。

服务在同一场景空间中形成了互补性关联和文化融合①,加之文创产品(创意文化)、艺术绘画(美术文化)、陶艺(陶艺文化)、绿植微景观体验制作(绿植文化)等其他具互补性的产品和服务,共同建构了言几又的文化空间,表达和传播言几又的文化理念"make life different""传达·生活·可能",也形成了一个具有立体性文化内涵的场域。

场景化架构是零售企业交易界面的场景化,目的是让交易界面获得顾客黏性,在特定的场景中由于消费者价值需求的多样性,为获得顾客黏性,零售企业也会与其他伙伴企业合作实现,这就构成了一个价值网络。价值网络是由为最终顾客创造价值而相互协作的各个节点企业组成的集合(Bitran et al.,2003)。价值网络合作最关键的是企业与不同实体之间的资源整合(Cummesson & Cristina,2010),资源整合通过拥有资源的不同主体之间的相互作用来实现互惠互利。因此,场景化架构有助于通过与拥有异质性资源的企业合作获得整合的效果,即实现互补性。言几又除了书籍和咖啡是自营的,其他诸如画廊、创意工作室、陶艺体验吧,甚至家具、眼镜、美发、首饰和服装都是联营的。这些与外部互补网络中的实体之间组合而产生的资产也称为互补性营销资产②(周沛,2016)。

基于此,本书提出假设:

假设 H10b:场景化架构对价值属性的互补性有正向影响。

4.5.3 价值属性对体验价值创造的影响

(1)价值属性的新颖性对体验价值创造的影响

新颖性是指新的技术、新的产品或服务、新的原料、新的市场、新的组织结构和新的销售方法,企业的创新行为会影响消费者的新颖性感知(perceived innovativeness),包括创意新颖性感知、技术新颖性感知和相对优势感知③,会

---

① 通俗地讲,"书香中透着咖啡香,咖啡香中能隐约闻到淡淡的书香","书籍"这个变量的增加能带来"咖啡"变量的边际收益的增加,"咖啡"变量的增加也能够带来"书籍"变量的边际收益增加。

② 所谓互补性营销资产,就是在核心产品营销活动中企业与外部互补网络中的实体之间组合而产生的资产。周沛(2016)认为,互补性营销资产是联结核心产品营销和顾客资产之间的桥梁,是评价营销活动创造顾客资产的重要工具。

③ 创意新颖性指消费者所感知到的产品创意和用途的新颖性和独创性;技术新颖性感知指消费者对新产品所采用新技术的感知和主观判断;相对优势感知指消费者对新老产品的经济成本、有用性和便利性等方面做出比较,并对新产品所形成的感知和主观判断。

促进消费者对新产品核心系统的功能价值感知的提升（Lowe & Alpert，2015），而以产品外观改进和非主要功能叠加的产品创新能够促进消费者的享乐态度的提升（Voss et al.，2003）。

常亚平等（2012）以手机为研究对象，发现感知产品创新（外观创新、操作创新和功能创新）会显著带来消费者的快乐情感体验，快乐情感体验在外观创新与操作创新对冲动购买意愿的影响中发挥中介作用，说明产品创新确实会给消费者带来差异性和新奇性体验，进而影响消费行为。刘宇青等（2018）以旅游产品为研究对象，对旅游产品创新影响体验感知价值的构型进行了研究，发现当旅游者体验到核心旅游产品创新时，新产品是否具备享乐性是最关键的因素；当旅游者体验到边缘旅游产品创新时，实用性、享乐性、参与性都可能在特定情境下发挥作用。

而零售企业的线上线下融合、场景的体验化以及大数据、云计算、人工智能、物联网、虚拟技术（virtual reality，VR）等新技术的运用，都能够给消费者带来新颖的体验价值（王正沛、李国鑫，2019）。

基于此，本书提出假设：

假设 H11a：价值属性的新颖性对体验价值创造有正向影响。

（2）价值属性的互补性对体验价值创造的影响

Pine（2016）将体验划分为娱乐体验、教育体验、审美体验和逃避现实体验等四个方面。Sweeney 和 Soutarb（2001）依据马斯洛需求层次理论，以纵向的层次论视角对体验价值的结构维度进行了研究，认为影响体验价值的主导性价值维度具有层次性差异，由低到高分别是功能性价值、情感性价值和社会性价值。同样借鉴马斯洛需求层次理论，曾锵（2014）针对零售业构建了顾客价值层次模型，由低层到高层分别是便利价值、安全价值、舒适价值、乐趣价值、尊贵价值和时尚价值。

在不同的体验消费情境下，顾客的主导性体验需求存在差异（张凤超、尤树洋，2009）。所以，企业提供的产品或服务的种类越丰富、产品或服务种类之间的互补程度越高，就越有可能满足消费者不同层次和多层次的体验需求。

同时，在零售场景下，体验价值有可能会出现溢出效应，即消费者对某一产品或服务的体验感知会辐射和转移到其他相关产品或服务上（Burns，1992；Mejia & Eppli，2003）。曾锵（2017）以购物中心内的商业集聚为情境，以娱乐型业态电影院为研究对象，研究了电影院的时尚价值、乐趣价值、尊贵价值三种体验价值在购物中心内的溢出效应，研究结果表明电影院的体验价值存在明确的溢出效应，即电影院的时尚价值、乐趣价值和尊贵价值会辐射和转移到其他产品或服务中。那么产品或服务种类的互补性越强，这种体验价值的溢出效应就越明显。言几又的书籍和咖啡由于文化属性的关联性,两种产品和服务种类的体验价值会存在较为明显的相互的溢出效应。[1]

为了更好地挖掘、共享和创造消费者的体验价值,零售企业会通过合作伙伴引入外部资源,建立跨企业、跨行业的合作,这就形成了一个价值网络。价值网络是由为最终顾客创造价值而相互协作的各个节点企业组成的集合(Bitran et al.,2003),也是以满足顾客价值需求为导向,由利益相关者组成的、合作创造顾客价值的体系(樊利钧,2011)。在价值网络内,每一项价值活动都由最有效的合作伙伴完成,参与者一般基于某种核心能力专注于自己所擅长的业务,与其他参与者一起为整个价值创造做出贡献,因此从结构上来说,价值网络是由相互协作、具有互补性的节点和关系组成。由于网络效应的存在,当消费者置身于互补性的价值网络中,消费者获得的体验价值既取决于该节点企业提供的产品或服务的数量和质量,也将受益于价值网络中其他节点企业的互补性产品或服务的数量和质量。所以,互补性的价值网络能够为消费者创造多层次的和丰富性的体验价值。

再则,基于服务主导逻辑(Vargo & Lusch,2004、2008),价值是由生产者、消费者和其他利益相关者共同创造的。消费者在这个互补性价值网络中,既是价值创造的主体,也会因为不断地消费体验而不断提升感知技能[2],从而进入积极的体验状态,甚至获得最佳的体验状态——流体验(flow experience)[3](Massimini & Carli,1988)。

基于此,本书提出假设:

假设 H11b:价值属性的互补性对体验价值创造有正向影响。

4.5.4   价值属性对场景化架构对体验价值创造影响的中介作用

由上述理论分析可知,场景化架构能够实现体验价值创造,即零售企业销售界面的场景化,通过建设有一定文化价值取向和审美意味的空间,为消费者创造体验价值。但场景化架构要实现体验价值创造,必须首先激发该商业模式价值属性的新颖性和互补性,即通过新技术、新产品或服务等,以及产品和服务的互补性和与伙伴合作的互补性满足消费者体验需求,也就是说,场景化架构对体验价值创造的实现,要通过价值属性的新颖性和互补性的激发来实现,新

---

[1] 也可以进一步地印证两者的互补性,"书籍"变量的增加能带来"咖啡"变量的边际收益的增加,"咖啡"变量的增加也能够带来"书籍"变量的边际收益增加。

[2] 指消费者对时间、经济、精神、体力等方面的消费能力的感知预判。

[3] 即消费者的主观意识完全沉浸于体验过程并心情愉快。

颖性和互补性在场景化架构对体验价值创造影响中也是发挥一个类似桥梁的中介作用,因此本书提出两个价值属性的中介作用假设:

假设 H12a:新颖性对场景化架构对体验价值创造的影响有中介作用。

假设 H12b:互补性对场景化架构对体验价值创造的影响有中介作用。

整个场景化架构零售商业模式理论模型如图 4-6 所示。

零售商业模式架构属性　　　零售商业模式价值属性　　　零售商业模式价值创造

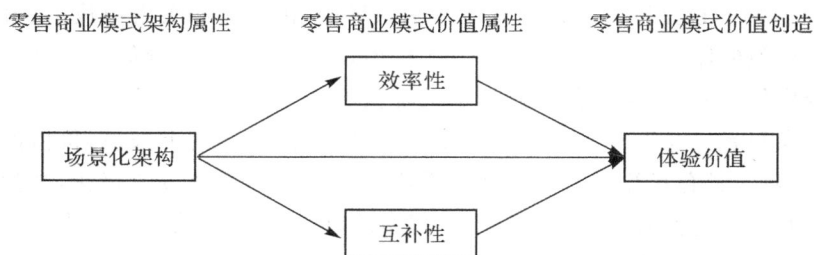

图 4-6　场景化架构零售商业模式理论模型

4.6　本章小结

本章承接第 3 章探索性案例研究,首先,对零售商业模式的价值创造进行进一步的理论研究,对顾客价值和零售顾客价值、顾客价值创造和零售顾客价值创造进行了理论回顾和理论分析,由此对零售顾客价值创造提出了一个操作性定义,最后分析得出零售顾客价值创造是由低成本价值、个性化价值和体验价值三个维度构成。

其次,本章在对架构理论进行辨析和综述的基础上,借鉴系统架构理论,对零售商业模式的架构进行了理论诠释和分析。零售商业模式是以价值创造为导向的零售企业与消费者、供应链合作伙伴等利益相关者互动的交易活动和系统,包含着制造企业、零售企业和消费者三个形式实体,分别体现了产品制造、产品销售和产品消费三种功能,一体化架构、定制化架构和场景化架构则代表了三种不同的形式与功能之间的映射,通过实体的功能与实体之间的功能交互所形成的组合,一种新的功能——"价值创造"就会"涌现"出来,分别是低成本价值创造、个性化价值创造和体验价值创造,并对三种零售商业模式架构的架构属性的刻画进行了理论分析。

最后,在前文理论分析的基础上,基于"商业模式架构属性—商业模式价值属性—价值创造"的商业模式理论框架,建构了一体化架构零售商业模式理论模型、定制化架构零售商业模式理论模型、场景化架构零售商业模式理论模型,对理论模型进行了详细的理论阐释和理论推导,提出了理论模型的理论假设,共 24 个理论假设,汇总如表 4-6 所示。

表 4-6 理论假设汇总

假设组	具体假设内容
第一组假设:一体化架构相关理论假设	H1:一体化架构对低成本价值创造有正向影响;
	H2a:一体化架构对价值属性的效率性有正向影响;
	H2b:一体化架构对价值属性的新颖性有正向影响;
	H2c:一体化架构对价值属性的锁定性有正向影响;
	H3a:价值属性的效率性对低成本价值创造有正向影响;
	H3b:价值属性的新颖性对低成本价值创造有正向影响;
	H3c:价值属性的锁定性对低成本价值创造有正向影响;
	H4a:效率性对一体化架构对低成本价值创造的影响有中介作用;
	H4b:新颖性对一体化架构对低成本价值创造的影响有中介作用;
	H4c:锁定性对一体化架构对低成本价值创造的影响有中介作用;
第二组假设:定制化架构相关理论假设	H5:定制化架构对个性化价值创造有正向影响;
	H6a:定制化架构对价值属性的效率性有正向影响;
	H6b:定制化架构对价值属性的新颖性有正向影响;
	H7a:价值属性的效率性对个性化价值创造有正向影响;
	H7b:价值属性的新颖性对个性化价值创造有正向影响;
	H8a:效率性对定制化架构对个性化价值创造的影响有中介作用;
	H8b:新颖性对定制化架构对个性化价值创造的影响有中介作用;
第三组假设:场景化架构相关理论假设	H9:场景化架构对体验价值创造有正向影响;
	H10a:场景化架构对价值属性的新颖性有正向影响;
	H10b:场景化架构对价值属性的互补性有正向影响;
	H11a:价值属性的新颖性对体验价值创造有正向影响;
	H11b:价值属性的互补性对体验价值创造有正向影响;
	H12a:新颖性对场景化架构对体验价值创造的影响有中介作用;
	H12b:互补性对场景化架构对体验价值创造的影响有中介作用。

　　本章既是对第 3 章探索性案例研究所得出的零售商业模式理论框架的理论深化，也为第 5 章的实证研究奠定了必要的理论基础。基于"零售商业模式架构属性—零售商业模式价值属性—零售商业模式价值创造"的理论框架，一体化架构、定制化架构和场景化架构三种架构整合在一起的理论模型如图 4-7 所示。①

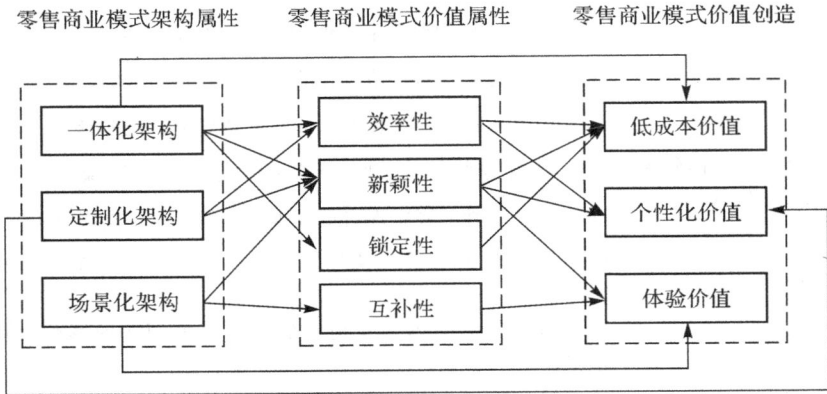

图 4-7　零售商业模式理论模型

---

① 　一体化架构、定制化架构、场景化架构分别与低成本价值创造、个性化价值创造和体验价值创造存在一一对应的映射关系，因此本书在实证研究中没有采用这个全模型进行结构方程建模，因为这会引起三种不同架构引致不同价值创造的路径混乱，而是分别对前文一体化架构、定制化架构和场景化架构的零售商业模式理论模型进行结构方程建模和实证检验。

5 实证研究

5.1 变量测量和问卷设计

5.1.1 零售商业模式架构属性测量

零售商业模式架构包括一体化架构、定制化架构和场景化架构，一体化架构属性的测量题项如表 5-1 所示。

表 5-1 一体化架构属性测量题项

变量	测量题项	文献依据
与制造企业产权一体化的程度	A1 零售企业或从事零售活动的企业拥有对生产制造资产的所有权	Hart 等，1990；林子华，张华荣，2009
	A2 零售企业或从事零售活动的企业拥有对生产制造资产的支配权	
	A3 零售企业或从事零售活动的企业拥有对生产制造资产的使用权	
与供应商（制造企业）建立契约的长期性和完备性	A4 零售企业与供应商（制造企业）建立了长期性的交易契约	Klein et al.，1978；张宏军，2007
	A5 零售企业与供应商（制造企业）建立了完备性的交易契约	
与供应商或制造企业信息的共享化程度	A6 零售企业与供应商（制造企业）之间具有很高的电子信息交换的能力	张宏军，2007；王京安，2006
	A7 零售企业与供应商（制造企业）能够共享敏感或关键信息（如财务信息、生产信息、市场信息）	
	A8 零售企业愿意向供应商（制造企业）提供可能会帮助他们的任何信息	
	A9 零售企业与供应商（制造企业）的信息交换可以频繁、及时地进行	

一体化架构是指通过向制造领域延伸，或者向零售领域延伸，由原来多个

相互独立的主权实体通过某种方式逐步形成了在同一体系下制造与零售彼此包容、相互合作的架构。一体化架构衡量的是"两家变一家"的实现程度,对于任何"一家"而言都实现了组织边界或企业边界的扩张。包括:产权一体化程度,从产权角度来看,由完全分立的两个产权到两个产权合并的完全一体化,中间存在过渡情形,称为产权一体化程度(Hart et al.,1990;林子华、张华荣,2009);契约的长期性和完备性,在市场和企业之间,契约边界往往存在于企业间边界的交叉(Klein et al.,1978),通过企业与企业之间契约的长期性和完备性,企业之间的结合形式既不同于具有紧密联结特征的企业组织结构,也不同于纯粹的市场交易协调机制,是企业协调与市场协调的一种中间形式(张宏军,2007);信息的共享化程度,一体化架构的一体化程度存在差异,会导致信息共享的程度也会存在差异,能够直接有效控制和处理信息的能力也会影响和决定企业的边界(王京安,2006)。

定制化架构属性的测量题项如表 5-2 所示。

表 5-2　定制化架构属性测量题项

变量	测量题项	文献依据
顾客参与的程度	B1 在产品的设计、生产和销售方面顾客在精神(智力)上的投入和努力程度很高	Hsieh & Yen,2005;Fang,2008;Bharadwaj et al.,2012;Chien & Chen,2010
	B2 在产品的设计、生产和销售方面顾客在体力上的投入和努力程度很高	
	B3 在产品的设计、生产和销售方面顾客在情绪上的投入和努力程度很高	
	B4 在产品的设计、生产和销售方面顾客提供自身信息资源的积极和努力程度很高	
消费者信息化与大数据化的程度	B5 消费者个体特征的信息化程度很高	Salvador & Ikeda,2014;Erevelles et al.,2016;Hofacker & Malthouse,2016
	B6 消费者消费行为、消费痕迹和消费轨迹的信息化程度很高	
	B7 使用互联网技术识别、感知和洞察消费者的能力很高	
	B8 使用大数据技术识别、感知和洞察消费者的能力很高	
产品的定制化程度	B9 可供消费者选择的产品种类丰富程度很高	Sundbo & Gallouj,1998、2002;Kurniawan et al.,2006;Liechty et al.,2001
	B10 可供消费者选择的产品属性及其组合的选项的多样化程度很高	
	B11 可供消费者选择的产品属性附加项目的多样化程度很高	
	B12 产品满足消费者个性化需求的程度很高	

定制化架构是指零售企业立足于消费者,不断探测、了解和掌握消费者个性化需求,进行需求筛选、收集和汇聚,在此基础上向制造企业传达生产指令,甚至参与生产制造,从而满足消费者个性化需求的运作模式。定制化架构反映的是与消费者"靠近"和与消费者结合的程度,包括:顾客参与的程度,反映的是顾客主动"靠近"的程度,即在运营过程中顾客提供资源、合作生产的卷入程度,包括顾客在精神(智力)、体力、情绪上的努力和投入(Hsieh & Yen,2005;Fang,2008;Bharadwaj et al.,2012;Chien & Chen,2010);消费者信息化和大数据化的程度,反映的是零售企业借助信息技术和大数据的手段能够识别、感知和洞察消费者的能力的高低程度(Salvador & Ikeda,2014;Erevelles et al.,2016;Hofacker & Malthouse,2016);产品的定制化程度,反映的是产品符合消费者个性化需求的程度。产品的定制化程度越高,可供消费者选择的产品种类、产品属性及其组合的选项、选择的产品属性附加项目的多样化程度就会很高,满足消费者个性化需求的程度也会很高(Sundbo & Gallouj,1998、2002;Kurniawan et al.,2006;Liechty et al.,2001)。

场景化架构属性的测量题项如表5-3所示。

表 5-3　场景化架构属性测量题项

变量	测量题项	文献依据
零售场景空间的审美性	C1 零售场景的实体空间或网站空间加入了许多艺术元素	
	C2 零售场景的实体空间或网站空间加入了许多文化元素	
	C3 零售场景的实体空间或网站空间有清晰和明确的文化价值取向	Bitner,1992;Baker 1994、2002;Hu,2006;Hu & Jasper,2007;Rosenbaum & Montoya,2007;Rosenbaum et al.,2007;李慢等,2013;Clark & Silver,2013;Clark,2014;盖琪,2017
	C4 零售场景的实体空间或网站空间有浓郁的审美感	
产品作为场景文化价值载体的媒介性	C5 产品是零售场景(实体空间或网站空间)文化价值的载体	
	C6 产品是传播零售场景(实体空间或网站空间)文化价值的媒介	
	C7 产品是零售场景文化价值不可分割的一部分	
	C8 消费者购买产品不仅追求功能价值,同时追求产品的文化价值	
消费者对场景传达的文化价值的认同性	C9 消费者对零售场景文化价值的认同性很高	
	C10 因为场景文化价值而实现的消费者顾客黏性很高	
	C11 场景的文化价值是消费者消费实践不可或缺的部分内容	
	C12 消费者作为场景背景是场景文化的体现和表现	

场景是具有一定文化价值取向和审美意味的、能够满足消费者功能性需求及社会和心理需求的特定物理空间或信息空间。场景化架构是指零售企业自身销售界面场景建设的努力和行为，打造和形成以消费者为主体和中心，以物理空间或虚拟空间的建设为基础，以所售商品和服务为内容和载体，具有一定文化价值取向和审美意味，以获得体验价值为目的，具有极高顾客黏性的体验空间，包括：具有一定文化价值取向和审美意味的场景空间（包括物理空间和信息空间）（Clark & Silver,2013;Clark,2016）、作为承载和传播场景文化价值载体和媒介的产品（Clark,2014）、作为场景文化价值消费实践主体和场景背景客体的消费者（Hu, 2006; Hu & Jasper, 2007; Rosenbaum & Montoya, 2007; Rosenbaum et al. ,2007）。空间、产品和消费者三要素相互影响、相互支撑，空间的审美性越强，产品作为场景文化价值载体的媒介性越强，消费者对场景传达的文化价值的认同性越强，就越体现和符合零售商业模式的场景化架构特征。

5.1.2　零售商业模式价值属性测量

零售商业模式价值属性的测量题项如表 5-4 所示。

表 5-4　零售商业模式价值属性测量题项

变量	测量题项	文献依据
新颖性	D1 我们在零售活动中引入了新的技术	Schumpeter,1934; Amit & Zott, 2001、2007、2008、2010;Williamson 1975、1985、1991; Klein, 1978; Arthur, 1983、1990;Shapiro & Virian,2017; Milgrom & Roberts,1990、1995;Bitran et al. , 2003; Cummesson & Cristina,2010
	D2 我们在零售活动中引入了新的产品或服务	
	D3 我们在零售活动中创造了新的市场	
	D4 我们在零售活动中引入了新的组织结构	
	D5 我们在零售活动中引入了新的销售方法	
锁定性	E1 我们将供应链合作伙伴保留在本企业零售活动系统中的能力很高	
	E2 我们将消费者保留在本企业零售活动系统中的能力很高	
	E3 供应链合作伙伴脱离本企业零售活动系统转投竞争对手的转移成本很高	
	E4 消费者脱离本企业零售活动系统转投竞争对手的转移成本很高	

续　表

变　量	测量题项	文献依据
互补性	F1 我们零售活动提供的产品/服务的种类丰富程度很高 F2 我们零售活动提供的产品/服务的种类之间的互补程度很高 F3 企业拥有的资源与供应链合作伙伴拥有的资源的互补程度很高 F4 从供应链合作伙伴那里获得互补性资源的丰富程度很高	Schumpeter,1934；Amit & Zott,2001、2007、2008、2010；Williamson 1975、1985、1991；Klein，1978；Arthur，1983、1990；Shapiro & Virian,2017；Milgrom & Roberts,1990、1995；Bitran et al.，2003；Cummesson & Cristina,2010
效率性	G1 我们零售活动运营的效率是很高的 G2 我们零售活动运营的成本得到降低 G3 我们零售运营活动中与供应链合作伙伴的交易是高效的 G4 我们零售运营活动中与顾客的交易是高效的	

　　零售商业模式价值属性依然借鉴 Amit 和 Zott(2001,2007)的 NICE 的经典框架,新颖性和效率性的量表也借鉴了 Amit 和 Zott(2008,2010)的研究。由于研究对象是零售商业模式,新颖性除了借鉴熊彼特(1934)对创新理解的创新组合的描述,修改增加了"引入了新的销售方法"的题项;效率性的理论依据是交易成本理论(Williamson 1975、1985、1991;Klein,1978),分别是从运营的效率、运营的效益(降低成本)、与供应商和消费者的交易效率来进行测量;锁定性是指系统一旦达到某个解就很难退出,这种状态就是锁定(Arthur,1983),主要是转移成本在发挥作用(Arthur,1990;Shapiro & Virian,2017),锁定性的 E1 和 E2 两个题项侧重于从零售企业主观上"锁定"供应商和消费者的能力进行测量,E3 和 E4 两个题项主要从因转移成本而客观上供应商和消费者脱离零售企业的"锁定"的可能性进行测量;互补性的经济学解释是目标函数关于两个自变量的混合偏导值是正数,即某个变量的边际收益是另一个变量的增函数,或者某个变量增加会提高另一个变量的边际收益(Milgrom & Roberts,1990、1995),主要的理论依据是基于资源整合的价值网络理论(Bitran et al.,2003;Cummesson & Cristina,2010),互补性的 F1 题项侧重于从产品/服务的种类数量的多少进行测量,F2 题项侧重于从产品/服务种类之间的互补程度进行测量,F3 和 F4 题项侧重于从零售企业与供应商之间资源的互补性进行测量。

5.1.3　零售商业模式价值创造测量

　　零售商业模式价值创造的测量题项如表 5-5 所示。

表 5-5　零售商业模式价值创造测量

变量	题项	文献依据
低成本价值	H1 我们零售企业的运营让消费者减少了货币成本 H2 我们零售企业的运营让消费者减少了精力成本 H3 我们零售企业的运营让消费者减少了时间成本	Woodruff,1997； Kotler,2001
个性化价值	I1 我们零售企业的运营让消费者满足了独特的需求 I2 我们零售企业的运营让消费者购买的产品/服务有独一无二的专属感 I3 我们零售企业的运营对消费者进行一对一的服务 I4 我们零售企业的运营让消费者体现了个人的品位和风格	Snyder & Fromkin,1977； Aurélie et al., 2008；Atakan et al.,2014
体验价值	J1 我们零售企业的运营让消费者获得了休闲体验价值 J2 我们零售企业的运营让消费者获得了社交体验价值 J3 我们零售企业的运营让消费者获得了审美体验价值 J4 我们零售企业的运营让消费者获得了尊贵体验价值 J5 我们零售企业的运营让消费者获得了乐趣体验价值 J6 我们零售企业的运营让消费者获得了愉悦体验价值 J7 我们零售企业的运营让消费者获得了享乐体验价值	Holbrook,1996、 2006；Sweeney & Soutarb,2001； Vargo & Lusch, 2004、2008；Pine & Gilmore,2016

　　低成本价值是指消费者以相对较低的成本和代价获得产品的效用,既表现为相对较低的货币成本(价格)的出让,也表现为相对较低的精力成本、体力成本和时间成本(Woodruff,1997；Kotler,2001);个性化价值是满足消费者个性化需求的价值,既包括能满足消费者独特性需求(Snyder & Fromkin,1977)的功能性价值(Aurélie et al.,2008),也包括能够实现消费者自我表达的象征价值(邱琪、王永贵,2013；Atakan et al.,2014);体验价值是指顾客从企业提供的产品或服务中所体会到的源于内心感受的价值(Holbrook,1996、2006；Sweeney & Soutarb,2001；Pine,2016),基于服务主导逻辑(Vargo & Lusch,2004、2008),是由生产者、消费者和其他利益相关者共同创造的,体验价值测量中J1—J3 题项为行为体验价值,J4—J7 题项为情感体验价值,两个维度共同测量体验价值这一变量。

详细的零售顾客价值创造探索性因子分析实证过程见附录3。

整体问卷分为四个部分,见附录4。第一部分是零售企业的基本情况,第二部分是零售商业模式架构属性测量,第三部分是零售商业模式价值属性测量,第四部分是零售商业模式价值创造测量,第二、三、四部分问卷都采用Likert-5分量表,其中,1分代表"非常不同意",2分代表"比较不同意",3分代表"无所谓",4分代表"比较同意",5分代表"非常同意"。

5.2　问卷发放与回收

5.2.1　问卷发放

问卷发放时间为2018年12月1日至2019年7月30日,前后历时8个月时间。问卷发放对象主要为零售企业(包括线上和线下),典型的较为知名的零售企业调查对象包括沃尔玛、物美、永辉、盒马鲜生、优衣库、三只松鼠、迪卡侬、拉夏贝尔、言几又、江南布衣、热风、阿玛尼、云集、兽王、宝丽眼镜、苏宁、罗森、华润万家等,也包括一部分从事电商的网络科技型企业。

问卷发放的方式主要分为两种:线上电子问卷发放的方式和线下纸质问卷发放的方式。

线上的方式是通过问卷星平台生成问卷,然后通过微信链接推送和转发,通过手机微信的问卷星后台可以实时看到问卷收到和填写情况,此种问卷发放方式的优点在于不受时间和空间的限制,通过朋友、同学、亲戚、学生、同事等社会网络关系可以最为广泛地搜寻潜在可能的调查人群,被调查者在手机微信中填写也比较方便,问卷填写完提交后可以立刻在手机中显示和查看,省却了传统纸质问卷来往的不便。但缺点也是非常明显的:一是较难精准锁定符合要求的必须是从事零售相关工作的人群;二是手机微信填写问卷虽然较为方便,但正因为方便,难免出现被调查者对问卷题项审题不足、随意乱填的现象;三是问卷题项较多,而且由于是学术问卷,有些问卷题项语言稍嫌拗口,许多被调查者即使是从事零售工作的人员也没有足够意愿和动力填写。为弥补线上电子问卷发放方式的缺点和不足,采取了以下一些措施:与浙江省商贸业联合会联系,加入其微信群,群内有大量零售企业的中高层员工;参加杭州的新零售大会,与许多零售企业的中高管互加微信,请求帮助填写问卷;通过脉脉APP,搜寻符合要求的潜在被调查者,与之建立联系,请求填写问卷;对问卷的填写时间设一个限值,删除填写时间少于180秒的问卷样本;问卷填写提交经审核通过后给予被调查者20元的微信红包奖励。通过线上电子问卷发放方式,初步共获得222

份问卷。

线下纸质问卷主要是在购物中心(零售企业集聚地)通过地推式扫店对店铺员工进行问卷发放。此种问卷发放方式的优点在于购物中心是零售企业的集聚地,店铺较多,可一次性获得较多问卷,面对面督促辅导填写会较为认真,问卷有效率相对较高。但缺点是店铺的员工或导购主要是从事零售企业的末端销售工作,可能会存在对整个零售企业运营认知不足的现象,加之基层员工有可能职级、学历不高,对问卷题项的语言不能很好理解。为弥补线下纸质问卷发放方式的缺点和不足,采取了以下一些措施:动员和挑选 10 名学生成立问卷调查小组,对学生进行问卷填写的辅导,阐明问卷每个部分和每个题项的具体含义,要求调查小组成员在购物中心店铺调查时对被调查者进行耐心解释和辅导,并配以小礼品(5 元一支的笔和 8~10 元的笔记本)赠送;在店铺中尽可能物色职级较高的店长对问卷进行填写。纸质问卷调查在杭州的金地广场、城西银泰城、乐堤港、来福士广场四个购物中心进行,初步共获得 89 份问卷。

通过线上电子问卷发放方式和线下纸质问卷发放方式共获得 311 份问卷,其中线下纸质问卷 76 份;线上删除问卷填写很多不全的、电子问卷用时未超过 180 秒的、问卷第三部分(零售商业模式价值属性测量)或第四部分(零售商业模式价值创造测量)的问卷选项从头至尾都是一个数字的、明显不符合零售基本特征的(如从事工业品销售的企业、教育培训类企业)、问卷第一部分"您认为贵公司有没有明确的商业模式"这个题项选择"没有"的,共获得 218 份有效问卷,其中线下纸质有效问卷 76 份,线下纸质问卷有效率为 85.4%,线上电子有效问卷 142 份,线上电子问卷有效率为 64.0%,总体问卷有效率为 70.1%。

5.2.2 样本描述

问卷样本描述如表 5-6 所示。样本总数为 218,从样本描述统计来看,企业资产规模 100 万元以下的 29 个,占 13.3%;101 万~500 万元的 40 个,占 18.3%;501 万~1000 万元的 29 个,占 13.3%;1001 万~5000 万元的 31 个,占 14.2%;5001 万~1 亿元的 17 个,占 7.8%;1 亿元以上的 72 个,占 33.0%,占比最大。企业人员规模方面,50 人及以下的 56 个,占 25.7%;51~100 人的 22 个,占 10.1%;101~200 人的 27 个,占 12.4%;201~500 人的 28 个,占 12.8%;501~1000 人的 28 个,占 12.8%;1000 人以上的 53 个,占 27.2%,占比最大。企业成立年限方面,3 年及以下的 36 个,占 16.5%;4~5 年的 29 个,占 13.3%;6~8 年的 32 个,占 14.7%;9~10 年的 22 个,占 10.1%;11~15 年的 26 个,占 11.9%;16~20 年的 29 个,占 13.3%;20 年以上的 44 个,占 20.2%,占比最大。经营方式方面,线下(没有线上)的 24 个,占 11.0%;以线下为主(有

部分线上的)的 87 个,占 39.9%;以线上(没有线下)的 20 个,占 9.2%;以线上为主(有部分线下)的 22 个,占 10.1%;线上线下基本融合的 64 个,占 29.4%。经营领域方面,除掉其他类,排在前 8 位的依次是服装鞋帽类、日用品类、食品饮料酒类、化妆品类、家电类、体育娱乐用品类、家具类、汽车用品类。

所以,样本以大中型零售企业居多,样本分布非常适合本主题零售商业模式的研究。

表 5-6　样本描述统计

企业特征		个数	占比/%
企业资产规模	100 万元以下	29	13.3
	101 万~500 万元	40	18.3
	501 万~1000 万元	29	13.3
	1001 万~5000 万元	31	14.2
	5001 万~1 亿元	17	7.8
	1 亿元以上	72	33.0
企业人员规模	50 人及以下	56	25.7
	51~100 人	22	10.1
	101~200 人	27	12.4
	201~500 人	28	12.8
	501~1000 人	28	12.8
	1000 人以上	57	26.1
企业的成立年限	3 年及以下	36	16.5
	4~5 年	29	13.3
	6~8 年	32	14.7
	9~10 年	22	10.1
	11~15 年	26	11.9
	16~20 年	29	13.3
	20 年以上	44	20.2

续　表

企业特征		个数	占比/%
零售企业的 经营方式	线下（没有线上）	24	11.0
	以线下为主（有部分线上）	87	39.9
	线上（没有线下）	20	9.2
	以线上为主（有部分线下）	22	10.1
	线上线下基本融合	64	29.4
零售企业的 经营领域	食品、饮料、酒类	51	23.4
	服装、鞋、帽类	96	45.3
	化妆品类	40	18.3
	日用品类	58	26.6
	金银珠宝类	14	6.4
	家电类	36	16.5
	音像器材类	13	6.0
	体育娱乐用品类	27	12.4
	电子出版物、音像制品类	16	7.3
	通信器材类	19	8.7
	家具类	25	11.5
	书报杂志类	13	6.0
	汽车用品类	22	10.1
	建筑装潢材料类	12	5.5
	木材及制品类	5	2.3
	其他类	39	17.9

注：有1份问卷的零售企业经营方式未填，这部分统计总计217份样本；零售企业的经营领域为多选题，所以累积百分比一定大于100%。

5.3 信度和效度检验

5.3.1 信度检验

信度(reliability)指的是衡量效果一致性和稳定性的程度,有内在信度和外在信度两大类,信度较高就意味着系统排除随机误差的能力较强,常用的评价信度指标有稳定性、等值性、内部一致性(李怀祖,2004)。本次研究涉及多题项的测量量表,内部一致性非常重要,主要利用 Cronbach's α 系数进行测量。依据经验判断法,题项—总体相关系数(CITC)应该大于 0.35,测量值 Cronbach's α 应该大于 0.7,因为本章研究的问卷是组织问卷,非个体问卷,所以 Cronbach's α 系数如果大于 0.7 就认为具有较高的信度。

(1)零售商业模式架构属性测量信度分析

零售商业模式架构属性测量的信度分析如表 5-7 所示。

表 5-7 零售商业模式架构属性测量信度分析

一级维度	二级维度	题项	CITC	删除该题项后 Cronbach's α 系数	Cronbach's α 系数	Cronbach's α 系数
一体化架构属性	与制造企业产权一体化程度	A1	0.718	0.866	0.880	0.856
		A2	0.728	0.790		
		A3	0.697	0.834		
	建立契约的长期性和完备性	A4	0.612	只有 2 个题项无法操作	0.872	
		A5	0.602			
		A6	0.745	0.810		
	与供应商或制造企业信息的共享化程度	A7	0.599	0.825	0.837	
		A8	0.709	0.771		
		A9	0.739	0.766		

续　表

一级维度	二级维度	题项	CITC	删除该题项后 Cronbach's α 系数	Cronbach's α 系数	Cronbach's α 系数
定制化架构属性	顾客参与的程度	B1	0.704	0.767	0.814	0.870
		B2	0.563	0.748		
		B3	0.649	0.755		
		B4	0.594	0.792		
	消费者信息化与大数据化的程度	B5	0.611	0.831	0.856	
		B6	0.573	0.817		
		B7	0.662	0.799		
		B8	0.618	0.820		
		B9	0.635	0.846		
	产品的定制化程度	B10	0.606	0.812	0.856	
		B11	0.665	0.813		
		B12	0.622	0.861		
场景化架构属性	零售场景空间的审美性	C1	0.547	0.704	0.776	0.875
		C2	0.651	0.683		
		C3	0.642	0.740		
		C4	0.598	0.759		
	产品作为场景文化载体的媒介性	C5	0.734	0.715	0.797	
		C6	0.700	0.741		
		C7	0.657	0.730		
		C8	0.574	0.798		
		C9	0.614	0.789		
	消费者对场景传达的文化价值的认同性	C10	0.693	0.749	0.825	
		C11	0.713	0.782		
		C12	0.693	0.796		

注:具体题项表述见前文表 5-1、表 5-2、表 5-3。

从表 5-7 来看,CITC 都大于 0.35,Cronbach's α 系数都大于 0.7,绝大多数都大于 0.8,而且除了 C8 题项(消费者购买产品不仅追求功能价值,同时追求产品的文化价值），每个题项删除后该变量的 Cronbach's α 系数都未有提高，零售商业模式架构属性测量信度较高。C8 题项删除后的 Cronbach's α 系数是 0.798，产品作为场景文化载体的媒介性这个变量的 Cronbach's α 系数是 0.797，相差非常微小，所以依然保留该题项。

（2）零售商业模式价值属性测量信度分析

零售商业模式价值属性测量的信度分析如表 5-8 所示。

表 5-8　零售商业模式价值属性测量的信度分析

维度	题项	CITC	删除该题项后 Cronbach's α 系数	Cronbach's α 系数
新颖性	D1 我们在零售活动中引入了新的技术	0.525	0.810	0.836
	D2 我们在零售活动中引入了新的产品或服务	0.576	0.791	
	D3 我们在零售活动中创造了新的市场	0.575	0.794	
	D4 我们在零售活动中引入了新的组织结构	0.672	0.811	
	D5 我们在零售活动中引入了新的销售方法	0.518	0.811	
锁定性	E1 我们将供应链合作伙伴保留在本企业零售活动系统中的能力很高	0.534	0.667	初始 0.672 删去 E1、E2 后为 0.777
	E2 我们将消费者保留在本企业零售活动系统中的能力很高	0.485	0.660	
	E3 供应链合作伙伴脱离本企业零售活动系统转投竞争对手的转移成本很高	0.693	0.532	
	E4 消费者脱离本企业零售活动系统转投竞争对手的转移成本很高	0.664	0.523	
互补性	F1 我们零售活动提供的产品/服务的种类丰富程度很高	0.561	0.818	0.837
	F2 我们零售活动提供的产品/服务的种类之间的互补程度很高	0.599	0.773	
	F3 企业拥有的资源与供应链合作伙伴拥有的资源的互补程度很高	0.633	0.796	
	F4 从供应链合作伙伴那里获得互补性资源的丰富程度很高	0.652	0.790	

续　表

维度	题项	CITC	删除该题项后 Cronbach's α 系数	Cronbach's α 系数
效率性	G1 我们零售活动运营的效率是很高的	0.620	0.685	0.785
	G2 我们零售活动运营的成本得到降低	0.511	0.797	
	G3 我们零售运营活动中与供应链合作伙伴的交易是高效的	0.621	0.727	
	G4 我们零售运营活动中与顾客的交易是高效的	0.567	0.719	

注：后面效度检验中 E1 和 E2 两个题项没有检验通过，所以这里计算删去 E1 和 E2 后的锁定性信度，事实证明删去后锁定性的信度有较大提高，由 0.672 提高为 0.777；总体的 Cronbach's α 系数是 0.890。

从表 5-8 来看，CITC 都大于 0.35，Cronbach's α 系数都大于 0.7，基本大于 0.8，而且除了 G2 题项（我们零售活动运营的成本得到降低）每个题项删除后该变量的 Cronbach's α 系数都未有提高，零售商业模式价值属性测量信度较高。锁定性变量初始的 Cronbach's α 系数为 0.672，分别删掉 E1 和 E2 题项后的 Cronbach's α 系数为 0.667 和 0.660，虽未有提高，但也降低很少，分别降低了 0.005 和 0.012，而分别删掉 E3 和 E4 后的 Cronbach's α 系数为 0.532 和 0.523，降低了 0.140 和 0.149，降低较多，表明锁定性主要是由 E3 和 E4 两个题项反映，而且后文效度检验中 E1 和 E2 两个题项的检验也没有通过，删掉两个题项后的信度也有较大提高，由 0.672 提高为 0.777，综合考虑，删掉 E1 和 E2 两个题项；效率性变量的 Cronbach's α 系数是 0.785，G2 题项（我们零售活动运营的成本得到降低）删除后的 Cronbach's α 系数是 0.797，提高了 0.012，虽有所提高，但提高很小。而且效率性所有题项均参考和借鉴了 Zott 和 Amit（2007，2008）的研究量表，题项之间具有较高的内部一致性，不应该随意删除，所以依然保留 G2 题项。

（3）零售商业模式价值创造测量信度分析

零售商业模式价值创造测量的信度分析如表 5-9 所示，从表 5-9 来看，CITC 都大于 0.35，Cronbach's α 系数都大于 0.7，而且除了 H1 题项（让消费者减少了货币成本），每个题项删除后的 Cronbach's α 系数都未有提高，零售商业模式价值创造测量信度较高。低成本价值这个变量的 Cronbach's α 系数是 0.759，H1 题项删除后的 Cronbach's α 系数是 0.796，提高了 0.037，虽有所提高，但提高较小。而且低成本价值是指消费者以相对较低的成本和代价获得产品的效用,既表现为相对较低的货币成本(价格),也表现为相对较低的精力成本和时间成本,从变量的定义本身来讲,减少货币成本是低成本价值的重要内涵,所以必须保留该题项。

表 5-9 零售商业模式价值创造测量的信度分析

维度	题项	CITC	删除该题项后 Cronbach's α 系数	Cronbach's α 系数
低成本价值	H1 让消费者减少了货币成本	0.561	0.796	
	H2 让消费者减少了精力成本	0.583	0.625	0.759
	H3 让消费者减少了时间成本	0.602	0.609	
个性化价值	I1 让消费者满足了独特的需求	0.644	0.738	
	I2 让消费者购买的产品有独一无二的专属感	0.670	0.696	
	I3 对消费者进行一对一的服务	0.679	0.741	0.784
	I4 让消费者体现了个人的品位和风格	0.634	0.747	
体验价值	J1 让消费者获得了休闲体验价值	0.612	0.869	
	J2 让消费者获得了社交体验价值	0.624	0.865	
	J3 让消费者获得了审美体验价值	0.628	0.871	
	J4 让消费者获得了尊贵体验价值	0.598	0.869	0.881
	J5 让消费者获得了乐趣体验价值	0.581	0.856	
	J6 让消费者获得了愉悦体验价值	0.597	0.854	
	J7 让消费者获得了享乐体验价值	0.615	0.861	

注:总体的 Cronbach's α 系数是 0.882。

5.3.2 效度检验

效度(validity)是指测量工具对调查对象属性的差异进行测量时的准确性程度,也就是测量工具能否客观、真实、准确地反映属性的差异性,也即各测量问项可以准确测量出研究者想要衡量性质的程度(李怀祖,2004)。效度较高就意味着排除系统误差的能力较强,效度有三种:内容效度(content validity)、结构效度(construct validity)以及准则相关效度(criteria-related validity)。本次研究对测量问项采用直接测量方式,同一时期内再也无法找到其他标准化资料来进行比较,因此无法测量准则相关效度,所以仅讨论内容效度和结构效度。

内容效度是指所研究的自变量和因变量之间存在一定关系的明确程度,用来检测衡量该领域的有关专家对测量问项的内容能够测量事物本身的认可程度。本书以相关理论为基础,参考相关文献中被证实的成熟量表,并进行适当修正,问卷形成后与专家和企业高管进行多次深入探讨、修改、完善,同时还经过预调研对测量问项进行了净化,所以在某种程度上保证了问卷的内容效度。结构效度是指理论构思或者假设的合理性与科学性,以及转化为研究目标的恰当程度与可操作性,反映出量表能够测量到理论概念以及特征的程度。因子分析(factor analysis)是一种最常被用来检验结构效度的方法,通常采用 KMO(Kaiser Meyer-Olykin)测试系数检验、Bartlett 球形检验(Bartlett test of sphericity)进行检测(吴明隆,2010)。KMO 值在 0.9 以上,非常适合做因子分析;KMO 值在 0.8~0.9,表示适合进行因子分析;KMO 值在 0.7~0.8,表示适合;KMO 值在 0.6~0.7,表示不太适合;KMO 值在 0.5~0.6,表示很勉强;KMO 值在 0.5 以下,表示不适合做因子分析(Kaiser,1974)。Bartlett 球形检验的统计值如果显著异于 0,就说明适合做因子分析(马庆国,2004)。

同时对问卷进行共同方法偏差检验,运用 Podsakoff 等(2003)提出的 Harman 单因素检验法对同源性方法偏差进行检验。对问卷的所有题项做探索性因素分析,未旋转前共抽取 15 个因子,解释了总变异量的 69.76%。其中第一个因子的方差贡献率为 25.79%,未超过总变异量的 50%,表明能够解释绝大部分变异量的单一因子是不存在的。

另外,本书还将对聚合效度(convergent validity)和区分效度(discriminant validity)(Compbell & Fiske,1959)进行检验。聚合效度是指在使用不同方式测量同一构念时,所得到的测量分数之间由于反映同一构念应该高度相关;区分效度是指在应用不同方法测量不同构念时,所观测到的数值之间应该能够区分,也就是说,用不同方法去测量两个不同构念时,它们之间的相关性不应该高于用不同方法测量同一特质时所得到的分数。在一般研究中,大多采用结构方程建模(structural equation modeling,SEM)技术作为检验聚合效度和区分效度的手段(陈晓萍等,2008),所以这部分将在后文的结构方程建模部分讨论。

(1)零售商业模式架构属性测量效度分析

对零售商业模式一体化架构属性进行 KMO 和 Bartlett 球形检验,一体化架构属性 KMO 值为 0.800>0.7 的临界值,而且在 Bartlett 球形检验中,近似卡方值为 1057.966,自由度为 36,显著性水平为 0.000($p<0.001$),这意味着一体化架构属性量表适合进行因子分析。

如表 5-10 所示,一体化架构属性各个题项对应的因子载荷都大于 0.5,并且结合特征根大于 1 的要求,提取 3 个因子,其特征根分别是 4.239、1.480、

1.333,累计方差解释比例为 78.355%>60%,这意味着一体化架构属性量表具备较好的结构效度,因此,保留一体化架构属性的全部题项。

表 5-10 零售商业模式一体化架构属性因子分析

因子项	题项	因子荷载	特征根
与制造企业产权一体化的程度	A1 零售企业或从事零售活动的企业拥有对生产制造资产的所有权	0.836	
	A2 零售企业或从事零售活动的企业拥有对生产制造资产的支配权	0.895	1.333
	A3 零售企业或从事零售活动的企业拥有对生产制造资产的使用权	0.872	
与供应商(制造企业)建立契约的长期性和完备性	A4 零售企业与供应商(制造企业)建立了长期性的交易契约	0.907	
	A5 零售企业与供应商(制造企业)建立了完备性的交易契约	0.895	1.480
与供应商或制造企业信息的共享化程度	A6 零售企业与供应商(制造企业)之间具有很高的电子信息交换的能力	0.672	
	A7 零售企业与供应商(制造企业)能够共享敏感或关键信息(如财务信息、生产信息、市场信息)	0.819	4.239
	A8 零售企业愿意向供应商(制造企业)提供可能会帮助他们的任何信息	0.821	
	A9 零售企业与供应商(制造企业)的信息交换可以频繁、及时地进行	0.814	

对零售商业模式定制化架构属性进行 KMO 和 Bartlett 球形检验,定制化架构属性 KMO 值为 0.822>0.7 的临界值,而且在 Bartlett 球形检验中,近似卡方值为 1255.317,自由度为 66,显著性水平为 0.000($p<0.001$),这意味着定制化架构属性量表适合进行因子分析。

如表 5-11 所示,定制化架构属性各个题项对应的因子载荷都大于 0.5,并且结合特征根大于 1 的要求,提取 3 个因子,其特征根分别是 4.723、1.941、1.666,累计方差解释比例为 69.418%>60%,这意味着定制化架构属性量表具备较好的结构效度,因此,保留定制化架构属性的全部题项。

表 5-11 零售商业模式定制化架构属性因子分析

因子项	题项	因子荷载	特征根
顾客参与的程度	B1 在产品的设计、生产和销售方面顾客在精神（智力）上的投入和努力程度很高	0.712	
	B2 在产品的设计、生产和销售方面顾客在体力上的投入和努力程度很高	0.858	1.666
	B3 在产品的设计、生产和销售方面顾客在情绪上的投入和努力程度很高	0.789	
	B4 在产品的设计、生产和销售方面顾客提供自身信息资源的积极和努力程度很高	0.724	
消费者信息化与大数据化的程度	B5 消费者个体特征的信息化程度很高	0.787	
	B6 消费者消费行为、消费痕迹和消费轨迹的信息化程度很高	0.836	
	B7 使用互联网技术识别、感知和洞察消费者的能力很高	0.828	1.941
	B8 使用大数据技术识别、感知和洞察消费者的能力很高	0.802	
产品的定制化程度	B9 可供消费者选择的产品种类丰富程度很高	0.803	
	B10 可供消费者选择的产品属性及其组合的选项的多样化程度很高	0.888	
	B11 可供消费者选择的产品属性附加项目的多样化程度很高	0.844	4.723
	B12 产品满足消费者个性化需求的程度很高	0.765	

对零售商业模式场景化架构属性进行 KMO 和 Bartlett 球形检验，场景化架构属性 KMO 值为 0.873＞0.7 的临界值，而且在 Bartlett 球形检验中，近似卡方值为 1052.895，自由度为 66，显著性水平为 0.000（$p < 0.001$），这意味着场景化架构属性量表适合进行因子分析。

如表 5-12 所示，场景化架构属性各个题项对应的因子载荷都大于 0.5，并且结合特征根大于 1 的要求，提取 3 个因子，其特征根分别是 5.142、1.431、1.125，累计方差解释比例为 64.145％＞60％，这意味着场景化架构属性量表具备较好的结构效度，因此，保留场景化架构属性的全部题项。

表 5-12   零售商业模式场景化架构属性因子分析

因子项	题项	因子荷载	特征根
零售场景空间的审美性	C1 零售场景的实体空间或网站空间加入了许多艺术元素	0.847	
	C2 零售场景的实体空间或网站空间加入了许多文化元素	0.802	1.125
	C3 零售场景的实体空间或网站空间有清晰和明确的文化价值取向	0.641	
	C4 零售场景的实体空间或网站空间有浓郁的审美感	0.622	
产品作为场景文化价值载体的媒介性	C5 产品是零售场景（实体空间或网站空间）文化价值的载体	0.729	
	C6 产品是传播零售场景（实体空间或网站空间）文化价值的媒介	0.643	
	C7 产品是零售场景文化价值不可分割的一部分	0.744	1.431
	C8 消费者购买产品不仅追求功能价值，同时追求产品的文化价值	0.762	
消费者对场景传达的文化价值的认同性	C9 消费者对零售场景文化价值的认同性很高	0.822	
	C10 因为场景文化价值而实现的消费者顾客黏性很高	0.840	
	C11 场景的文化价值是消费者消费实践不可或缺的部分内容	0.648	5.142
	C12 消费者作为场景背景是场景文化的体现和表现	0.657	

（2）零售商业模式价值属性测量效度分析

对零售商业模式价值属性进行 KMO 和 Bartlett 球形检验，如表 5-13 所示，零售商业模式价值属性 KMO 值为 0.857＞0.7 的临界值，而且在 Bartlett 球形检验中，近似卡方值为 1639.818，自由度为 136，显著性水平为 0.000（$p<$ 0.001），这意味着零售商业模式价值属性量表适合进行因子分析。

如表 5-13 所示，零售商业模式价值属性的锁定性有 2 个题项 E1、E2 的因子荷载小于 0.5，删去，其他各个题项对应的因子载荷都大于 0.5，并且结合特征根大于 1 的要求，提取 4 个因子，其特征根分别是 6.317、1.737、1.510、1.214，累计方差解释比例为 63.396％＞60％，因此，删掉 E1 和 E2 两个题项，再重新进行因子分析。

表 5-13　零售商业模式价值属性因子分析

因子项	题项	因子荷载	特征根
新颖性	D1 我们在零售活动中引入了新的技术	0.728	
	D2 我们在零售活动中引入了新的产品或服务	0.796	
	D3 我们在零售活动中创造了新的市场	0.764	6.387
	D4 我们在零售活动中引入了新的组织结构	0.602	
	D5 我们在零售活动中引入了新的销售方法	0.736	
锁定性	E1 我们将供应链合作伙伴保留在本企业零售活动系统中的能力很高	0.111	
	E2 我们将消费者保留在本企业零售活动系统中的能力很高	0.088	1.225
	E3 供应链合作伙伴脱离本企业零售活动系统转投竞争对手的转移成本很高	0.814	
	E4 消费者脱离本企业零售活动系统转投竞争对手的转移成本很高	0.844	
互补性	F1 我们零售活动提供的产品/服务的种类丰富程度很高	0.751	
	F2 我们零售活动提供的产品/服务的种类之间的互补程度很高	0.843	
	F3 企业拥有的资源与供应链合作伙伴拥有的资源的互补程度很高	0.727	1.737
	F4 从供应链合作伙伴那里获得互补性资源的丰富程度很高	0.721	
效率性	G1 我们零售活动运营的效率是很高的	0.792	
	G2 我们零售活动运营的成本得到降低	0.679	
	G3 我们零售运营活动中与供应链合作伙伴的交易是高效的	0.708	1.510
	G4 我们零售运营活动中与顾客的交易是高效的	0.767	

删去 E1、E2 后进行 KMO 和 Bartlett 球形检验，KMO 值为 0.844＞0.7 的临界值，在 Bartlett 球形检验中，近似卡方值为 1339.830，自由度为 105，显著性水平为 0.000（$p<0.001$），适合进行因子分析。

结果如表 5-14 所示。删去 E1、E2 后零售商业模式价值属性各个题项对应的因子载荷都大于 0.5，并且结合特征根＞1 的要求，提取 4 个因子，其特征根分别是 5.665、1.735、1.478、1.210，累计方差解释比例为 67.251％＞60％，这意味着调整后零售商业模式价值属性量表具备较好的结构效度。

表 5-14 调整后零售商业模式价值属性因子分析

因子项	题项	因子荷载	特征根
新颖性	D1 我们在零售活动中引入了新的技术	0.722	
	D2 我们在零售活动中引入了新的产品或服务	0.809	
	D3 我们在零售活动中创造了新的市场	0.774	5.665
	D4 我们在零售活动中引入了新的组织结构	0.608	
	D5 我们在零售活动中引入了新的销售方法	0.742	
锁定性	E3 供应链合作伙伴脱离本企业零售活动系统转投竞争对手的转移成本很高	0.817	
	E4 消费者脱离本企业零售活动系统转投竞争对手的转移成本很高	0.847	1.210
互补性	F1 我们零售活动提供的产品/服务的种类丰富程度很高	0.740	
	F2 我们零售活动提供的产品/服务的种类之间的互补程度很高	0.837	
	F3 企业拥有的资源与供应链合作伙伴拥有的资源的互补程度很高	0.749	1.735
	F4 从供应链合作伙伴那里获得互补性资源的丰富程度很高	0.745	
效率性	G1 我们零售活动运营的效率是很高的	0.807	
	G2 我们零售活动运营的成本得到降低	0.678	
	G3 我们零售运营活动中与供应链合作伙伴的交易是高效的	0.698	1.478
	G4 我们零售运营活动中与顾客的交易是高效的	0.773	

锁定性的 E1 和 E2 题项的因子荷载没有超过 0.5,说明从零售企业主观上"锁定"供应商和消费者的能力测量锁定性不合适,仍从由于转移成本存在,客观上供应商和消费者脱离零售企业的"锁定"的可能性对锁定性进行测量更合理,即保留 E3 和 E4 题项。

(3)零售商业模式价值创造测量效度分析

对零售商业模式价值创造进行 KMO 和 Bartlett 球形检验,零售商业模式价值创造 KMO 值为 0.853＞0.7 的临界值,而且在 Bartlett 球形检验中,近似卡方值为 1427.548,自由度为 91,显著性水平为 0.000($p<0.001$),这意味着零售商业模式价值创造量表适合进行因子分析。

如表 5-15 所示,零售商业模式价值创造题项的各个题项对应的因子载荷都大于 0.5,并且结合特征根大于 1 的要求,提取 3 个因子,其特征根分别是 5.749、1.909、1.120,累计方差解释比例为 62.696%>60%,这意味着零售商业模式价值创造量表具备较好的结构效度。因此,保留零售商业模式价值创造的全部题项。

表 5-15　零售商业模式价值创造因子分析

因子项	题项	因子荷载	特征根
低成本价值	H1 我们零售企业的运营让消费者减少了货币成本	0.731	1.120
	H2 我们零售企业的运营让消费者减少了精力成本	0.813	
	H3 我们零售企业的运营让消费者减少了时间成本	0.861	
个性化价值	I1 我们零售企业的运营让消费者满足了独特的需求	0.710	1.909
	I2 我们零售企业的运营让消费者购买的产品/服务有独一无二的专属感	0.761	
	I3 我们零售企业的运营对消费者进行一对一的服务	0.694	
	I4 我们零售企业的运营让消费者体现了个人的品位和风格	0.701	
体验价值	J1 我们零售企业的运营让消费者获得了休闲体验价值	0.680	5.749
	J2 我们零售企业的运营让消费者获得了社交体验价值	0.633	
	J3 我们零售企业的运营让消费者获得了审美体验价值	0.527	
	J4 我们零售企业的运营让消费者获得了尊贵体验价值	0.582	
	J5 我们零售企业的运营让消费者获得了乐趣体验价值	0.847	
	J6 我们零售企业的运营让消费者获得了愉悦体验价值	0.845	
	J7 我们零售企业的运营让消费者获得了享乐体验价值	0.784	

5.3.3　相关性分析

为了后面的结构方程建模,使用 SPSS 22.0 对结构方程所涉及的所有变量进行 Pearson 相关性分析,如表 5-16 所示。根据学界共识,相关系数大于 0.7 为高度相关,介于 0.3～0.7 之间为中度相关,小于 0.3 为低度相关。若相关性太低,如低于 0.3 以下会有研究假设不显著的问题;若相关太高,如大于 0.7,则会有多重共线性问题出现。从表 5-16 可以看出,一体化架构、定制化架构、场景化架构与商业模式价值属性、价值创造等潜变量之间的相关性多在 0.3~0.7之间,说明没有相关性过高造成的多重共线性的问题,或过低造成的假设不显著的问题。构面相关值如果在 0.7 以下,则说明构面之间具有足够的差异程度,因此表示本书各构面具有区别效度。

表 5-16 零售商业模式架构属性、价值属性、价值创造相关性分析

变量	均值	标准差	1	2	3	4	5	6	7	8	9	10
1. 一体化架构	3.830	0.757	1									
2. 定制化架构	3.913	0.633	0.477**	1								
3. 场景化架构	3.974	0.581	0.353**	0.571**	1							
4. 新颖性	4.050	0.719	0.357**	0.487**	0.533**	1						
5. 锁定性	3.697	0.962	0.128	0.439**	0.454**	0.403**	1					
6. 互补性	3.956	0.757	0.295**	0.536**	0.444**	0.466**	0.326**	1				
7. 效率性	3.908	0.744	0.297**	0.398**	0.432**	0.389**	0.371**	0.479**	1			
8. 低成本价值	3.953	0.797	0.236**	0.244**	0.339**	0.356**	0.157	0.336**	0.378**	1		
9. 个性化价值	3.953	0.771	0.226**	0.456**	0.479**	0.497**	0.371**	0.517**	0.494**	0.347**	1	
10. 体验化价值	4.020	0.711	0.136*	0.484**	0.419**	0.466**	0.399**	0.521**	0.428**	0.268**	0.632**	1

注：N=218，* 表示显著性水平＜0.05，** 表示显著性水平＜0.01。

5.4　结构方程建模与假设检验

5.4.1　结构方程建模

结构方程模型(structural equation model,简称 SEM),属于多变量统计模型,产生后迅速得到广泛应用。在社会科学研究领域,结构方程模型能够解决不可直接观测的变量问题,同时处理多个因变量,并允许自变量和因变量均包含测量误差,弥补了传统统计方法的不足,迅速成为多元数据分析的重要工具(辛士波等,2014)。结构方程是一种验证一个或多个自变量与一个或多个因变量之间相互关系的多元分析方程,其中自变量和因变量既可是连续的,也可是离散的。由于本书实证研究模型中有 3 个因变量,为了适应验证多个自变量与多个因变量之间关系的特点,本书决定采用结构方程模型对理论假设进行验证,采用 AMOS 22.0 统计软件进行运算。

在结构方程模型分析之前,需要对本次研究数据的合理性与有效性进行初步检验。一般情况下,样本量达到 100~150 之间,才可以使用极大似然法(ML)对模型进行估计(Ding et al.,1995)。本次研究的最终有效样本是 218份,已达到最低样本容量要求。同时,用极大似然法进行估计时要求所使用的数据必须服从正态分布规律。Ghiselli 等(1981)认为,如果样本数据能够满足中值与中位数相近,峰度小于 5,偏度小于 2,那么可以认为数据服从正态分布规律,本书使用 SPSS 22.0 对 218 份样本数据的峰度、偏度进行分析,结果显示各测量题项数据均符合正态分布规律。此外,前文已经对样本数据的信度、效度、相关性进行了检验,认为本次研究的样本数据容量、分布特征以及信度、效度均达到了结构方程建模的要求。

首先,利用结构方程建模对一体化架构、定制化架构和场景化架构理论模型各维度进行聚合效度和区别效度检验。前文虽然对结构效度进行了检验,但结构效度常常只关注整体量表结构与实测数据的拟合优度,忽略了考察各分量表(维度)以及各分量表(维度)的测量学指标(陈维等,2016),所以需要关注聚合效度和区分效度的评价。

对聚合效度的检验评价采用两种方法:(1)平均方差抽取量(average variance extracted,AVE),指的是潜在因素所解释的变异量中有多少来自测量误差,AVE 越大,项目被潜在因素解释的变异量百分比越大,相对的测量误差就越小,根据 Fornell 和 Larcker(1981)的研究结果,AVE>0.5,表明聚合效度良好;如果在 0.36~0.5 之间,亦可接受。(2)组合信度(composite reliability,

CR)，指维度一组项目的一致性程度，若 CR 值越高，则表明该组项目间的关联程度越大，所测得潜在因素的一致性程度也越高，聚合效度也越好，一般地，CR 值需要大于 0.6(Bacon et al., 1995)。

对区分效度的检验评价也是采用 AVE 法，AVE 不但可以评价聚合效度，如果每个维度的平均方差提取量 AVE 值的平方根大于该维度与其他维度之间的相关系数，则表明这两个概念间具有较好的区别效度。

其次，SEM 作为验证性分析的一种方法，在参数估计后要对模型的合理性进行评估，以评价模型的拟合效果。

检查模型的拟合程度通常会考虑 x^2 统计量，依据所设定的检验水准，若 x^2 值大于相应的临界值则认为模型拟合效果不好，反之认为拟合效果较好。但是，直接用 x^2 统计量推断模型的拟合效果并不稳妥，因为 x^2 值与自由度 (degree of freedom，df)密切相关，自由度较小时 x^2 值也较小，即使真实模型的拟合效果并不好，往往也容易得到拟合效果较好的结论；自由度较大时 x^2 值也较大，很容易拒绝一个实际上拟合效果不错的模型。此外，x^2 的大小与样本容量 N 有关，当 N 很小时，x^2 往往很小，使得与真实模型相距很远的错误模型，也给人拟合得很好的印象；而当 N 很大时，x^2 则很大，即使与真实模型有很小的差距，也可能被认为拟合不好，所以这一指标并不作为判断模型拟合的主要指标，而是作参照考虑。在实际应用中常与自由度指标 df 结合使用。在评价时 x^2/df 值越小越好，通常应该在 2.0~5.0 之间。

为了弥补 x^2 检验的局限性，40 多种各种各样的拟合指数应运而生(侯杰泰等，2004)。Marsh(2005)将拟合指数分为三大类：绝对指数(absolute index)、相对指数(relative index)和简约指数(parsimony index)。绝对指数衡量所考虑的理论模型与样本数据的拟合程度，但只是基于理论模型本身，不与别的模型进行相互比较，包括 x^2/df、RMSEA、RMI、SRMI、GFI、AGFI、Mc 等。相对指数是将理论模型与虚拟模型(null model)进行比较，观察拟合程度的改进情况，包括 NFI、TLI(也称 NNFI，以下皆称 TLI)、CFI、IFI、RFI。简约指数是前两类指数的派生指数，计算方法为省俭比(parsimony ratio，dft/dfn)与前两类指数的乘积，省俭比中的 dft 和 dfn 分别是理论模型和虚拟模型的自由度，包括 PNFI、PGFI。

一个好的拟合指数应当具有以下特征：(1)与样本容量 N 无关。一个理想的指数，应当与 N 无关或者关系不大，即不受样本容量的系统影响。(2)惩罚复杂的模型。一个理想的指数，应当惩罚复杂模型。即模型越复杂，要估计的自由参数越多(即自由度越少)，但即使增加的自由参数是多余的，也不应该让人觉得模型拟合在改进。(3)对误设模型有敏感性。一个理想的指数，用同一个总体的不同样本拟合同一个模型时,波动应当小。但用同一个样本拟合误设模型与拟合真模型相比,指数值应当有明显的区别,即对误设模型的敏感性要大(温忠麟等,2004)。

温涵、梁韵斯(2015)对选择拟合指数的建议是:(1)报告和检验一个绝对拟合指数和一个相对拟合指数;(2)对于绝对拟合指数,报告 RMSEA,并使用传统临界值(0.08);(3)对于相对拟合指数,报告 TLI,并使用传统的临界值。如果 TLI 准则接受了模型,无须报告 CFI。如果 TLI 小于临界值但相差不大,可以参考 CFI 做出判断。

综合以上论述,本书主要选择 x^2/df、RMSEA、TLI 和 CFI 四个拟合指数,再参考其他拟合指数对模型的合理性进行评估。

Steiger 和 Lind(1980)提出的绝对指数 RMSEA,受样本量的影响较小,对参数较少的误设模型具有较好的敏感性,许多关于拟合指数的研究都认为 RMSEA 是比较理想的指数(温忠麟等,2004;Hu & Bentler,1998、1999),被广泛使用至今。Steiger(1990)认为,RMSEA 低于 0.1 表示好的拟合;低于 0.05 表示非常好的拟合;低于 0.01 表示非常出色的拟合,这种情形在应用上几乎碰不到。这里考虑以 0.08 为临界值(温忠麟等,2004),即当 RMSEA < 0.08 时,认为模型拟合良好并接受模型。

Bentler(1990)提出的 CFI,属于相对拟合指数,取值范围是 0~1,CFI 约定俗成的临界值也是 0.9(温忠麟等,2004),当 CFI > 0.9 时,接受该模型。Bentler(1990)用模拟的方法考察了 NFI、TLI、IFI、RNI 和 CFI,结果发现只有 NFI 会受到样本容量的明显影响。对于基于真模型的小样本(N=50),CFI 的标准差比其他几个指数的都小,而 TLI 的则比较大,所以 Bentler 比较推崇 CFI。然而满足 TLI(NNFI)准则的模型,一定满足 CFI 准则,TLI 准则覆盖了 CFI 准则,用 TLI 检验模型可以接受的时候,用 CFI 检验一定可以接受(温涵、梁韵斯,2015)。如果 TLI 小于临界值但相差不大,则可参考 CFI 做出判断。

5.4.2　一体化架构对低成本价值创造影响

首先,利用结构方程建模对一体化架构理论模型各变量进行聚合效度和区分效度检验,各变量相关性建模如图 5-1 所示,聚合效度与区别效度检验结果如表 5-17 所示。

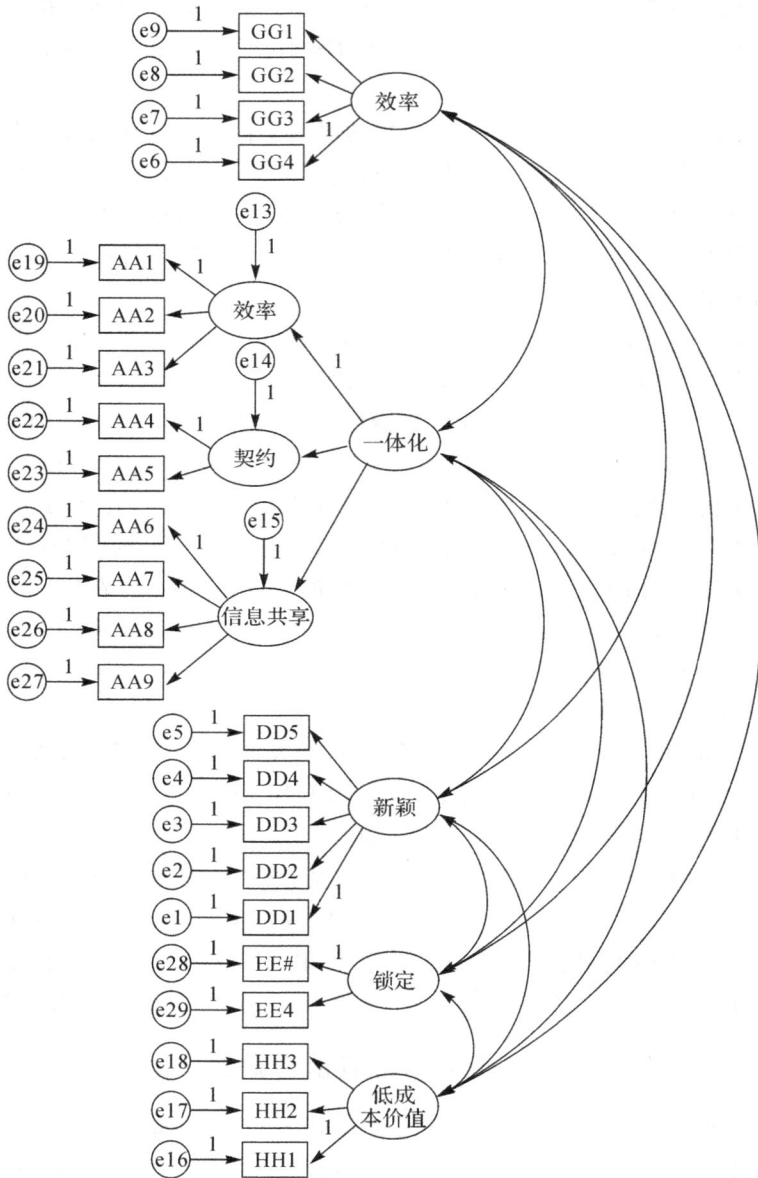

图 5-1 一体化架构理论模型各变量相关性建模

表 5-17　一体化架构理论模型各变量的聚合效度和区分效度检验结果

	CR	AVE	低成本价值	效率性	新颖性	一体化
低成本价值	0.777	0.545	**0.738**			
效率性	0.798	0.502	*0.470*	**0.709**		
新颖性	0.839	0.512	*0.455*	*0.479*	**0.716**	
一体化架构	0.719	0.463	*0.311*	*0.394*	*0.504*	**0.680**

注:锁定性4个题项在结构效度检验时删去2个题项,但只有2个题项无法进行 AVE 检验;加粗部分是 AVE 的平方根,斜体部分是两个变量的相关系数。

如表 5-17 中所示,低成本价值、效率性、新颖性的 AVE 分别是 0.545、0.502、0.512,都大于 0.5,聚合效度良好,一体化架构的 AVE 为 0.463,接近 0.5,也可接受;低成本价值、效率性、新颖性、一体化架构的组合信度 CR 值分别是 0.777、0.798、0.839、0.719,都大于 0.6,表明具有较好的聚合效度。

同时,每一变量 AVE 的平方根(最右列加粗部分)都明显大于任何两个变量之间的相关系数(斜体部分),4 个变量具有良好的区别效度,还显示 4 个维度之间的相关系数均小于其各自的信度系数,进一步表明 4 个变量具有相当好的区别效度。

总体而言,除了锁定性因为只有 2 个题项无法进行 AVE 检验,其余 4 个变量的聚合效度和区分效度都很好。

接着,对一体化架构零售商业模式理论模型进行结构方程建模和拟合,拟合结果如图 5-2 所示。

具体的一体化架构零售商业模式理论模型结构方程拟合结果如表 5-18 所示。

结构方程模型的拟合主要是对路径系数进行估计,并对路径系数的估计值予以检验。结构方程模型中的参数检验(即显著性检验)常采用临界比值(critical ratio,CR)检验。临界比值①等于参数估计值与估计值标准误的比值,相当于 t 检验值。

---

① 临界比值的绝对值如果大于 3.29,表示估计值达到 0.001 的显著水平;临界比值的绝对值如果大于 2.58,表示估计值达到 0.01 的显著水平;临界比值的绝对值如果大于 1.96,表示估计值达到 0.05 的显著水平。

Chi-square=438.076 DF=220
Chi/DF=1.991
GFI=0.848 AGFI=0.809
TLI=0.889 IFI=0.905 CFI=0.903
RMSEA=0.068

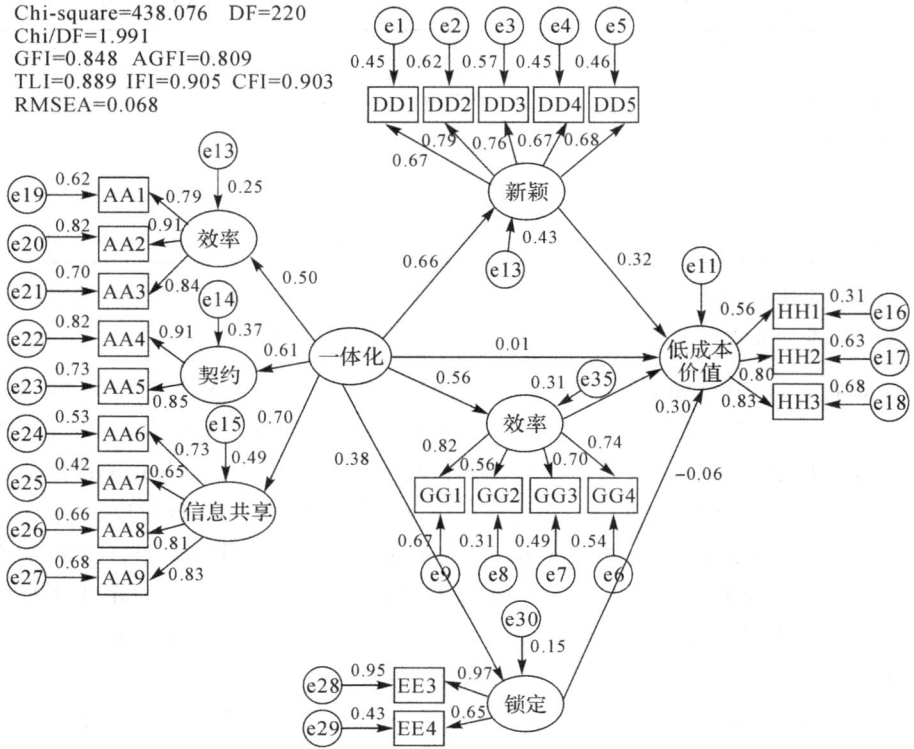

图 5-2　一体化架构零售商业模式理论模型结构方程建模及拟合结果

表 5-18　一体化架构零售商业模式理论模型结构方程拟合结果

	非标准路径系数	标准化路径系数	临界比值	p
一体化架构　→　效率	0.757	0.557	3.766	***
一体化架构　→　新颖	0.831	0.658	3.929	***
一体化架构　→　锁定	0.811	0.384	2.680	0.002
效率　→　低成本价值	0.303	0.345	3.057	0.002
新颖　→　低成本价值	0.301	0.318	2.530	0.011
锁定　→　低成本价值	−0.036	−0.064	−0.786	0.432
一体化架构 → 低成本价值	0.015	0.013	0.085	0.933

注：N=218，* 表示显著性水平 $p<0.05$，** 表示显著性水平 $p<0.01$，*** 表示显著性水平 $p<0.001$（双尾检验）。

从表 5-18 中可以看出,一体化架构→效率性,路径系数为 0.557,临界比值为 3.766>3.29,p<0.001,说明一体化架构对价值属性的效率性有显著正向影响,H2a 假设得到验证;一体化架构→新颖性,路径系数为 0.658,临界比值为 3.929>3.29,p<0.001,说明一体化架构对新颖性有显著正向影响,H2b 假设得到验证;一体化架构→锁定性,路径系数为 0.384,临界比值为 2.680>2.58,p 值为 0.002<0.01,说明一体化架构对锁定性有显著正向影响,H2c 假设得到验证,并且一体化架构对新颖性影响最大,其次是效率性,锁定性的影响最低。

效率性→低成本价值,路径系数为 0.345,临界比值 3.057>2.58,p 值为 0.002<0.01,说明效率性对低成本价值创造有显著正向影响,H3a 假设得到验证;新颖性→低成本价值,路径系数为 0.318,临界比值 2.530≈2.58,p 值为 0.011≈0.01,说明新颖性对低成本价值创造有显著正向影响,H3b 假设得到验证;锁定性→低成本价值,路径系数为 -0.064,临界比值 -0.786,p 值为 0.432<1.96,说明锁定性对低成本价值创造的影响不显著,H3c 假设没有得到验证,H3c 假设不通过。

一体化架构→低成本价值,路径系数为 0.013,临界比值为 0.085,p 值为 0.955>0.05,从数据上说明一体化架构对低成本价值创造的影响是不显著的,但有可能一体化架构对低成本价值创造的影响是完全通过效率性和新颖性两个中介发挥间接效应,而导致这条路径不显著,即效率性和新颖性有中介作用,需要对其进行中介检验。

检验中介效应最流行的方法是 Baron 和 Kenny(1986)的逐步法(causal steps approach)。

自变量 X 对因变量 Y 有影响,如果 X 通过影响变量 M 而对 Y 产生影响,则称 M 为中介变量。

$$Y = cX + e1 \tag{1}$$

$$M = aX + e2 \tag{2}$$

$$Y = c'X + bM + e3 \tag{3}$$

第一步检验自变量 X 对因变量 Y 的总效应 c 是否显著,第二步检验自变量 X 对中介变量 M 的效应 a 是否显著,如果第一步和第二步都通过显著性检验,第三步再检验在控制了自变量 X 的影响后,中介变量 M 对因变量 Y 的效应 b 是否显著,如果显著,则说明存在中介效应,再考察 c' 是否显著,如果显著则说明是部分中介,如果不显著,则说明是完全中介。

对于这样简单的中介模型,中介效应等于间接效应(indirect effect),即等于系数乘积 ab,它与总效应和直接效应的关系如下(MacKinnon et al.,1995):

$$c = c' + ab$$

　　但逐步法受到很多学者的批评和质疑（Spencer et al.，2005；Edward & Lambert，2007；Hayes，2009；Zhao et al.，2010），主要原因在于如果当 a 和 b 有一个不显著时，无法判断 ab 是否显著。

　　Sobel（1982）提出了一种新的方法，来做 ab 的统计检验，如果 Sobel 检验显著，则说明存在部分中介，如果 Sobel 检验不显著，则说明不存在中介效应，Sobel 检验法是对逐步法的改进。但 Sobel 法也存在局限（MacKinnon et al.，2004；Hayes，2009），这个检验统计量的推导需要假设 ab 服从正态分布，就算其中每一个系数 a 和 b 都是正态分布，其乘积 ab 也未必是正态分布，而且通常只适合只有一个中介的情形。

　　目前对中介效应检验比较主流的方法是 Bootstrap 法，可以看成是对 Sobel 法的替代。Bootstrap 法是一种从样本中重复取样的方法，即将原始样本当作 Bootstrap 总体，从这个 Bootstrap 总体中重复取样以得到类似于原始样本的 Bootstrap 样本（Wen et al.，2010）。将它们按数值从小到大排序，其中第 2.5 百分位点和第 97.5 百分位点就构成间接效应 ab 的一个置信度为 95% 的置信区间，如果置信区间不包含 0，则系数乘积显著（Preacher et al.，2007；Preacher & Hayes，2008；方杰、张敏强，2012），我们把这种方法称为非参数[①]百分位 Bootstrap 法；检验力更高的是使用偏差校正后的置信区间[②]，即偏差校正的非参数百分位 Bootstrap 法（Edwards & Lambert，2007；Fritz & MacKinnon，2007；Preacher & Hayes，2008；Taylor et al.，2008；方杰、张敏强，2012），偏差校正的百分位 Bootstrap 方法优于百分位 Bootstrap 方法（方杰等，2011）。

　　但 Bootstrap 方法的局限在于只能对总的间接效应进行检验，如果是多重中介，不能对每个中介进行置信区间的估计，这个局限被 MacKinnon（2007）提出的 MacKinnon 方法[③]弥补了。MacKinnon 方法可以对每一个单独中介变量间接效果的显著性进行检验。

　　所以本书对中介效应的检验综合采用 Bootstrap 方法（包括非参数百分位 Bootstrap 法和偏差校正非参数百分位 Bootstrap 法）和 Mackinnon 方法，检验

[①]　之所以称为非参数，是因为所论的 Bootstrap 法不涉及总体分布及其参数（因而不要求正态假设），利用样本所推导的经验分布代替总体分布，属于非参数方法（温忠麟、叶宝娟，2014）。

[②]　因为 Bootstrap 跑完后，资料会趋于正态分布，正态分布数据的中位数是等于平均数的，常理应该是正态分布的图形，但是跑出来有时会发生差距，需要进行修正。

[③]　Mackinnon 法不是采用 Bootstrap 法计算，需要借助软件 prodclin 2 计算，所以既需要电脑计算，还需要一部分手算，也就比 Bootstrap 法麻烦，但优点是做多重中介效果较好。

结果如表 5-19 所示。

表 5-19　一体化架构对低成本价值影响的中介效应检验

变量	点估计值	系数相乘积 Product of Cofficients		Bootstrap 法				Mackinnon 法 95%置信区间	
				偏差校正百分位法 95%置信区间		百分位法 95%置信区间			
		SE	Z	Lower	Upper	Lower	Upper	Lower	Upper
总效应	0.465	0.344	1.352	0.168	1.114	0.186	1.193	0.093	0.489
间接效应	0.45	0.675	0.667	0.109	1.800	0.046	1.590	新颖性(0.043, 0.570);效率性(0.056, 0.494);锁定性(−0.093, 0.052)	
直接效应	0.015	0.824	0.018	−0.956	0.804	−0.865	0.929	−0.345	0.375

如表 5-19 所示,间接效应的百分位法的 Bootstrap 置信区间是(0.046, 1.590),偏差校正百分位法的 Bootstrap 置信区间是(0.109, 1.800),都不包含 0,说明间接效应是显著的,而直接效应百分位法的 Bootstrap 置信区间是(−0.865, 0.929),偏差校正百分位法的 Bootstrap 置信区间是(−0.956, 0.804)。[①] MacKinnon 法用 Prodclin 2 方法计算的置信区间是(−0.345, 0.375),也包含了 0,3 种方法都一致说明不存在直接效应,是完全中介。

运用 MacKinnon 法计算,新颖性的置信区间是(0.043, 0.570),效率性的置信区间是(0.056, 0.494),都不包含 0,说明新颖性和效率性是有显著中介作用的,H4a 和 H4b 的假设得到验证;而锁定性的置信区间是(−0.093, 0.052),包含了 0,说明锁定性的中介作用是不存在的,H4c 的假设没有通过。也说明了一体化架构对低成本价值创造的影响,是通过效率性和新颖性发挥完全中介作用的,从表 5-19 中可看出总效应是存在和显著的,所以 H1 假设也得到了验证。

我们可以进一步对每个中介变量的间接效果大小进行评价。总间接效应是 0.45,总效应是 0.465,是完全中介。新颖性间接效果的值为:$0.831 \times 0.301 = 0.2501$[②],效率性间接效果的值为:$0.757 \times 0.303 = 0.2293$;新颖性间接效果占总间接效果的比重为:$0.2501/0.45 = 55.58\%$,效率性间接效果占总间接效果比重为:$0.2293/0.45 = 50.96\%$,所以相较而言,新颖性的中介效应更大

---

① 而且这两个区间差异不大,说明我们的数据资料比较趋于正态分布。

② 间接效果用非标准化系数进行相乘,非标准化系数代表斜率,比较符合统计上的意义。

一点。

在参数估计后要对模型的合理性进行评估，以评价模型的拟合效果。

x^2 统计量为 438.076，自由度为 220，x^2＝1.991，小于 2，初步判断模型模拟良好；RMSEA 值为 0.068，小于 0.08，判断模型拟合良好，并接受模型；TLI 值为 0.889，虽然小于 0.9 但也比较接近 0.9，CFI 值为 0.903，大于 0.9，所以总体判断模型模拟良好。[①]

5.4.3 定制化架构对个性化价值创造的影响

首先，利用结构方程建模对定制化架构理论模型各变量进行聚合效度和区分效度检验，各变量相关性建模如图 5-3 所示，聚合效度与区别效度检验结果如表 5-20 所示。

表 5-20 定制化架构理论模型各变量的聚合效度和区分效度检验结果

	CR	AVE	个性化价值	效率性	新颖性	定制化
个性化价值	0.787	0.481	**0.694**			
效率性	0.797	0.501	*0.639*	**0.708**		
新颖性	0.839	0.511	*0.606*	*0.479*	**0.715**	
定制化架构	0.680	0.417	*0.685*	*0.556*	*0.680*	**0.646**

如表 5-20 中所示，效率性、新颖性的 AVE 分别是 0.501、0.511，都大于 0.5，聚合效度良好；个性化价值的 AVE 为 0.481，虽然小于 0.5，但也接近 0.5，可接受；定制化架构的 AVE 为 0.417，在 0.36～0.5 之间，亦可接受；个性化价值、效率性、新颖性、定制化架构的组合信度 CR 值分别是 0.787、0.797、0.839、0.680，都大于 0.6，表明具有较好的聚合效度。

同时，除了定制化架构，每一变量 AVE 的平方根（最右列加粗部分）都明显大于任何两个变量之间的相关系数（斜体部分），个性化价值、效率性、新颖性 3 个变量具有良好的区别效度，还显示 3 个维度之间的相关系数均小于其各自的信度系数，进一步表明 3 个变量具有相当好的区别效度。

总体而言，个性化价值、效率性、新颖性 3 个变量的聚合效度和区分效度都很好，定制化架构的聚合效度和区分效度虽然相较稍差，但基本可接受。

其次，对定制化架构零售商业模式理论模型进行结构方程建模和拟合，拟

---

① 本书主要选择、x^2/df、RMSEA、TLI 和 CFI 四个拟合指数判断拟合情况，但在模型图中依然汇报了 GFI 指数和 AGFI 指数，尽管一般判断标准 GFI 大于 0.9，但也有学者提出 GFI 大于 0.8，AGFI 接近 0.8 就可以接受（Garmines & McIver，1981），以下同。

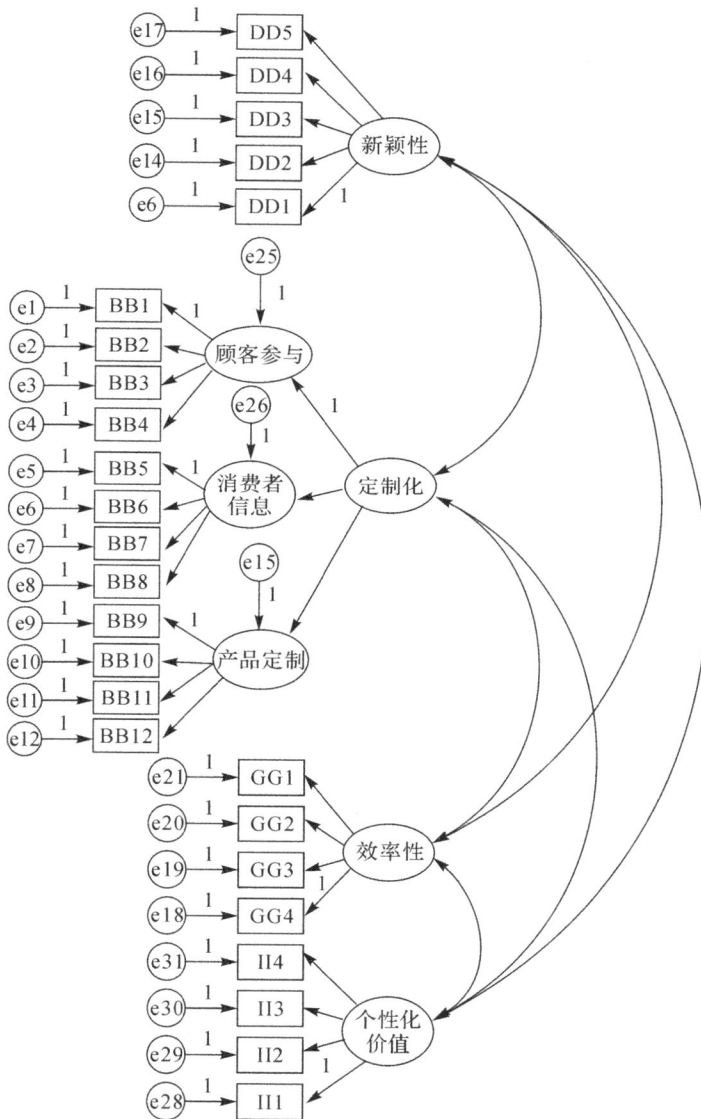

图 5-3 定制化架构理论模型各变量相关性建模

合结果如图 5-4 所示。具体的定制化架构零售商业模式理论模型结构方程拟合结果如表 5-21 所示。

Chi-square=505.585　DF=267
Chi/DF=1.894
GFI=0.851　AGFI=0.819　CFI=0.903
TLI=0.891　IFI=0.904
RMSEA=0.064

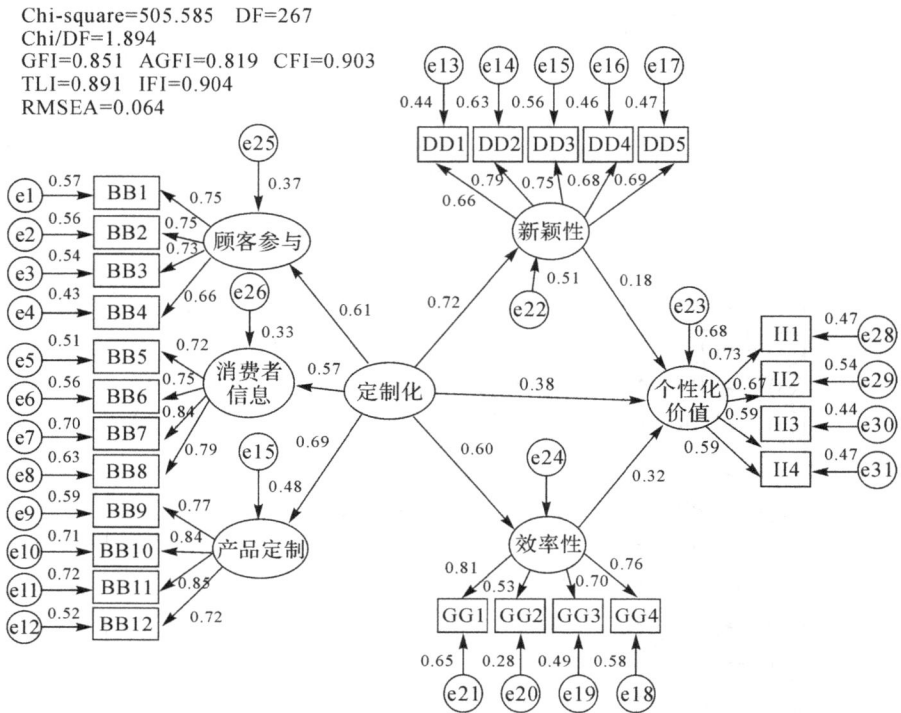

图 5-4　定制化架构零售商业模式理论模型结构方程建模及拟合结果

表 5-21　定制化架构零售商业模式理论模型结构方程拟合结果

	非标准路径系数	标准化路径系数	临界比值	p
定制化架构 → 新颖性	0.879	0.717	4.832	***
定制化架构 → 效率性	0.832	0.602	4.891	***
新颖性 → 个性化价值	0.189	0.180	1.374	0.169
效率性 → 个性化价值	0.303	0.325	3.167	0.002
定制化架构 → 个性化价值	0.496	0.384	2.044	0.041

注：N=218，* 表示显著性水平 $p<0.05$，* * 表示显著性水平 $p<0.01$，*** 表示显著性水平 $p<0.001$（双尾检验）。

从表 5-21 中可以看出，定制化架构→效率性，路径系数为 0.602，临界比值为 4.891>3.29，$p<0.001$，说明定制化架构对效率性有显著正向影响，H6a 假设得到验证；定制化架构→新颖性，路径系数为 0.717，临界比值为 4.832>3.29，$p<0.001$，说明定制化架构对价值属性的新颖性有显著正向影响，H6b 假设得到验证；从路径系数来看，定制化架构对新颖性的影响要大于对效率性的

影响。

效率性→个性化价值,路径系数为 0.325,临界比值为 3.167>2.58,p 值为 0.002<0.01,说明效率性对个性化价值创造有显著正向影响,H7a 假设得到验证;新颖性→个性化价值,路径系数为 0.180,临界比值为 1.374<1.96,p 值为 0.169>0.05,说明新颖性对个性化价值创造的影响不显著,H7b 假设没有得到验证,H7b 假设不通过。

定制化架构→个性化价值,路径系数为 0.384,临界比值为 2.044>1.96,p 值为 0.041<0.05,说明定制化架构对个性化价值创造有显著正向影响,H5 假设得到验证。

对效率性和新颖性中介效应的检验采用 Bootstrap 方法(包括非参数百分位 Bootstrap 法和偏差校正非参数百分位 Bootstrap 法)和 MacKinnon 方法,检验结果如表 5-22 所示。

表 5-22　定制化架构对个性化价值影响的中介效应检验

变量	点估计值	系数相乘积 Product of Cofficients		Bootstrap 法				Mackinnon 法 95%置信区间	
				偏差校正百分位法 95%置信区间		百分位法 95%置信区间			
		SE	Z	Lower	Upper	Lower	Upper	Lower	Upper
总效应	0.915	0.325	2.815	0.476	1.750	0.47	1.742	0.480	1.208
间接效应	0.419	0.315	1.330	−0.038	1.183	−0.201	0.994	效率性(−0.0455,0.5250);新颖性(0.0664,0.5379)	
直接效应	0.496	0.473	1.049	−0.026	1.763	−0.060	1.673	0.010	0.982

如表 5-22 所示,间接效应的百分位法的 Bootstrap 置信区间是(−0.201,0.994),偏差校正百分位法的 Bootstrap 置信区间是(−0.038,1.183),虽然都包含 0,但下区间(Lower)都非常接近于 0,而且 Bootstrap 只能检验总间接效应,不能对每个中介进行检验。

运用 MacKinnon 法计算,效率性的置信区间是(−0.0455,0.5259),包含了 0,说明效率性是有显著中介作用的,H8a 假设得到验证;而新颖性的置信区间是(0.0664,0.5379),不包含 0,说明新颖性的中介作用是不显著的,H8b 的假设没有通过。

进一步对间接效果进行评价。总间接效应是 0.419,总效应是 0.915,是部分中介。效率性间接效果的值为:0.832×0.303=0.2521,占总间接效果比重为:0.2521/0.419=60.17%。

在参数估计后要对模型的合理性进行评估，以评价模型的拟合效果。

x^2 统计量为 505.585，自由度为 267，$x^2/df=1.894<2$，初步判断模型模拟良好；

RMSEA 值为 0.064< 0.08，判断模型拟合良好，并接受模型；

TLI 值为 0.891，虽然小于 0.9，但也比较接近 0.9，CFI 值为 0.903>0.9，所以总体判断模型模拟良好。

5.4.4 场景化架构对体验价值创造影响

首先，利用结构方程建模对场景化架构理论模型各变量进行聚合效度和区分效度检验，各变量相关性建模如图 5-5 所示，聚合效度与区别效度检验结果如表 5-23 所示。

表 5-23 场景化架构理论模型各变量的聚合效度和区分效度检验结果

	CR	AVE	互补性	新颖性	场景化	体验价值
互补性	0.826	0.544	**0.738**			
新颖性	0.839	0.512	*0.553*	**0.716**		
场景化架构	0.841	0.639	*0.526*	*0.642*	**0.799**	
体验价值	0.882	0.520	*0.606*	*0.539*	*0.455*	**0.721**

如表 5-23 中所示，互补性、新颖性、场景化架构、体验价值的 AVE 分别是 0.544、0.512、0.639、0.520，都大于 0.5，聚合效度良好；互补性、新颖性、场景化架构、体验价值的组合信度 CR 值分别是 0.826、0.839、0.841、0.882，都大于 0.6，表明具有很好的聚合效度。

同时，每一变量 AVE 的平方根（最右列加粗部分）都明显大于任何两个变量之间的相关系数（斜体部分），4 个变量具有良好的区别效度，还显示 4 个维度之间的相关系数均小于其各自的信度系数，进一步表明 4 个变量具有相当好的区别效度。

总体而言，互补性、新颖性、场景化架构、体验价值 4 个变量的聚合效度和区分效度都很好。

其次，对场景化架构零售商业模式理论模型进行结构方程建模和拟合，拟合结果如图 5-6 所示。

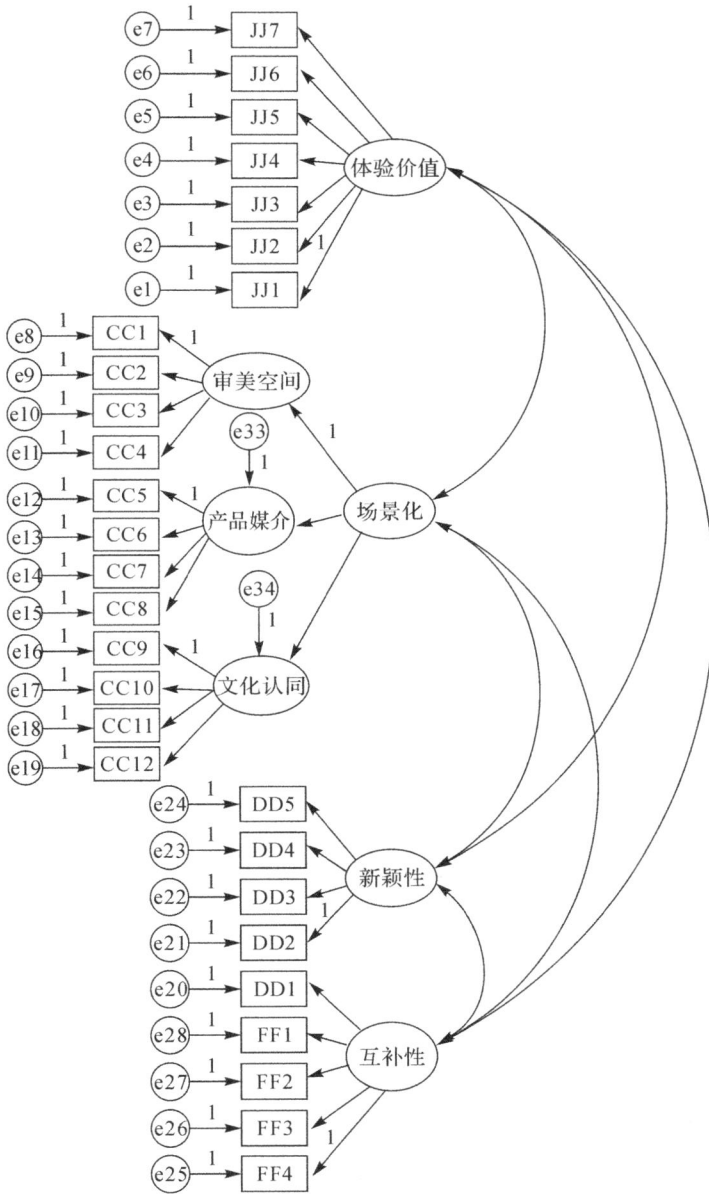

图 5-5　场景化架构理论模型各变量相关性建模

Chi-square=657.328 DF=342
Chi/DF=1.922
GFI=0.822 AGFI=0.789
TLI=0.878 IFI=0.891 CFI=0.890
RMSEA=0.065

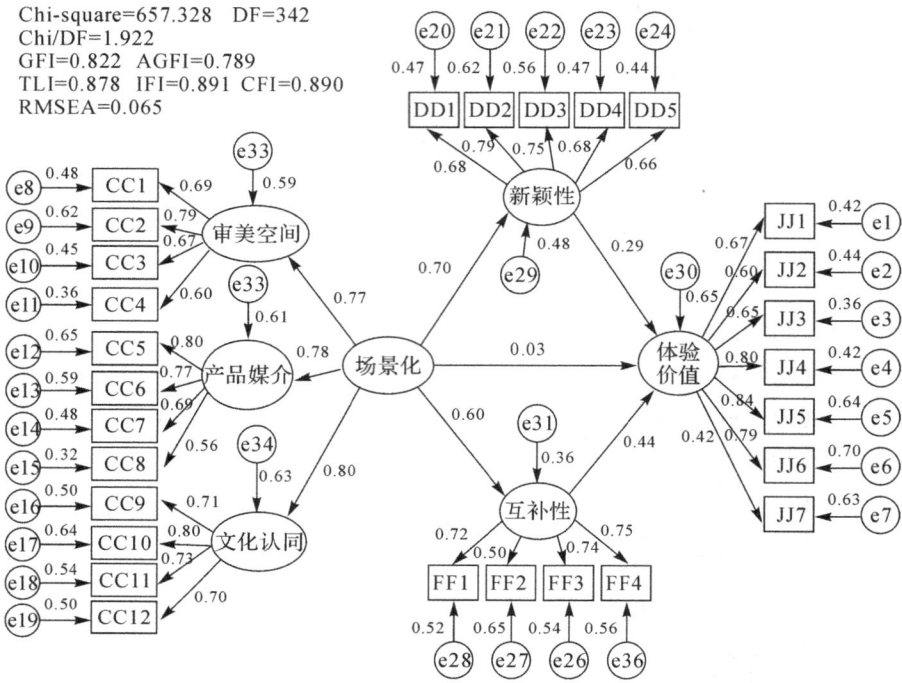

图 5-6　场景化架构零售商业模式理论模型结构方程建模及拟合结果

具体的场景化架构零售商业模式理论模型结构方程拟合结果如表 5-24 所示。

表 5-24　场景化架构零售商业模式理论模型结构方程拟合结果

	非标准路径系数	标准化路径系数	临界比值	p
场景化架构 → 新颖性	0.874	0.695	6.140	***
场景化架构 → 互补性	0.809	0.597	5.750	***
新颖性→ 体验价值	0.291	0.295	2.669	0.008
互补性→ 体验价值	0.406	0.443	4.342	***
场景化架构 → 体验价值	0.033	0.027	0.216	0.829

注：N＝218，* 表示显著性水平 $p<0.05$，** 表示显著性水平 $p<0.01$，*** 表示显著性水平 $p<0.001$（双尾检验）。

从表 5-24 中可以看出，场景化架构→新颖性，路径系数为 0.695，临界比值为 6.140＞3.29，$p<0.001$，说明场景化架构对新颖性有显著正向影响，H10a 假设得到验证；场景化架构→互补性，路径系数为 0.597，临界比值为 5.750＞

3.29，$p<0.001$，说明场景化架构对价值属性的互补性有显著正向影响，H10b假设得到验证；从路径系数来看，场景化架构对新颖性的影响要稍大于对互补性的影响。

新颖性→体验价值，路径系数为0.295，临界比值为$2.669>2.58$，p值为0.008<0.01，说明新颖性对体验价值创造有显著正向影响，H11a假设得到验证；互补性→体验价值，路径系数为0.443，临界比值为$4.342>3.29$，$p<0.001$，说明互补性对体验价值创造的影响很显著，H11b假设得到验证。

定制化架构→体验价值，路径系数为0.027，临界比值为0.216，p值为0.829>0.05，从数据上说明场景化架构对体验价值创造的影响是不显著的，但有可能场景化架构对体验价值创造的影响，是完全通过新颖性和互补性两个中介发挥间接效应，而导致这条路径不显著，即新颖性和互补性有中介作用，需要对其进行中介检验。

对效率性和新颖性中介效应的检验采用Bootstrap方法（包括非参数百分位Bootstrap法和偏差校正非参数百分位Bootstrap法）和MacKinnon方法，检验结果如表5-25所示。

表 5-25　场景化架构对体验价值影响的中介效应检验

变量	点估计值	系数相乘积 Product of Cofficients		Bootstrap 法				MacKinnon 法 95%置信区间	
				偏差校正百分位法 95%置信区间		百分位法 95%置信区间			
		SE	Z	Lower	Upper	Lower	Upper	Lower	Upper
总效应	0.619	0.178	3.478	0.329	1.030	0.329	1.030	0.344	0.896
间接效应	0.515	0.198	2.601	0.258	1.129	0.215	0.995	新颖性(0.033, 0.485)；互补性(0.114, 0.543)	
直接效应	0.104	0.230	0.452	−0.474	0.509	−0.384	0.586	−0.204	0.412

如表5-25所示，间接效应的百分位法的Bootstrap置信区间是（0.215，0.995），偏差校正百分位法的Bootstrap置信区间是（0.258，1.129），都不包含0，说明间接效应是显著的，而直接效应百分位法的Bootstrap置信区间是（−0.384，0.586），偏差校正百分位法的Bootstrap置信区间是（−0.474，0.509）。MacKinnon法用Prodclin 2方法计算的置信区间是（−0.204，0.412），也包含了0，三种方法都一致说明不存在直接效应，是完全中介。

运用MacKinnon法计算，新颖性的置信区间是（0.033，0.485），互补性的置信区间是（0.114，0.543），都不包含0，说明新颖性和互补性是有显著中介作用的,H12a 和 H12b 的假设得到验证,也说明了场景化架构对体验价值创造的影响,是通过新颖性和互补性发挥完全中介作用的,表 5-25 中可看出总效应是存在和显著的,所以 H9 假设也得到了验证。

进一步对每个中介变量的间接效果大小进行评价。总间接效应是 0.515,总效应是 0.619,是完全中介。新颖性间接效果的值为:$0.874 \times 0.291 = 0.2543$,互补性间接效果的值为:$0.809 \times 0.406 = 0.3285$;新颖性间接效果占总间接效果比重为:$0.2543/0.515 = 49.38\%$,互补性间接效果占总间接效果比重为:$0.3285/0.515 = 63.79\%$,所以相较而言,互补性的中介效应更大一点。

在参数估计后要对模型的合理性进行评估,以评价模型的拟合效果。

统计量为 657.328,自由度为 342,$x^2/df = 1.922 < 2$,初步判断模型模拟良好;

RMSEA 值为 $0.065 < 0.08$,判断模型拟合良好,并接受模型;

TLI 值为 0.878,虽然小于 0.9,但也比较接近 0.9,CFI 值为 $0.890 \approx 0.9$,所以总体判断模型模拟良好。

综合以上分析,所得出的理论假设验证情况汇总如表 5-26 所示。

表 5-26 理论假设验证情况

假设组	具体假设内容	验证情况
	H1:一体化架构对低成本价值创造有正向影响;	通过
	H2a:一体化架构对价值属性的效率性有正向影响;	通过
	H2b:一体化架构对价值属性的新颖性有正向影响;	通过
	H2c:一体化架构对价值属性的锁定性有正向影响;	通过
	H3a:价值属性的效率性对低成本价值创造有正向影响;	通过
第一组假设:一体化架构相关理论假设	H3b:价值属性的新颖性对低成本价值创造有正向影响;	通过
	H3c:价值属性的锁定性对低成本价值创造有正向影响;	未通过
	H4a:效率性对一体化架构对低成本价值创造的影响有中介作用;	通过(完全中介)
	H4b:新颖性对一体化架构对低成本价值创造的影响有中介作用;	通过(完全中介)
	H4c:锁定性对一体化架构对低成本价值创造的影响有中介作用;	未通过

假设组	具体假设内容	验证情况
第二组假设： 定制化架构相 关理论假设	H5：定制化架构对个性化价值创造有正向影响；	通过
	H6a：定制化架构对价值属性的效率性有正向影响；	通过
	H6b：定制化架构对价值属性的新颖性有正向影响；	通过
	H7a：价值属性的效率性对个性化价值创造有正向影响；	通过
	H7b：价值属性的新颖性对个性化价值创造有正向影响；	未通过
	H8a：效率性对定制化架构对个性化价值创造的影响有中介作用；	通过
	H8b：新颖性对定制化架构对个性化价值创造的影响有中介作用；	未通过
第三组假设： 场景化架构相 关理论假设	H9：场景化架构对体验价值创造有正向影响；	通过
	H10a：场景化架构对价值属性的新颖性有正向影响；	通过
	H10b：场景化架构对价值属性的互补性有正向影响；	通过
	H11a：价值属性的新颖性对体验价值创造有正向影响；	通过
	H11b：价值属性的互补性对体验价值创造有正向影响；	通过
	H12a：新颖性对场景化架构对体验价值创造的影响有中介作用；	通过（完全中介）
	H12b：互补性对场景化架构对体验价值创造的影响有中介作用。	通过（完全中介）

5.4.5　结果讨论

通过实证检验，验证了一体化架构、定制化架构和场景化架构分别对低成本价值创造、个性化价值创造、体验价值创造有显著正向影响；一体化架构对效率性、新颖性、锁定性有显著正向影响，效率性和新颖性对低成本价值创造有显著正向影响，效率性和新颖性对一体化架构对低成本价值的影响发挥完全中介的作用；定制化架构对效率性和新颖性有显著正向影响，效率性对个性化价值创造有显著正向影响，效率性对定制化架构对个性化价值的影响发挥部分中介的作用；场景化架构对新颖性和互补性有显著正向影响，新颖性和互补性对体验价值创造有显著正向影响，新颖性和互补性对场景化架构对体验价值的影响发挥完全中介的作用,深刻揭示了零售商业模式实现价值创造的内在机理。

由此验证了杨俊等(2018)对商业模式双重属性的论述:商业模式本质上包含双重属性:一是关于如何创造价值的基础架构属性,回答的是价值来源的问题;二是关于如何塑造竞争优势的价值属性,回答的是优势来源的问题,有些商业模式的基础架构会诱发价值属性,而另一些却不能。

正如本章的实证检验的结论,一体化架构对低成本价值创造的影响是通过效率性和新颖性发挥完全中介的作用,定制化架构对个性化价值创造的影响是通过效率性发挥部分中介的作用,场景化架构对体验价值创造的影响也是通过新颖性和互补性发挥完全中介的作用。这也验证了杨俊等(2018)对商业模式价值属性的论述:商业模式能带来竞争优势并不是因为其创造并获取价值的基本逻辑,而在于其背后所蕴含的关键竞争属性在特定环境下发挥了重要作用。

虽然价值属性在三种架构下对价值创造的影响都发挥着中介作用,但也存在差别,在一体化架构和场景化架构中,价值属性发挥着完全中介的作用,而在定制化架构中,价值属性发挥着部分中介的作用。这也就意味着一体化架构和场景化架构要分别实现低成本价值创造和体验价值创造,必须完全通过价值属性的"桥梁"中介作用,即必须激发价值属性及其作用,否则无法完成价值创造的实现,而定制化架构由于本身的架构特点(立足于消费者不断探测、了解和掌握消费者个性化需求进而满足消费者的个性化需求,是一个为满足消费者个性化需求不断向消费者"靠近"的过程),所以能够直接带来个性化价值的创造,价值属性(效率性)在其中发挥着部分中介的作用。

我们也发现,在场景化架构对体验价值创造的影响中,虽然新颖性和互补性发挥着完全中介的作用,但互补性的中介作用要大于新颖性的中介作用(新颖性间接效果占总间接效果比重为49.38%,互补性间接效果占总间接效果比重为63.79%),说明对于场景化架构,与之相匹配的最重要的价值属性可能是互补性,对于场景化架构的零售企业,可能更需要加强产品或服务内容的互补性以及与供应链伙伴合作的互补性。

以下着重对未通过验证的假设以及整个结论与商业模式研究的理论对话进行讨论。

(1)一体化架构中的锁定性

实证研究结果表明,一体化架构对锁定性有显著正向影响,或者说一体化架构诱发了锁定性的价值属性。说明一体化架构确实有可能因为专用性资产投资而对供应链合作伙伴形成锁定(Williamson,1979),或因为一体化提高了消费者的转移成本而对其形成了消费锁定(Tommaso,2004;张昕,2009)。

但锁定性对低成本价值创造的正向影响的假设验证没有通过。可能的解释是：对供应链合作伙伴的锁定性虽能够提高对其的议价能力，以相对较低的成本获得原材料或零部件，但这部分价值通过价值分配并不必然地转化为消费者获得产品的低成本。对消费者的锁定虽能够建立与消费者的长期稳定关系，为进一步降低消费者为获得产品效用付出的成本和代价创造了可能性的条件，但企业出于自利性的要求也并不必然地做出这样的行为。典型的例证是"大数据杀熟"现象（余敏，2019），企业通过给新顾客免费体验、大幅度优惠减免、增值服务等手段吸引众多新顾客（降低转移成本吸引顾客），在一段时间内培养消费者的使用习惯（转移成本增加，形成锁定），之后利用大数据技术精准分析，对不同消费者制定"一人一价""千人千价"的价格政策，从而实现获取消费者剩余的目的。如果消费者形成了对企业情感和关系的依赖，则表现为顾客忠诚（Oliver，1999），是消费锁定的表现（Shapiro ＆ Virian，2017）。仇立（2017）认为，当商品价格属于顾客内部参考价格变动范畴之外时，对顾客忠诚影响显著。而当属于顾客内部参考价格变动范围之内时，顾客忠诚度对价格上行并不十分敏感，且缺乏弹性，这也就意味着在这个价格范围内企业是没有降低价格动机的，且较高的产品价格信息会使消费者期望获取高质量产品而降低对风险的感知，企业反而有采取高价策略获取利益最大化的动机。同时，企业为了获取消费锁定而采取的各种过多的非价格促销策略有可能增加消费者甄别这些策略的精力成本和时间成本（Scheibehenne et al.，2010）；而消费者为获得稳定长期的与企业的关系，即接受锁定，有时也愿意接受相对多一点的货币成本（Jung ＆ Yoon，2012）。

因为锁定性对低成本价值创造的正向影响的假设验证没有通过，所以锁定性对一体化架构对低成本价值创造影响的中介作用的假设验证也没有通过。

（2）定制化架构中的新颖性

实证结果表明，定制化架构对新颖性有显著的正向影响，说明定制化架构确实有可能促进产品创新、工艺创新（流程创新）和技术创新（尤其是信息技术）等。但是，新颖性对个性化价值创造的正向影响的假设验证没有通过。

不断涌现的新的功能属性和新的功能价值虽然为满足消费者个性化的需求创造了条件，但新颖性要转化为个性化价值可能还会受到其他因素的影响和制约。

首先，企业的产品创新能否被消费者感知，Danneels 和 Kleinschmidt（2001）首次明确区分了企业视角和消费者视角的产品创新性。Rogers（2003）提出了感知产品创新性概念，将其定义为：消费者对某个产品在新颖性和实用性方面区别于其他同类产品程度的主观判断，意即企业视角的创新要以消费者为主体对其进行评价和判断。而这一过程本身也会受到消费者的消费者介入

(Zaichkowsky,1994；Hynes & Stanley,2006)和自我效能(Bandura，1977)的影响，即消费者是否愿意为搜寻和处理产品信息、做出购买决策投入时间和精力(消费者介入)，以及是否有信心利用自身的技能去胜任感知产品创新这项任务或活动(自我效能)。

其次，如果消费者能感知到产品创新的新颖性，一方面涌现出的新的产品功能属性未必与消费者个性化偏好属性相匹配；另一方面从产品的象征性自我表达的视角来看，新颖性能否转化为个性化价值又取决于消费者是否有独特性需求(consumers' need for uniqueness)(Snyder & Fromkin,1977)，即与他人不同的积极需要。消费者为发展与提升自我形象和社会形象，会通过商品的获取、利用与配置来追求相对于他人的差异性(Tian et al.，2001)。因此，购买特定商品、向他人展示与众不同的特征及身份的消费行为就成为追求个性化价值的表现形式(朱振中等,2017)。如果消费者缺失了独特性需求或需求很低，即使能感知到产品创新的新颖性，也较难将其转化为个性化价值。

从客观的产品创新的新颖性(企业视角)到以消费者为评判主体的感知产品创新性(消费者视角)，然后在具备独特性需求的条件下，新颖性才能够转化为个性化价值，因此存在一个较为复杂的逻辑链条关系，这是解释新颖性对个性化价值创造没有显著正向影响的可能的原因。也正因为此，新颖性对定制化架构对个性化价值创造的影响即使有中介影响的假设验证也没有通过。

（3）与宏观层次商业模式研究的理论对话

本书对零售商业模式的研究并未从商业模式的要素入手，商业模式的具体要素在学术界有很多分类，少则三个要素，多则十几个要素，如顾客界面、核心战略、战略资源、价值网络(Hamel,2000)；交易的内容、交易的结构、交易的治理(Amit & Zott，2001)；定义客户、客户价值、收入逻辑、经济效益逻辑(Magretta,2002)；目标市场、价值主张、价值链、支付方式、成本/边际收益、价值网络、竞争战略(Chesbrough & Rosenbloom,2002)；战略选择、创造价值、获取价值、价值网络(Shafer et al.,2005)；顾客价值主张、盈利模式、关键资源、关键流程(Johunson & Christensen,2008)；价值定义、价值创造与传递、价值获取(张敬伟、王迎军,2010)等，其中尤以 Amit 和 Zott(2001)的三要素和洛桑学派 Osterwalder 等(2005)的九要素的文献引用率为高。如果把商业模式看作由若干基本要素构成的系统，那么要素间的关系乃至整个系统的动力机制是需要厘清的问题(龚丽敏等,2011)。

但商业模式要素较少，如 Amit 和 Zott(2001)的交易内容、交易结构和交易治理，张敬伟和王迎军(2010)的价值定义、价值创造与传递、价值获取的价值三角形，其虽有助于较为简洁和清晰地获得对商业模式构念的认知，却未必能以此为工具对具体企业或行业的商业模式进行充分翔实的分析;而商业模式要素过多,如 Osterwalder 等(2005)的九要素和 Duboson-Torbay 等(2002)的十二要素,虽可以进行对具体商业模式的详细描述,但要素和要素间的关系错综复杂,不利于获得对商业模式构念的简洁认知。

所以,对商业模式的定义和要素的讨论争议较大,本书则直接关注和抓住商业模式的核心和本质问题——"价值创造的逻辑"。经过十多年的国内外商业模式的研究,学者们的基本判断是,商业模式被用于凝练和概括企业如何创造价值并获取价值的基本逻辑,商业模式本质上是对企业与外界互动形成的、以价值创造和获取为导向的基础架构的理论凝练和概括(Baden-Fuller & Morgan,2010)。如果将商业模式的分析单元更细化到活动(activity)层级,并基于系统观视角理解活动的系统关系,则更有助于商业模式的理解。商业模式作为一个新的分析单元,它涉及企业为创造和获取价值而设计的基础架构内的主体、要素与活动系统,应针对基础架构而非商业模式本身谋求商业模式的概念化与维度化(Zott & Amit,2010;杨俊等,2018)。所以本书将零售商业模式理解为一种交易活动和系统(activity of system about business),并上升和抽象为一种商业模式架构展开研究,即本书的一体化架构、定制化架构和场景化架构。

本书以零售商业模式为题,是对一个具体行业(零售企业或从事零售活动的企业)商业模式的研究,是属于商业模式中观层面的研究。本书通过探索性案例,构建"商业模式架构属性—商业模式价值属性—价值创造"理论框架,构建理论模型和提出理论假设,通过实证研究,实证结论验证了该理论框架的合理性。

那么,从宏观层次商业模式研究的角度看,本书中观层次的零售商业模式研究是属于宏观层次哪个位置呢? 李鸿磊(2018)基于价值创造视角,从"企业的功能角色"和"价值创造环节"两个维度出发,提出了商业模式"九宫格"分类法,认为焦点企业在商业模式中扮演了三种角色:从事专业化经营的"产品(服务)生产者"、引入关联第三方的"伙伴引入者"和充当独立第三方的"平台提供者",如图 5-7 所示。

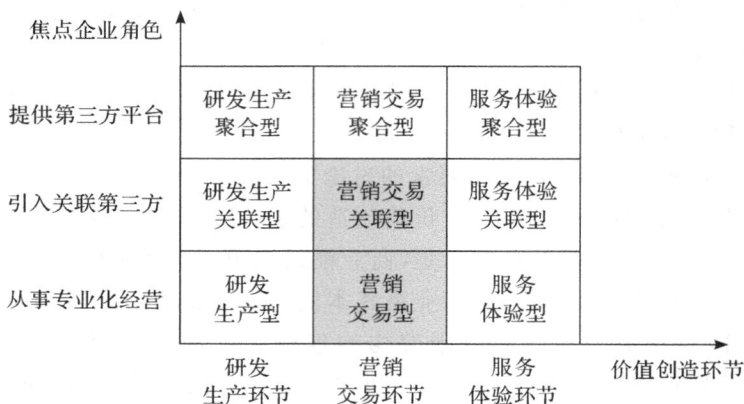

图 5-7　价值创造视角的商业模式"九宫格"分类模型

　　零售商业模式在这个"九宫格"中是属于营销交易型①和营销交易关联型②，从商业模式创新的角度来看，有向研发生产关联型③、营销交易聚合型④和

---

① 营销交易型商业模式，是指企业将业务定位于渠道、销售、交易等环节的商业模式类型。采用该类型商业模式的企业，通过在产品生产者和消费者之间建立便捷、高效和完善的沟通和交易渠道、提供并保证交易或需求信息畅通、提高其交易达成效率等降低交易成本的方式创造价值，并从一方或多方获取收益(李鸿磊，2018)。

② 营销交易关联型商业模式，是指焦点企业为了提升营销交易环节的便利性、稳定性和安全性，降低各方交易成本，通过引入第三方营销或交易(收入或支出)方式达成交易，从而达到价值创造、传递和获取的目的、实现合作共赢的商业模式类型(李鸿磊，2018)。

③ 研发生产关联型商业模式，是指焦点企业为了降低研发、设计、生产和制造成本，通过引入与其有利益关联的第三方共同承担研发与生产成本，从而达到利益各方风险共担、收益共享的商业模式类型(李鸿磊，2018)。

④ 营销交易聚合型商业模式，是指焦点企业(业务单元)为特定或非特定生产者群体、生产者与消费者群体、消费者群体提供实物基础设施或数字化营销、交易平台，使之能够降低产品市场推广、信息搜索、交易撮合、收入支付等营销与交易成本的商业模式类型(李鸿磊，2018)。

服务体验关联型①演化的可能②。通过这个"九宫格"可以找到零售商业模式的位置，并找出零售商业模式创新的可选路径，但在图 5-7 中零售商业模式丰富的价值创造内涵被抽象掉了，价值创造的内在深刻机理也被抽象掉了。

本书的价值创造包括低成本价值创造、个性化价值创造和体验价值创造，所对应的商业模式架构是一体化架构、定制化架构和场景化架构，又通过价值属性的效率性、新颖性、锁定性和互补性产生中介作用而实现了价值创造的内在机理。

所以依据本书的商业模式理论框架，要对商业模式进行研究，有三个问题需要回答：第一，商业模式实现价值创造的具体内涵到底是什么？ 第二，为实现该价值的创造所对应的商业模式架构是什么？ 第三，商业模式架构要实现价值创造，需要激发哪些价值属性？

延伸推广开来，例如，Osterwalder(2016)在《商业模式新生代》中提出免费商业模式（Anderson，2009），如果依照本书的商业模式理论框架，需要追问的则是：免费商业模式到底给消费者带来什么样的价值创造，所依托的商业模式架构是什么，又需要激发哪些价值属性？③ 根据这个框架进行研究也许会得出不一样的结论。又例如，制造服务化（Vandermerwe & Rada，1988）的商业模式研究是目前的研究热点，同样依照本书的商业模式理论框架，需要厘清的则是：制造服务化过程中，为客户创造的价值到底是什么？ 依托的商业模式架构是什么？ 需要激发哪些价值属性？

所以，本书构建的并通过实证研究被验证是合理的商业模式理论框架，对其他商业模式的研究是具有启发意义和推广价值的，这也是本书中观层次零售商业模式研究在与宏观层次商业模式研究进行理论对话时可能做出的贡献。

另外，本书在对零售商业模式架构的属性进行理论分析时借鉴了系统架构

---

① 服务体验关联型商业模式，是指焦点企业为了降低服务体验的成本或价格，通过引入与服务体验有关联的第三方企业降低服务体验成本，或引入与目标顾客有价值关联的第三方企业参与顾客价格支付，从而达到利益各方价值共创、合作共赢的商业模式类型（李鸿磊，2018）。

② 本书的一体化架构商业模式是向研发生产关联型商业模式演化，定制化架构商业模式是向体验关联型商业模式演化，如果诱致了生产方式的创新（如大规模定制），也有向研发生产关联型商业模式演化的可能；场景化架构商业模式是向体验关联型商业模式演化，如果以场景为平台，不断引入新的合作伙伴，则也有向营销交易聚合型商业模式演化的可能。

③ 本书这里不负责回答问题，只提出问题，以获得本书零售商业模式研究构建的商业模式理论框架的启发意义。

理论,架构是功能和形式的映射,不同的架构对应不同的价值创造,通过实体的功能与实体之间的功能交互所形成的组合,一种新的功能——"价值创造"就会"涌现"出来。① 在分析不同的商业模式架构时,要考察不同的形式实体的功能,要考察实体与实体之间的功能交互,即核心企业与架构中其他利益相关者的交互。这对其他商业模式的研究可能也有借鉴意义。

5.5　本章小结

本章在前面几章的研究基础上进行了实证研究。针对零售企业进行问卷设计和问卷调查,然后借助 SPSS 和 AMOS 统计软件进行实证分析。对整体样本进行了描述性统计,进行了信度检验和效度检验,对零售商业模式架构属性和价值属性进行了探索性因子分析,对主要变量进行了相关性分析,然后通过结构方程建模,对理论假设进行了实证检验,对实证结论进行了讨论。

结论表明:一体化架构、定制化架构和场景化架构分别对低成本价值创造、个性化价值创造、体验价值创造有显著正向影响。一体化架构对效率性、新颖性、锁定性有显著正向影响,效率性和新颖性对低成本价值创造有显著正向影响;效率性和新颖性对一体化架构对低成本价值的影响发挥完全中介的作用。定制化架构对效率性和新颖性有显著正向影响,效率性对个性化价值创造有显著正向影响;效率性对定制化架构对个性化价值的影响发挥部分中介的作用。场景化架构对新颖性和互补性有显著正向影响,效率性和互补性对体验价值创造有显著正向影响;新颖性和互补性对场景化架构对体验价值的影响发挥完全中介的作用。深刻揭示了零售商业模式实现价值创造的内在机理,从而也验证了本书第三章探索性案例研究构建的"商业模式架构属性—商业模式价值属性—价值创造"的零售商业模式理论框架的合理性。

---

① 打一个简单和通俗的比喻:火柴盒和火柴棒是两个形式实体,火柴棒的功能是提供了燃烧的原料,火柴盒的功能是提供了摩擦燃烧的介质,两者共同构成了一个架构,实现的价值创造是或提供火种,或提供光,或提供热,但不管何种价值创造,必须通过火柴盒和火柴棒的互动才能够实现。

6　结论与展望

6.1　主要结论、理论贡献与管理启示

6.1.1　主要结论

本书研究主要得到了以下结论。

（1）本书在对商业模式理论、流通经济理论、零售业态理论进行文献综述的基础上，通过优衣库、ZARA、尚品宅配、宜家、西西弗书店、言几又书店六个探索性案例的研究构建了零售商业模式理论框架，即"商业模式架构属性—商业模式价值属性—价值创造"，归纳出了零售商业模式架构属性、零售商业模式价值属性、价值创造三者之间的逻辑关系以及初始命题。

（2）对零售商业模式进行了理论模型构建。对零售商业模式架构的一体化架构、定制化架构和场景化架构进行了理论分析，对零售商业模式架构属性进行了理论刻画。一体化架构的架构属性刻画包括与供应商产权一体化程度、与供应商建立契约的长期性和完备性、与供应商的信息共享化程度；定制化架构的架构属性刻画包括顾客参与的程度、消费者信息化和大数据化的程度、产品的定制化程度；场景化架构的架构属性刻画包括场景空间的审美性、产品作为场景文化价值载体的媒介性、消费者对场景传达的文化价值的认同性。然后分别对一体化架构零售商业模式、定制化架构零售商业模式和场景化架构零售商业模式进行了理论模型构建，并提出了理论假设。

（3）针对零售企业进行问卷设计和问卷调查，借助 SPSS 和 AMOS 统计软件进行实证分析，对零售商业模式架构属性和价值属性进行了探索性因子分析，通过结构方程建模，对理论假设进行了实证检验，结论表明：一体化架构对低成本价值创造有显著正向影响，一体化架构对零售商业模式价值属性的效率性、新颖性和锁定性有显著正向影响，效率性和新颖性对低成本价值创造有显著正向影响，效率性和新颖性对一体化架构对低成本价值的影响发挥完全中介

的作用；定制化架构对个性化价值创造有显著正向影响，定制化架构对零售商业模式价值属性的效率性和新颖性有显著正向影响，效率性对个性化价值创造有显著正向影响，效率性对定制化架构对个性化价值的影响发挥部分中介的作用；场景化架构对体验价值创造有显著正向影响，场景化架构对零售商业模式价值属性的新颖性和互补性有显著正向影响，新颖性和互补性对体验价值创造有显著正向影响，新颖性和互补性对场景化架构对体验价值创造的影响发挥完全中介的作用，进而验证了零售商业模式理论框架的合理性。

6.1.2　理论贡献

本书的理论贡献有以下几点。

第一，做到了与宏观层次商业模式理论研究的对接和对话。

本书的零售商业模式研究属于中观层次的研究，做到了与宏观层次商业模式理论研究的对接和对话，开拓了商业模式研究的新思路，对其他商业模式的研究具有启发意义和推广价值。

本书的零售商业模式理论框架"商业模式架构属性—商业模式价值属性—价值创造"借鉴了商业模式宏观层次研究成果，验证了商业模式二重属性（杨俊等，2018）——商业模式架构属性和商业模式价值属性以及二者关系的存在性。但杨俊等（2018）的商业模式二重属性的提出更多的是理论构想，并未对具体的商业模式架构以及架构属性做更多讨论，也并未结合商业模式架构属性和价值属性探讨具体的商业模式价值创造的内在机理，更没有通过实证研究加以证明。对这一问题的研究必须降低商业模式研究的抽象层次，在中观层次的商业模式研究上有所突破，即从具有相同或相似特征的商业模式具体案例寻找素材和样本并归纳之，从而提炼出某一类具有相似特征的商业模式类型和特点，来验证宏观层次的商业模式框架或架构的正确性或合理性。而本书通过探索性案例研究、理论模型构建和实证研究验证了该商业模式理论框架的正确性和合理性，并具有对其他商业模式研究的启发意义和推广价值。

第二，构建了零售商业模式理论框架。

本书构建了零售商业模式理论框架，基于该框架，探究了零售商业模式实现价值创造的内在机理。

以往对零售商业模式的研究多仅是将零售企业或零售行业作为研究对象或研究情境，缺乏对零售属性和特征的认识和提炼，Sorescu 等（2011）是为数不多的零售商业模式研究的代表学者，但他提出的零售商业模式理论框架将零售业态作为要素之一，容易引起零售业态和零售商业模式较为严重的概念混淆，而本书构建的零售商业模式理论框架完全摒弃了零售业态的概念，并充分吸收和借鉴了商业模式理论和流通经济理论的研究成果,是一种对 Sorescu 等 (2011)提出的零售商业模式理论框架的进步和突破。

同时基于"零售商业模式架构属性—零售商业模式价值属性—价值创造"的零售商业模式理论框架,探究了零售商业模式实现价值创造的内在机理。在实证研究中验证了零售商业模式架构会诱发某些零售商业模式价值属性,零售商业模式架构也会引致价值创造,这时零售商业模式价值属性有可能会发挥中介作用,甚至是完全中介。

第三,提出了零售商业模式的一体化架构、定制化架构和场景化架构。

本书提出了零售商业模式的一体化架构、定制化架构和场景化架构,并借鉴系统架构理论对其进行理论分析,对其架构属性进行了理论刻画。

本书不再拘泥于商业模式要素及其关系的讨论,而是直接关注和抓住商业模式的核心和本质问题——"价值创造的逻辑"。商业模式作为一个新的分析单元,它涉及企业为创造和获取价值而设计的基础架构内的主体、要素与活动系统,应针对基础架构而非商业模式本身谋求商业模式的概念化与维度化(Zott & Amit,2010)。所以本书基于系统观视角将零售商业模式理解为一种交易活动和系统(activity of system about business),并上升和抽象为一种商业模式架构展开研究,即本书的一体化架构、定制化架构和场景化架构,并对其架构属性进行了理论刻画。

零售商业模式是以价值创造为导向的核心企业与消费者、供应链合作伙伴等利益相关者互动的交易活动和系统,包含着制造企业、零售企业和消费者三个形式实体,分别体现了产品制造、产品销售和产品消费三种功能,一体化架构、定制化架构和场景化架构则代表了三种不同的形式与功能之间的映射,通过实体的功能与实体之间的功能交互所形成的组合,一种新的功能——"价值创造"就会"涌现"出来,分别是低成本价值创造、个性化价值创造和体验价值创造。一体化架构是形式实体制造企业和零售企业的融合,定制化架构是形式实体零售企业与消费者的结合,场景化架构是销售界面的场景建设的努力和行为,零售企业形式主体是承担场景空间建设的主要主体。这是一种将系统架构思想迁移至商业模式理论的尝试。

第四,对商业模式价值属性的锁定性和互补性进行了研究和讨论。

自 Amit 和 Zott(2001)提出商业模式价值属性的 NICE 框架以来,后期对商业模式的新颖性和效率性讨论很多,甚至二分法地将商业模式划分成新颖性商业模式和效率性商业模式两类,而对锁定性和互补性讨论极少。而本书的零售商业模式研究,不论是理论模型构建还是实证研究,都对商业模式价值属性的锁定性和互补性进行了充分讨论。

通过理论模型构建和实证研究,验证了一体化架构确实会诱发锁定性,即一体化架构对锁定性有显著正向影响。但遗憾的是,锁定性对低成本价值创造有正向影响的假设没有通过,也导致锁定性在一体化架构对低成本价值创造影响的中介作用的假设也没有通过,本书在实证结论讨论中对其可能的原因也进行了充分讨论。

同时,验证了场景化架构对互补性有显著正向影响,互补性对体验价值创造有显著正向影响,互补性对场景化架构对体验价值的影响有中介作用,而且是完全中介,且互补性的中介作用要大于新颖性的中介作用。说明对于场景化架构,与之相匹配的最重要的价值属性可能是互补性,对于场景化架构的零售企业,更需要加强产品或服务内容的互补性以及与供应链伙伴合作的互补性。

6.1.3　管理启示

本书的管理启示有以下几点。

(1)要确立零售商业模式创新的架构类型和相应的价值创造内容。零售企业在进行商业模式创新时,必须思考和明确主导的零售商业模式架构是什么,是一体化,是定制化,还是场景化?试图要实现的主导的价值创造内容是什么,是低成本价值,是个性化价值,还是体验价值?否则会出现战略方向不明确和经营摇摆的可能。正如本书前文提及的尚品宅配,其虽然也具有一体化架构的从属属性,但主导的商业模式架构一定是定制化架构,所试图要实现的主导的价值创造内容一定是个性化价值;而宜家案例,虽然并不排斥不具有定制化架构的从属属性,但主导的零售商业模式架构依然一定是一体化架构,所试图要实现的主导的价值创造内容一定是低成本价值,当宜家在面临是增加产品规格种类更好地满足消费者个性化需求,还是降低因产品规格种类增多带来的物流成本的两难选择时,宜家的战略考虑首先是后者。

(2)要激发和诱发零售商业模式架构相应的商业模式价值属性。零售企业在进行商业模式创新时,不仅仅要实现所追求的零售商业模式架构,更要求通过该架构去激发和诱发相应的商业模式价值属性。正如本书实证研究所得出的结论,效率性和新颖性对一体化架构对低成本价值创造的影响发挥着完全中介的作用,新颖性和互补性对场景化架构对体验价值创造的影响发挥完全中介的作用。对于零售企业而言,并非完成商业模式架构就能立刻实现价值创造,而是同时要激发所对应的价值属性,例如对于场景化架构的零售企业,不仅要重视场景空间的建设,还要考虑增加互补性的产品或服务的内容以激发互补性的价值属性,因为在本书实证研究中,发现相较于新颖性,互补性对场景化架构对体验价值影响的中介作用更强,这由本书西西弗书店和言几又书店的案例似乎能够在一定程度上得到印证。

（3）要能够运用零售商业模式理论框架对"新零售"现象进行理解和解读。试图实现对"新零售"现象的理论洞察是写作本书的动机之一，"新零售"特别强调运用大数据、云计算、人工智能等先进的信息技术实现对传统零售的改进和改造，但不同的技术形态实现的零售创新所对应的本书语境下的零售商业模式架构是完全不同的，例如无人售货便利店更多的是基于科技感体验价值创造的场景化架构；通过大数据、云计算、消费者画像深度探知消费者的个性化需求，实现千人千店、千店千面，更可能有基于个性化价值创造的定制化架构的潜力；通过物联网、大数据、人工智能实现"新零售"与生产端的"新制造"相融合，更可能有基于低成本价值创造的一体化架构的潜力。而"新零售"的典型代表盒马鲜生，既能够通过信息技术进行供应链的整合，实现生鲜产品的直采，因此具有一体化架构的属性；能借由手机 APP 客户端，通过消费者的消费痕迹和轨迹，探知消费者的个性化需求，通过大数据和互联网技术，实现快速响应，因此也具有定制化架构的属性；又能够将卖场转变为集菜场、餐饮、厨房和便利店为一体的新型零售场景，因此也具有场景化架构的属性。

（4）要适当转变思路，由经营产品转变为经营空间，实现场景化架构。一体化架构和定制化架构对零售企业所需要的资源和能力要求较高，并不一定适合所有的零售企业，但基于由产品主导逻辑向服务主导逻辑，甚至顾客主导逻辑的转变，无论是大、中、小型零售企业，都有条件和能力实现场景化架构，通过对场景空间植入文化和艺术元素，通过加强互补性产品和服务的内容，都可以提升顾客黏性，创造体验价值，此时零售企业经营的不仅仅是产品，而是以产品为载体和媒介的场景空间，消费者在场景空间中也不仅仅是产品消费的主体，也是场景文化消费的主体，同时在场景空间中既作为消费实践的主体存在，也作为场景背景的一部分而存在。正如本书的西西弗书店和言几又书店的案例，其早已超越了书店的形态，而转变为阅读体验空间和文化体验空间。

6.2　研究局限与研究展望

6.2.1　研究局限

本书的研究局限有以下几点。

（1）样本数量方面的局限。虽然本书的样本量基本满足了实证研究要求，但是由于时间和精力的限制，获取的问卷数量仍然十分有限，问卷的有效率也较低，对本书的研究可能产生一定的影响。因此，在未来研究过程中，可以尝试扩大样本数量以提升可靠性。

（2）样本选择的局限。受制于笔者的社会关系和调研成本，样本的分布主要是在浙江省以及周边的长三角地区，没有对全国进行广泛的调查，所以结论的普适性会受到一定的影响。同时，由于客观资源和主观能力的限制，对企业样本的调查主要是通过便利抽样的方式获得，对样本的代表性和结论的普适性有一定的影响。未来，可以适当再增加全国范围内，包括中西部地区的企业样本，并采用更加科学和完善的抽样方式，以提高研究结论的外部效度。

（3）案例研究方法的局限。虽然在本书的案例研究中也采用了亲身实地调查、亲身参与性观察的方法去获得一手资料，但主要的案例资料搜集主要是通过二手资料，尤其是对于通过企业家自传或传记获得。由于案例企业的发展历史较长，尤其是对于优衣库、ZARA、宜家三个案例企业，本书按照一种类似"史料整理"和"史料考据"的方式按历史发展顺序对案例材料进行整理，梳理其商业模式发展演化脉络，所以没有按照一般案例研究资料搜集的方法对企业的高层领导进行访谈。未来，可以努力增加对所有案例企业的高层领导的访谈，通过一手访谈资料的获得来进一步验证商业模式理论框架中的命题或假设。同时，未来可以通过更加规范的案例研究方法，如扎根研究，通过选择性编码和主轴编码等步骤来获得和验证本书的零售商业模式理论框架。

6.2.2　研究展望

本书的研究展望有以下几点。

（1）对零售商业模式价值属性进行进一步的理论探索。本书对零售商业模式价值属性的测量框架主要采用 Amit 和 Zott（2001，2007，2008，2010）的 NICE 理论框架，但商业模式价值属性作为竞争优势的来源并不仅仅局限于 Amit 和 Zott 的 NICE 框架，其他还有 Hamel（2000）的效率性、独特性和匹配性，Mahadevan（2004）的持续性，Shafer（2005）的内在一致性，Giesen（2010）的一致性、分析性和适应性，Demil 和 Lecocq（2010）的静态一致性和动态一致性，Bohnsack 等（2014）的效率性和路径依赖性，尤其是在本书第 3 章探索性案例研究中反复引用的 Casadesus-Masanell 和 Richart（2011）的自我强化性，对商业模式存在的稳定性至关重要，这些都可以用于在未来的研究中对零售商业模式价值属性进行进一步的理论探索。

（2）对零售商业模式架构的主导型和共融性进行进一步的深入研究。我们在探索性案例研究中发现，尚品宅配不但具有定制化架构的主要属性，也具有一体化架构的从属属性，而宜家不但具有一体化架构的主要属性，也具有定制化架构的从属属性。也就是说，零售商业模式是有可能同时存在一体化架构属性、定制化架构属性和场景化架构属性，但以一种商业模式架构为主导的情形，即存在零售商业模式三种架构的主导型和共融性。本书对三种商业模式架构是独立进行研究的,所以研究中采用的是一个理论框架和三个不同架构的理论模型。从理论上讲,价值创造和商业模式架构存在一一映射的对应关系,架构本身就是形式和功能的映射,一体化架构、定制化架构和场景化架构则代表了三种不同的形式与功能之间的映射,通过实体的功能与实体之间的功能交互所形成的组合,一种新的功能——"价值创造"就会"涌现"出来,分别是低成本价值创造、个性化价值创造和体验价值创造。所以,本书在结构方程建模和拟合时,采用的是三种架构的理论模型,而没有采用全模型,因为这样会带来商业模式架构和价值创造之间路径对应关系的混乱。但当零售商业模式同时存在一体化架构属性、定制化架构属性和场景化架构属性,但以一种商业模式架构为主导的情形时,三种架构之间的关系是什么,是排斥、是互补还是独立?可以进行进一步的理论研究和实证研究。

(3)对某一特定类型的零售企业或从事零售活动的企业进行研究。本书的研究并没有对零售企业或从事零售活动的企业进行特别的划分,在未来的研究中可以依据理论特征而不是产品特征对其进行分类,展开专门的研究。例如,对于诸多的制造企业会开设专卖店,或入驻天猫商城,甚至在企业组织上会有专门的分公司从事零售活动,如小米之家、兽王专卖店、华为手机专卖店、格力专卖店,这些零售企业或零售组织有先天的一体化架构的优势,这种类型企业的零售商业模式价值创造的机理与一般的零售企业有何不同?再如,对于同属于服装行业的零售企业,存在主导架构是一体化架构的企业,存在主导架构是定制化架构的企业,也存在主导架构是场景化架构的企业,但它们可能都具有一体化架构的属性、定制化架构的属性和场景化架构的属性,当纳入整个零售商业模式理论框架当中考量,不同主导架构的服装零售企业的价值创造机理会有何不同?所得出的结论就对服装零售行业更有现实的理论指导价值和咨询价值。

(4)对零售商业模式与价值分配和获取的关系展开研究。由于本书的主题是"基于价值创造的零售商业模式研究",所以因变量是价值创造,并未过多考量零售商业模式与价值分配和获取(企业价值、顾客价值、伙伴价值)之间的关系。如果将企业绩效理解为企业价值分配和获取的表征,可以在未来的研究中构建"零售商业模式架构属性—零售商业模式价值属性—企业绩效"的理论框架展开研究,进一步探讨零售商业模式与作为企业价值表征的企业绩效之间的关系,即哪种零售商业模式架构需要诱发哪种零售商业模式价值属性,才能够带来比较高的企业绩效,这个研究作为本研究的未来拓展对零售企业和零售行业也较有理论意义和现实意义。

参考文献

[1] Amit R, Zott C. Value creation in E-business[J]. Strategic Management Journal, 2001,22(6):493-520.

[2]Amina O, Mohamed A B. Firm size, innovation and vertical integration incentives: The case of food supply chain[J]. Chinese Business Review, 2016,15 (2):94-102.

[3] Amit R, Zott C. Crafting business architecture: The antecedents of business model desin[J]. Strategic Entrepreneurship Journal, 2015,9(4):331-350.

[4]Anderson C. Free: The Future of A Radical Price[M]. New York: Hyperion, 2009.

[5]Anderson C. The long tail: How endless choice is creating unlimited demand. The new economics of culture and commerce[J]. Journal of Cultural Economics, 2007,31(3):235-237.

[6]Anderson D M, Pine B J. Agile Product Development for Mass Customization[M]. New York:McGraw-Hill, 1997.

[7]Anderson J C, Jain D C, Chintagunta P K. Customer value assessment in business markets: A state-practice study[J]. Journal of Business Marketing, 1993(1):2-30.

[8]Anderson J C. The Long Tail: Why the Future of Business is Selling Less of More[M]. New York:Hyperion,2006:7-10.

[9]Andrews W, Luo X M, Fang Z. Mobile add effectiveness: Hyper-contextual targeting with crowdedness[J]. Marketing Science, 2015,35(2): 218-233.

[10]Arthur W B. Competing technologies, increasing returns, and lock-in by historical events[J]. Economical Journal, 1989,99(394):116-131.

[11] Arthur W B. Positive feedbacks in the economy[J]. Scientific American, 1990,262(2):92-99.

［12］Atakan S S, Bagozzi R P, Yoon C. Consumer participation in the design and realization stages of production：How self-production shapes consumer evaluations and relationships to products［J］. International Journal of Research in Marketing，2014,31(4)：395-408.

［13］Aurélie M, Jean-Louis C, Elyette R. Understanding the perceived value of mass customization：The distinction between product value and experiential value of co-design［J］. Recherche et Applications en Marketing，2008,23(3)：27-50.

［14］Bacon D R, Sauer P L, Young M. Composite reliability in structural equations modeling［J］. Educational and Psychological Measurement，1995,55(3)：394-406.

［15］Baden-Fuller C, Mangemain V. Business model：A challenging agenda［J］. Strategic Organization，2014,11(4)：418-427.

［16］Baden-Fuller C, Morgan M S. Business models as models［J］. Long Range Planning，2010,43(2-3)：156-171.

［17］Bailey J P. Intermediation and electronic market：Aggregation and pricing in internet commerce［D］. Dissertation：MIT，1998.

［18］Baker J, Grewal D, Parasuraman A. The influence of store environment on quality inferences and store image［J］. Journal of the Academy of Marketing Science，1994,22(4)：328-339.

［19］Baker J, Parasuraman A, Grewal D, Voss G B. The influence of multiple store environment cues on perceived merchandise value and patronage intentions［J］. Journal of Marketing，2002，66(2)：120-141.

［20］Baker J, Parasuraman A, Grewal D, Voss G B. The influence of multiple store environment cues on perceived merchandise value and patronage intentions［J］. Journal of Marketing，2002，66(2)：120-141.

［21］Baldwin C, Clark K. Managing in an age of modularity［J］. Harvard Business Review，1997,75(5)：84-93.

［22］Bandura A. Self-efficacy：Toward a unifying theory of behavioral change［J］. Psychological Review，1977,84(2)：191-215.

［23］Bardakci A, Whitelock J. Mass-customisation in marketing：The consumer perspective［J］. Journal of Consumer Marketing，2003,20(4-5).

［24］Barney J B. Firm resources and sustained competitive advantage［J］. Journal of Management，1991,17(1)：99-120.

［25］Baron R M, Kenny D A. The moderator-mediator variable distinction in social psychological research: Concepual, strategic, and statistical considerations［J］. Journal of Personality and Social Psychology, 1986,51(6):1173-1182.

［26］Bassey M. Case Study Research in Educational Settings［M］. Buckingham and Philadelphia: Open University Press,1999.

［27］Bentler P M. Comparative fit indexes in structural models［J］. Psychological Bulletin, 1990(107):238-246.

［28］Bharadwaj N,Nevin J R,Wallman J P. Explicating hearing the voice of the customer as a manifestation of customer focus and assessing its consequences［J］. Journal of Product Innovation Management,2012,29(6) : 1012-1030.

［29］Bitner M J. Servicescape: The impact of physical surroundings on customers and employees［J］. Journal of Marketing, 1992, 56(1):57-72.

［30］Bitran G, Paolo F B, Gary M R. Supply chains and value networks: The factors driving changes and their implications to competition in the industrial sector ［J］. MIT Center for eBusiness Research Brief, 2003,2(3):1-5.

［31］Bohnsack R, Pinkse J, Kolk A. Business models for sustainable technologies: Exploring business model evolution in the case of electric vehicles［J］. Research Policy, 2014,43(2):284-300.

［32］Brock S J, Mark C. Consumer value creation: A practical framework ［J］. Journal of Marketing Theory and Practice, 2007,15(1):7-23.

［33］Burns D J. Image transference and retail site selection［J］. International Journal of Retail and Distribution Management, 1992, 20(5):38-44.

［34］Steve B, Dawson J. International retailing as embedded business models［J］. Journal of Economic Geography, 2016(3):715-747.

［35］Campbell D T, Fiske D W. Convergent and discriminant validation by the multitrait-multimethod matrix［J］. Psychological Bulletin, 1959,56(2): 81-105.

［36］Carson D, Gilmore A. SME marketing management competencies ［J］. Internation Business Review, 2000,9(3):363-382.

［37］Casadesus-Masanell R, Richart J E. How to redesign a winning business model［J］. Harvard Business Review, 2011(1):3-9.

［38］Chen D N, Jeng B, Lee W P, Chuang C H. An agent-based model for consumer-to-business electronic commerce [J]. Expert Systems with Applications, 2008,34(1):469-481.

[39]Chesbrough H W, et al.. Business models for technology in the developing world: The role of non-governmental organizations[J]. California Management Review, 2006,48 (3): 48-61.

[40]Chesbrough H W, Rosenbloom R S. The role of the business model in capturing value from innovation: Evidence from Xerox corporation's technology spin off companies[J]. Business, 2002,11(3):529-555.

[41]Chesbrough H W. Business model innovation: It's not just about technology anymore[J]. Strategy and Leadership, 2007a,35(6):12-17.

[42]Chesbrough H W. Business model innovation: Opportunities and barriers[J]. Long Range Planning, 2010,43 (2/3):354-363.

[43]Chesbrough H W. Why companies should have open business models [J]. MIT Sloan Management Review, 2007b, 48 (2) : 22-28.

[44]Chien S, Chen J. Supplier involvement and customer involvement effect on new product development success in the financial service industry[J]. Service Industries Journal, 2010,30(2):185-201.

[45] Chun-Hsien C. A strategy for acquiring customer requirement patterns using laddering technique and ART2 neural network[J]. Advanced Engineering Informatics, 2002,16(3):229-240.

[46]Clark T N, Silver D. The Theory of Scenes[M]. Chicago: Press of University of Chicago, 2013.

[47] Coase R H. The nature of the firm[J]. Econimica, 1937 (4): 386-405.

[48]Cooper R, John A. Coordinating coordination failure in keynessian model[J]. Quartly Journal of Economics, 1988,103(3):441-463.

[49]Crawley E, Weck O, Eppinger S, Magee C, Moses J. The influence of architecture in engineering system[R]. Engineering Systems Monograph, 2004.

[50]Cummesson E, Cristina M. Marketing as value co-creation through network interaction and resource integration[J]. Journal of Business Market Management, 2010,4(4):181-198.

[51]Da Silveira G, Borenstein D, Fogliatto F S. Mass customization: Literature review and research directions [J]. International Journal of Production Economics, 2001, 72 (1):1-13.

［52］Danneels E，Kleinschmidt E J. Product innovativeness from the firm's perspective：Its dimentions and their relation with project selection and performance［J］. Journal of Product Innovation Management，2001,18(6)：357-373.

［53］Demil B，Lecocq X. Business model evolution：In search of dynamic consistency［J］. Long Range Planning，2010,43 (2/3)：227-246.

［54］Ding L，Velicer W F，Harlow L L. Effects of estimation methods，number of indicators per factor，and improper solutions on structural equation modeling fit indices［J］. Structural Equation Modeling：A Multidisciplinary Journal，1995,2(2)：119-143.

［55］Dobre-Baron O. The business model of the largest retail chains［J］. Annals of the University of Petrosani：Economics，2015(2)：17-28.

［56］Douglas S P，Craig C S. The role of context in assessing international marketing opportunities［J］. Journal of Tnternational Marketing，2011,19(1)：82-101.

［57］Dubois B，Laurent G. Attitudes toward the concept luxury：An exploratory analysis［J］. Asia Pacific Advances in Consumer Research，1994,1(2)：273-278.

［58］Duboson-Torbay M，Osterwalder A，Pigneur Y. E-business model design，classification，and measurements［J］. Thunderbird International Business Review，2002,44(1)：5-23.

［59］Eastman J K，Goldsmith R E，Flynn L R. Satus consumption in consumer behavior：Scale development and validation［J］. Journal of Marketing Theory and Practice，1999,7(3)：41-51.

［60］Edward H，Bowman，Dileep H. Strategy through the option lens：An integrated view of resource investments and the incremental-choice process ［J］. Academy of Management Review，1993,18(4)：760-782.

［61］Edwards J R，Lambert L S. Methods for integrating moderation and mediation：A general analytical framework using moderated path analysis［J］. Psychological Methods，2007,12(1)：1-22.

［62］Eisenhardt K M，Bourgeois L J. Politics of strategic decision making in high-velocity environments：Toward a midrange theory［J］. Academy of Management Journal，1988,31(4)：737-770.

［63］Eisenhardt K M，Graebner M E，Sonenshein S. Grand challenges and inductive methods: Rigor without rigor mortis［J］. Academy of Management Journal, 2016,59(4):1113-1123.

［64］Eisenhardt K M. Building theories from case study research［J］. Academy of Management Review, 1989, 14(4):532-550.

［65］Eisenhardt K M, Graebner M E. Theory building from cases: Opportunities and challenges［J］. Academy of Management Journal,2007, 50 (1): 25-32.

［66］Elizabeth M. Plan A: Analysing business model innovation for sustainable consumption in mass-market clothes retailing［J］. Journal of Corporate Citizenship, 2015(57):73-98.

［67］Erbaix C. Perceived risk and risk relievers: An empirical investigation［J］. Journal of Economic Psychology,1983,3(1):19-38.

［68］Erevelles S, Fukawa N, Swayne L. Big Data consumer analytics and the transformation the tradeof marketing［J］. Journal of Business Research, 2016,69(2):897-904.

［69］Erik S. Understanding logistics-based competition in retail: A business model perspective［J］. International Journal of Retail & Distribution Management, 2013(3):176-188.

［70］Fang E. Customer participation and-off between new product innovativeness and speed to market［J］. Journal of Marketing, 2008,72(4): 90-104.

［71］Fatema K, Stephen T. Online shopping environments in fashion shopping: An S-O-R based review［J］. Marketing Review, 2012, 12 (2): 161-180.

［72］Filippini L, Vergari C. Vertical integration smooths innovation diffusion［J］. Journal of Economic Analysis & Policy, 2017,17(3):1-22.

［73］Fiss P C, Delbridge R. Editors' comments: Styles of theorizing and the social organization of knowledge［J］. Academy of Management Review, 2013,38(3):325-331.

［74］Fiss P C. A set-theoretic approach to organizational configurations［J］. Academy of Management Review, 2007,32(4):1180-1198.

［75］Fiss P C. Building better causal theories: A fuzzy set approach to typologies in organization research［J］. Academy of Management Journal, 2011,54(2):393-420.

[76]Flynn B B, Huo B, Zhao X. The impact of supply chain integration on performance: A contingency and configuration approach[J]. Journal of Operations Management, 2010,28(1):58-71.

[77]Fornell C A. National customer satisfaction barometex: The swedish experience[J]. Journal of Marketing, 1992,56(1):6-21.

[78]Fornell C, Larcker D F. Evaluating structural equation models with unobservable variables and measurement error [J]. Journal of Marketing Research, 1981,18(1):39-50.

[79]Foss N J, Saebi T. Fifteen years of research on business model innovation: How far have we come, and where should we go? [J]. Journal of Management, 2017,43(1):200-227.

[80]Franke N, Keinz P, Steger C J. Testing the value of customization: When do customers really prefer products tailored to their preferences[J]. Journal of Marketing, 2009,73(5):103-121.

[81]Franke N, Schreier M. Product uniqueness as a driver of customer utility in mass customization[J]. Marketing Letters, 2008,19(2):93-107.

[82]Fritz M S, MacKinnon D P. Required samplesize to detect the mediated effect[J]. Psychological Science, 2007(18): 233-239.

[83]Frohlich M T, Westbrook R. Arcs of integration: An international study of supply chain strategies[J]. Journal of Operations Management, 2001,19(2):185-200.

[84]Frutos J D. A framework to support customer-company interaction in mass customization enviroments[J]. Computers in Industry, 2004,54(2):115-135.

[85]Fukuyama F. Trust: Social Virtues and the Creation of Prosperity[M]. London: Hamish Hamilton, 1995.

[86] Garmines E, McIver J. Analyzing Models with Unobserved Variables, Social Measurement: Current Issues [M]. Beverly Hills: Sage, 1981.

[87]Gensler S, Neslin S A, Verhoef P C. The showrooming phenomenon: It's more than just price[J]. Journal of Interactive Marketing, 2017,38(2):29-43.

[88] George G, Bock A J. The business model in practice and its implications for entrepreneurship research[J]. Entrepreneurshiop Theory and Practice, 2011,35(1):83-111.

[89]Ghiselli E E, Campbell J P, Zedeck S. Measurement Theory for the

Behavioral Sciences[M]. W H:Freeman,1981.

[90]Giesen E, Riddleberger E, Christner R, Bell R. When and how to innovate your business model[J]. Strategy & Leadership, 2010,38(4):17-26.

[91]González J M H, Chacón I H. The causal effects of product innovation, web technology and vertical integration on rm ef ciency in the fashion industry[J]. Innovation: Management, Policy & Practice, 2014,16 (1):144-157.

[92]GrÊnroos C. Service logic revisited: Who creates value? And who co-creates? [J]. European Business Review, 2008, 20(4):298-3141.

[93]GrÊnroos C. Towards service logic: The unique contribution of value co-creation [R]. Working Paper No. 1544, Hanken School of Economics, 2009: 1-281.

[94]Gronroos C. Adapting a service logic for marketing[J]. Marketing Theory, 2006,6(3):317-333.

[95]Gronroos C. Value-driven relationship marketing: From product to resource and competencies[J]. Journal of Marketing Management, 1997,13 (5):407-419.

[96]Grover V, Malhotra M K. Transaction cost framework in operations and supply chain management reasearch: Theory and measurement [J]. Journal of Operations Management, 2003,21(4):457-473.

[97]Hamel G. Leading the Revolution[M]. Boston: Harvard Business School Press, 2000.

[98]Harding J A, Popplewell K, Fung R Y K, Omar A R. An intelligent information framework relating customer requirements and product characteristics[J]. Computers in Industry, 2001,44(1):51-65.

[99]Moor H O. Property rights and the nature of the firm[J]. Journanl of Political Economy, 1990(6):1119-1158.

[100]Hayes A F. Beyond Baron and Kenny: Statistical mediation analysis in the new millennium[J]. Communication Monographs, 2009,76(4):408-420.

[101]Heinonen K, Strandvik T, Mickelsson K, et al. Rethinking service companies' business logic: Do we need a customer-dominant logic as a guideline? [R]. Working Paper No. 1546, Hanken School of Economics, 2009: 1-181.

[102]Hofacker C F, Malthouse E C. Big data and consumer behavior: Imminent opportunities[J]. Journal of Consumer Marketing, 2016,33(2):

89-97.

[103] Holbrook M. Consumption experience, customer value and subjective personal introspection: An illustrative photographic essay [J]. Journal of Business Research,2006,59(6):714-725.

[104] Holbrook M. Customer value—A framework for analysis and research[J]. Advance in Consumer Research, 1996(23):138-142.

[105]Howitt P, McAfee P. Stability of equilibria with externalities[J]. Quarterly Journal of Economics, 1988,103(2):261-277.

[106]Howitt P. Transactions cost in the theory of unemployment[J]. American Economic Review, 1985,75(1):88-101.

[107]Hsieh A, Yen C. The effect of customer participation on service providers' job stress[J]. Service Industries Journal, 2005,25(7):891-905.

[108]Hu H, Jasper C R. A cross-cultural examination of the effects of social perception styles on store image formation[J]. Journal of Business Research, 2007,60(3):222-230.

[109]Hu H. Social cues in the store environment and their impact on store image[J]. International Journal of Retail & Distribution Management, 2006,34(1):25-48.

[110]Hu L, Bentler P M. Cutoff criteria for fit indexes in covariance structure analysis: Conventional criteria versus new alternatives[J]. Structual Equation Modeling, 1999,6(1):1-55.

[111]Hu L, Bentler P M. Fit indices in covariance structure modeling: Sensitivity to underparameterized model misspecification [J]. Psychological Methods, 1998,3(4):424-453.

[112]Hynes N, Stanley L. Innovativeness and consumer involvement in the Chinese market[J]. Singapore Management Review, 2006,28(2):31-46.

[113] Isabelle B. Vertical integration and incentives to innovate [J]. International Journal of Industrial Organization, 2003,21(4):457-488.

[114]Itami H, Nishino K. Killing two birds with one stone: Profit for now and learning for the future[J]. Long Range Planning, 2010,43(2/3):364-369.

[115]Jacobides M G, Billinger S. Designing the boundaries of the firm: From "make, buy, or ally" to the dynamic benefits of vertical architecture[J]. Organization Science, 2006,17(2):249-261.

［116］Jakson B B. Build customer relationship, that last［J］. Harvard Business Review, 1985(12):120-128.

［117］James C D, Mondal S. A review of machine efficiency in mass customization［J］. Benchmarking: An International Journal, 2019, 26（2）: 638-691.

［118］Jang S, Namkung Y. Perceived quality, emotions, and behavioral intentions: Application of an extended Mehrabian-Russell model to restaurants ［J］. Journal of Business Research, 2009,62(4):451-460.

［119］Jiao J, Ma Q, Tseng M M. Towards high value-added products and services: Mass customization and beyond［J］. Technovation, 2003, 23 （10）, 809-821.

［120］Johnson J L. Strategic integration in industrial distribution channels: Managing the interfirm relationship as a strategic asset［J］. Journal of the Academy of Marketing Science, 1999,27(1):4-18.

［121］Johnson M W, et al. Reinventing your business model［J］. Harvard Business Review, 2008,86 （11） : 50-59.

［122］Jooyeon H, Soo Cheong J. The effects of dining atmospherics on behavioral intentions through quality perception ［J］. Journal of Services Marketing, 2012,26(3):204-215.

［123］Jung H S, Yoon H H. Study on the effects of switching cost in family restaurant upon customer satisfaction and switching focused on the moderating effects of customer knowledge and variety seeking oriention［J］. Journal of Korean Society of Food Culture, 2012,27(1):19-29.

［124］Kahneman D, Tversky A. Prospect theory: An analysis of decision under risk［J］. Econometrica, 1979, 47(2): 263-291.

［125］Kaiser H F. An index of factorial simplicity［J］. Psychometrika, 1974,39(1):31-36.

［126］Katz M L, Shapiro C. Network externalities, competition, and compatibility［J］. American Economic Review, 1985(75):424-440.

［127］Kawaf F, Tagg S. Online shopping enviroments in fashion shopping: An S-O-R based review［J］. Marketing Review, 2012, 12（2）: 161-180.

［128］Kay N. Searching for the firm: The role of decision in the economics of organizations［J］. Corporate Change, 2000,9(4):683-707.

[129]Kenny D, Marshall F J. Contextual marketing: The real business of the Internet[J]. Harvard Business Review, 2000,78(11/12):119-125.

[130] Kerli K H. Business model innovation through second hand retailing[J]. Journal of Corporate Citizenship, 2015(57):11-32.

[131]Kim J H, Lennon S J. E-atmosphere, emotional, cognitive, and behavioral response[J]. Journal of Fashion Marketing and Management: An International Journal, 2010,14(3):412-428.

[132]Kim J H, Minjeong K, Lennon S J. Effects of website atmospherics on consumer responses: Music and product presentation: An international journal[J]. Journal of Research in Interactive Marketing, 2009,3(1):4-19.

[133]Kirk M, David J T. Supplier switching costs and vertical integration in the automobile industry[J]. Bell Journal of Economics, 1982,13(1):206-213.

[134] Klein B, Crawford R, Alchian A. Vertical integration, appropriable rents the competitive contracting process[J]. Journal of Law and Economics, 1978 (21):297-298.

[135] Klemperer P D. Markets with customer switching costs [J]. Quarterly Journal of Economics, 1987,102(2):375-394.

[136] Kolter P. Atomospheric as a marketing tool [J]. Journal of Retailing, 1973,49(4):48-64.

[137] Kolter P. Marketing Management [M]. Beijing: Tsinghua University Press, 2001:11-13(in Chinese).

[138]Kristal M M, Huang X, Schroeder R G. The effect of quality management on mass customization capability[J]. International Journal of Operations and Production Management, 2010,30(9):900-922.

[139]Kurniawan S H, So R H Y, Mitchell M T. Consumer decision quality in mass customization [J]. International Journal of Mass Customization, 2006, 1(2/ 3):176-194.

[140]Lanlan C, Jyoti N, Zhongqi Z. Business model innovation: How the international retailers rebuild their core business logic in a new host country[J]. International Business Review, 2018(3):543-562.

[141]Lefebvre H. The Production of Space(trans. Nicholson-Smith D) [M]. Oxford: Blackwell, 1991.

[142]Liechty J C, Ramaswamy V, Cohen S H. Choice menus for mass customization : An experimental approach for analyzing customer demand with

an application to a web-based information service[J]. Journal of Marketing Research, 2001,38(2):183 -196.

[143]Liliane G K. Lock-in, vertical integration, and investment: The case of eastern European firms[J]. Review of Economics and Institutions, 2016,7(1):1-21.

[144] Lloyd C H, Mark M H G. Online servicescapes, trust, and purchase intention[J]. Journal of Sevice Marketing, 2010,24(3):230-243.

[145]Logman M. Contextual intelligence and flexibility: Understanding today's matketing enviroment[J]. Marketing Intelligence & Planning, 2008, 26(5):508-520.

[146]Lowe B, Alpert F. Forecasting consumer perception of innovativeness[J]. Tcchnovation, 2015(45-46):1-14.

[147]MacKinnon D P, Fritz M, Williams J, Lockwood C M. Distribution of the product confidence limits for the indirect effect: Program PRODCLIN [J]. Behavior Research Methods, 2007,39(3):384-389.

[148]MacKinnon D P, Lockwood C M, Williams J. Confidence limits for the indirect effect: Distribution of the product and resampling methods[J]. Multivariate Behavioral Research, 2004(39):99-128.

[149]MacKinnon D P, Warsi G, Dwyer J H. A simulation study of mediated effect measures[J]. Multivariate Behavioral Research,1995,30(1):41-62.

[150] Magretta J. Why business models matter[J]. Harvard Business Review, 2002,80(5):86-92.

[151]Mahadevan B. Business models for internet-based E-commerce: An anatomy[J]. California Management Review, 2004,42(4):55-69.

[152]Malmström M, Johansson J, Wincent J. Cognitive construction of low-profit and high-profit business model: A repertory grid study of serial entrepreneurs[J]. Entrepreneurship Theory and Practice, 2015, 39 (5): 1083-1109.

[153]Marsh H W, Hau K T, Grayson D. Goodness of Fit Evaluation in Structual Equation Modeling. [C]//Maydeu-Olivares A & McArdle J(Eds.). Contemporary Psychometrics. A Festschrift for Roderick P. McDonald[M]. Mahwah: Erlbaum, 2005:275-340.

[154]Martin S. The value increment of mass-customized products: An empirical assessment[J]. Journal of consumer behaviour, 2006,5(4):317-327.

[155]Martins L L, Rindova V P, Greenbaum B E. Unlocking the hidden value of concepts: A cognitive approach to business model innovation[J]. Strategic Entrepreneurship Journal, 2015,9(1):99-117.

[156]Massinini F, Carli M. Optimal Experience: Psychological Studies of Flow in Consciousness[M]. New York: Cambrige University Press, 1988: 288-306.

[157]May H G. Culture determines business models: Analyzing Home Depot's failure case in China for international retailers from a communication perspective[J]. Thunderbird International Business Review, 2013 (2): 173-191.

[158]Mazzanti M, Montresor S, Pini P. Outsourcing and innovation: Evidence for a local production system of Emilia-Romagna[J]. Innovation: Management, Policy & Practice, 2007,9(3-4):324-341.

[159]McAlexander J H, Schouten J W, Koening H F. Building brand community[J]. Journal of Marketing, 2002,66(1):38-54.

[160]Mejia L C, Eppli M J. Inter-center retail externalities[J]. Journal of Real Estate Finance and Economics, 2003, 27(3):321-333.

[161]Meyer A D, Tsui A S, Hinings C R. Configurational approach to organzational analysis[J]. Academy of Management Journal, 1993,36(6): 1175-1195.

[162]Miceli T J, Sirmans C F, Stake D. Optimal competition and allocation of space in shopping centers[J]. Journal of Real Estate Research, 1998,16(1):113-126.

[163]Mika Y. Value creation challenges in multichannel retail business models[J]. Journal of Business Models, 2014(1):89-104.

[164]Milgrom P, Roberts J. Complementarities and fit strategy, structure, and organizational change in manufacturing[J]. Journal of Accounting and Economics, 1995,19(1):179-208.

[165]Milgrom P, Roberts J. The economics of modern manufacturing: Technology, strategy and organization[J]. American Economic Review, 1990,80(1):511-528.

[166]Misangyi V F, Acharya A G. Substitutes or complements? A configurational examination of corporate governance mechanisms[J]. Academy of Management Journal, 2014(57):1681-1705.

[167] Morgan G, Smircich L. The case for qualitative research[J]. Academy of Management Review, 1980,5(4):491-500.

[168]Morris M H, Shirokova G, Shatalov A. The business model and firm performance: The case of Russian food service ventures[J]. Journal of Small Business Managemrnt, 2013,51(1):46-65.

[169] Muniz A M, O'Guinn T C. Brand community[J]. Journal of Consumer Research, 2001,27(3):412-432.

[170]Nahapiet J, Ghoshal S. Social capital, intellectual capital, and the organizational advantage[J]. Academy of Management Review, 1998,23(2): 242-266.

[171]Narasimhan R, Kim S W. Effect of supply chain integration on the relationship between diversification and performance: Evidence from Japanese and Korean firms[J]. Journal of Operations Management, 2002, 20 (3): 303-323.

[172]Oliver R L. Whence consumer loyalty? [J]. Journal of Marketing, 1999,63(1):33-44.

[173]Osiyevskyy O, Dewald J. Explorative versus exploitative business model change: The cognitive antecedents of firm-level responses to disruptive innovation[J]. Strategic Entrepreneurship Journal, 2015,9(1):58-78.

[174] Osterwalder A, et al.. Clarifying business models: Origins, present and future of the concept[J]. Business, 2005,15 (5):1-25.

[175] Piller F T. Observations on the present and future of mass customization[J]. International Journal of Flexible Manufacturing Systems, 2007,19(4): 630-636.

[176]Podsakoff P M, Mackenzie S B, Lee J Y, et al. Common method biases in behavioral research: A critical review of the literature and recommended remedies[J]. Journal of Applied Psychology, 2003, 88(5): 879-903.

[177] Porter M E. Competitive Advantage: Creating and Sustaining Superior Performance[M]. New York: Free Press,1985.

[178] Porter M E. The value chain and competitive advantage[J]. Understanding Business: Process, 2001(1):50-66.

[179]Prahalad C K, Ramaswamy V. Co-creation customer competence [J]. Harvard Business Review, 2000,78(1):79-87.

[180] Prahalad C K, Ramaswamy V. Co-creation experience: The next

practice in value creation[J]. Journal of Interactive Marketing, 2004,3(1):5-14.

[181] Prateek K. Top e-retailers of India: Business model and components[J]. International Journal of Electronic Marketing and Retailing, 2015,6(4):277-298.

[182]Preacher K J, Hayes A F. Asymptotic and resampling strategies for assessing and comparing indirect effects in multiple mediator models [J]. Behavior Research Methods, 2008,40(3):879-891.

[183]Preacher K J, Rucker D D, Hayes A F. Addressing moderated mediation hypotheses: Theory, methods, and prescriptions[J]. Multivariate Behavioral Research, 2007,42(1):185-227.

[184] Ragin C C. Redesigning Social Inquiry: Fuzzy Sets and Beyond [M]. Chicago: University of Chicago Press, 2008.

[185]Ragin C C. The Comparative Method: Moving Beyond Qualitative and Quantitative Strategies [M]. Berkeley: University of California Press, 1987.

[186] Rogers E M. Diffusions of Innovations[M]. New York: Free Press, 2003:101-103.

[187]Rong C, Feng H. Examination of brand knowledge, perceived risk and consumer's intention to adopt an online retailer [J]. Total Quality Management and Business Excellence, 2003, 14(6):677-694.

[188]Rose S, Clark M, Samouel P, Hair N. Online customer experience in e-retailing: An empirical model of antecedents and outcomes[J]. Journal of Retailing, 2012,88(2):308-322.

[189]Rosenbaum M S, Montoya D Y. Am I welcome here? Exploring how ethnic consumers assess their place identity[J]. Journal of Business Research, 2007,60(3):206-214.

[190]Rosenbaum M S, Ward J, Walker B A, Ostrom A L. A cup of coffee with a dash of love: An investigation of commercial social support and third-place attachment[J]. Journal of Service Research, 2007,10(1):43-59.

[191] Salvador A B, Ikeda A A. Big Data usage in the marketing information System[J]. Journal of Data Analysis and Information Processing, 2014(2):77-85.

[192]Scheibehenne B, Greifeneder R, Todd P M. Can there ever be too many option? A meta-analytic review of choice overload [J]. Journal of

Consumer Research, 2010,37(3):409-425.

[193]Schmitz H, Knorringa P. Learing from global buyers[J]. Journal of Development Studies, 2000,37(2):177-205.

[194] Schumpeter J A. The Theory of Economic Development: An Inquiry into Profits, Capital, Credit, Interest, and the Business Cycle[M]. Cambridge: Harvard University Press ,1934.

[195]Scoble R, Israel S. Age of Contex: Mobile, Sensors, Data ane the Future of Privacy[M]. Beijing: Beijing Joint Publishing Company, 2014.

[196]Shafer S M, et al. The power of business models[J]. Business Horizons, 2005,48(3):199-207.

[197]Shapiro C, Varian H R. Information Rules: A Strategic Guide to the Network Economy[M]. Boston: Harvard Business School Press,1999.

[198]Sheth J N, Newman B I, Gross B. Why we buy what we buy: A theory of consumption values[J]. Journal of Business Research, 1991,22(2): 159-170.

[199] Shipman A. Lauding the leisure class: symbolic content and conspicuous consumption [J]. Review of Social Econmy, 2004, 62(3): 277-289.

[200] Siggelkow N. Persuasion with case studies [J]. Academy of Management Journal, 2007,50(1):20-24.

[201] Simon H. The architecture of compexity [J]. American Philosophical Society, 1962,106(6):467-482.

[202]Sirgy M J. Self-concept in consumer behavior: A critical review[J]. Journal of Consumer Research, 1982,9(3):287-300.

[203]Skadberg Y X, James K. Visitors' flow experience while browsing a website: Its measurement, contributing factors and consequences [J]. Computers in Human Behavior, 2004(20):403-422.

[204] Snyder C R, Fromkin H L. Abnormality as a positive characteristic: Development and validation of a scale measuring need for uniqueness[J]. Journal of Abnormal Psychology, 1977,86(5):518-527.

[205]Sobel M E. Asymptotic confidence intervals for indirect effects in structual equation models[J]. Sociological Methodology,1982(13):290-312.

[206]Sorescu A, Frambach R T, Singh J, Rangaswamy A, Bridges C. Innovations in retail business models[J]. Journal of Retailing, 2011,87S(1):

S3-S16.

[207]Sourav M. A framework for managing customer knowledge in retail industry[J]. IIMB Management Review, 2012,24(2):95-103.

[208]Spencer S J, Zanna M P, Fong G T. Establishing a causal chain: Why experiments are often more effective than mediational analyses in examining psychological processes [J]. Journal of Personality and Social Psychology, 2005,89(6):845-851.

[209]Spillan, John E, Kucukemiroglu, Orsay, De Mayolo, César A. Profiling peruvian consumers' lifestyles, market segmentation, and ethnocentrism[J]. Latin American Business Review, 2007,8(4):38-59.

[210]Srinivasan B, Birger W. Technical change, competition and vertical integration[J]. Stategic Management Journal, 1986,7(4):347-359.

[211]Stank T P, Keller S B, Closs D J. Performance benefits of supply chain logistical integration[J]. Transportation Journal, 2001,41(2/3):32-46.

[212]Steiger J H, Lind J M. Statistically-based tests for the number of common factors[Z]. Paper presented at the Psychometrika Society Meeting in Iowa City, 1980.

[213] Stonebraker P W, Liao J. Enviromental turbulence, strategic orientation: Modeling supply chain integration[J]. International Journal of Operations and Production Management, 2004,24(10):1037-1054.

[214]Sundbo J, Gallouj F. Innovation in service [R]. Oslo: The Result of SI4S Topical Paper, SI4S Project, 1998:3-4.

[215]Sundbo J. The service economy. Standardization or customization? A dilemma for service firms and economic theory [J]. Service Industries Journal, 2002,22(4): 93-116.

[216]Sweeney J C, Soutar G N, Johnson L W. The role of perceived risk in the quality-value relationship: A study in a retail environment[J]. Journal of Retailing, 1999,75(1):77-105.

[217] Sweeney J C, Soutar G N. Consumer perceived value: The development of a multiple item scale[J]. Journal of Retailing. 2001,77(2): 203-220 .

[218] Sweeney J C, Soutarb G N. Consumer perceived value: The development of a multiple item scale[J]. Journal of Retailing, 2001,77(2): 203-220.

[219]Taylor A B, Mackinnon D P, Tein J Y. Tests of the three-path mediated effect[J]. Organizational Research Methods, 2008,11(2):241-269.

[220]Teece D J. Business models, business strategy and innovation[J]. Long Range Planning, 2010,43 (1) : 172-194.

[221] Tian K T, Bearden W O, Hunter G L. Consumers' need for uniqueness: Scale development and validation [J]. Journal of Consumer Research, 2001,28(1):50-66.

[222]Timmers P. Business models for electronic markets[J]. Journal on Electronic Markets, 1998,9(4):1-6.

[223]Tommaso M V. Vertical integration and exclusivity contracts when consumers have switching costs[J]. Southern Economic Journal, 2004,71(1): 36-59.

[224]Tversky A. Contingent preferences: Loss aversion and tradeoff contrast in decision making[J]. Japanese Psychological Research, 1994, 36(11): 3-9.

[225] Ulrich K. The role of product architecture in the manufacturing firm[J]. Research Policy, 1995,24(3):419-440.

[226]Vandermerwe S, Rada J. Servitization of business: Adding value by adding services[J]. European Management Journal, 1988,6(4):314-324.

[227] Vargo S L, Lusch R F. Evolving to a new dominant logic for marketing[J]. Journal of Marketing, 2004,68(1):1-17.

[228]Vargo S L, Lusch R F. Service-dominant logic: Continuing the evolution[J]. Journal of Academy of Marketing Science, 2008,36(1):1-10.

[229] Venkatraman M, Nelson T. From servicescape to consumptionscape: A photo-elicition study of starbucks in the new China[J]. Journal of International Business Studies, 2008,39(6):1010-1026.

[230] Voima P, Heinonen K, and Strandvik, T. Exploring customer value formation: A customer dominant logic perspective[R]. Working Paper No. 1552, Hanken School of Economics, 2010: 1-171.

[231] Voss C A. Rethinking paradigms of service: service in a virtual enviroment[J]. International Journal of Operations & Production Management, 2003(17):88-104.

[232] Wen Z, Marsh H W, Hau K T. Structural equation models of latent interactions: An appropriate standardized solution and its scale-free properties[J]. Structural Equation Modeling, 2010,17(2):1-22.

［233］Williamson O E. Comparative economic organization: The analysis of discrete structural alternatives[J]. Administrative Science Quarterly, 1991, 36(2):269-296.

［234］Williamson O E. Markets and Hierarchies, Analysis and Antitrust Implications: A Study in the Economics of Internal Organization[M]. New York: Free Press, 1975.

［235］Williamson O E. Organizational Innovation: The Transaction Cost Approach［A］//Ronen J（ed.）Entrepreneurship. Lexington: Lexington Books, 1983:101-133.

［236］Williamson O E. Strategy research: Governance and competence perspectives[J]. Strategic Management Journal, 1999,21(12):1087-1108.

［237］Williamson O E. The Economic Institutions of Capitalism: Firm, Market, Relative Contracting[M]. New York: Free Press, 1985.

［238］Williamson O E. Transaction cost economics[A]//Schamlensee R, Willig RD（eds.）. Handbook of Industrial Organization. Amsterdam: Elsevier Science,1989(1):135-182.

［239］Williamson O E. Transaction-cost economics: The governance of contractual relations[J]. The Journal of Law and Economics, 1979,22(2): 233-261.

［240］Wirtz B W, Pistoia A, Ullrich S, et al. Business models: Origin, development and future research perspectives［J］. Long Range Planning, 2016,49(1):36-54.

［241］Witek-Hajduk M K, Napiórkowski T M. Cluster analysis of retailers' benefits from their cooperation with manufacturers: Business models perspective[J]. Urban and Civil Engineering, 2017(4):769-777.

［242］Woodall T. Conceptualization value for the customer: An attributional, structural and dispositional analysis[J]. Academy of Marketing Science Review, 2003(7):1-42.

［243］Woodruff R B. Customer value: The next source for competitive advantage[J]. Journal of Academy of Marketing Science, 1997, 25(2): 139-153.

［244］Xin L, Min X, Kay-Chuan T, Bo Y. Ranking of customer requirements in a competitive enviroment[J]. Computer & Industrial Engineering, 2008,54(2): 202-214.

[245] Xingyi L. Vertical integration and innovation [J]. International Journal of Industrial Organization, 2016,47(2):88-120.

[246] Yin R K. Case Study Research: Design and Methods [M]. Newbury Park: Sage Publications Inc. ,2003.

[247] Yin R K. Qualitative Research from Start to Finish [M]. New York: Guilford Publications, 2015.

[248] Zaichkowsky J L. The personal involvement inventory: Reduction, revision and application to advertising [J]. Journal of Advertising, 1994,23(4):60-70.

[249] Zeithaml V A. Consumer perceptions of price, quality, and value: A means-end model and synthesis of evidence [J]. Journal of Marketing, 1988,52(3):2-22.

[250] Zhao X, Huo B, Flynn B B, et al. The impact of power and relationship commitment on the integration between manufacturers and customers in a supply chain[J]. Journal of Operations Management, 2008,26(3): 368-388.

[251] Zhao X, Huo B, Selen W, Willem, Yeung J H Y. The impact of internal integration and relationship commitment on external integration[J]. Journal of Operations Management, 2011,29(1):17-32.

[252] Zhao X, Lynch J, Chen Q. Reconsidering Baron and Kenny: Myths and truths about mediation analysis[J]. Journal of Consumer Research, 2010, 37(2):197-206.

[253] Zott C, Amit R, Massa L. Business model design: An activity system perspective[J]. Long Range Planning, 2010,43(2-3):216-226.

[254] Zott C, Amit R, Massa L. The business model: Recent developments and future research[J]. Journal of Mamagement, 2011,37(4): 1019-1042.

[255] Zott C, Amit R. Business model design and the performance of entrepreneurial firms[J]. Organization Scicece, 2007,18(2):181-199.

[256] Zott C, Amit R. The fit between product market strategy and business model: Implication for firm performance[J]. Strategic Management Journal, 2008,29(1):1-26.

[257] Betancourt R R. 零售与分销经济学[M]. 刘向东,沈健,译. 北京:中国人民大学出版社,2009.

［258］Bourdieu P，Wacquant L D．实践与反思——反思社会学导引［M］．李猛，李康，译．北京：中央编译出版社，1998．

［259］曾锵．大数据驱动的商业模式创新研究［J］．科学学研究，2019，37（6）：1142-1152．

［260］曾锵．大型超市零售环境对非计划性购买的影响［J］．浙江树人大学学报（社会科学版），2013，13（3）：60-68．

［261］曾锵．购物中心内零售集聚的需求外部性度量研究［J］．商业经济与管理，2015（12）：15-24．

［262］曾锵．购物中心内商业集聚的顾客价值溢出效应研究——以娱乐型业态电影院为例［J］．浙江树人大学学报（社会科学版），2017，17（5）：36-45．

［263］曾锵．基于商业集聚和消费者需求层次的零售业态谱序研究［J］．商业研究，2014（4）：1-10．

［264］常亚平，朱东红，李荣华．感知产品创新对冲动购买的作用机制研究［J］．科研管理，2012，33（3）：18-26．

［265］陈维，黄程琰，毛天欣，罗杰，张进辅．多维测评工具聚敛和区分效度的 SEM 分析——以领悟社会支持量表为例［J］．西南师范大学学报（自然科学版），2016，41（2）：136-140．

［266］陈文沛．产品属性、消费者介入与新产品购买行为的关系［J］．财经论丛，2013（3）：101-106．

［267］陈文沛．生活方式、消费者创新性与新产品购买行为的关系［J］．经济管理，2011（2）：94-101．

［268］陈晓萍，徐淑英，樊景立．组织与管理研究的实证方法［M］．北京：北京大学出版社，2008：337．

［269］陈晓萍，徐淑英，樊景立．组织与管理研究的实证方法［M］．2 版．北京：北京大学出版社，2012：190．

［270］程愚，孙建国．商业模式的理论模型：要素及其关系［J］．中国工业经济，2013（1）：141-153．

［271］迟考勋，薛鸿博，杨俊，胡望斌．商业模式研究中的认知视角评述与研究展望框架建议［J］．外国经济与管理，2016，38（5）：3-17．

［272］仇立．B2C 模式下消费者感知价格利益与顾客忠诚相关性研究［J］．管理现代化，2017（2）：74-77．

［273］崔连广，张敬伟．商业模式的概念分析与研究视角［J］．管理学报，2015，12（8）：1240-1247．

［274］Crawley E，Cameron B，Selva D．系统架构：复杂系统的产品设计与

开发[M]．爱飞翔，译．北京：机械工业出版社，2018.

[275]丁俊发．以零售业为突破口的中国流通变革——关于"新零售"的几点看法[J]．中国流通经济，2017，31(9)：3-7.

[276]丁宁，周经，丁华．流通创新与制造业全要素生产率提升[J]．经济问题探索，2013(7)：61-66.

[277]丁宁．流通创新与中国居民消费率提升[J]．北京工商大学学报(社会科学版)，2013，28(3)：7-13.

[278]丁宁．流通商主导的供应链战略联盟与价值链创新[J]．商业经济与管理，2014(2)：22-28.

[279]杜宇玮，周长富．锁定效应与中国代工产业升级——基于制造业分行业面板数据的经验研究[J]．财贸经济，2012(12)：78-86.

[280]杜运周，贾良定．组态视角与定性比较分析(QCA)：管理学研究的一条新道路[J]．管理世界，2017(6)：155-167.

[281]樊利钧．基于资源共享的价值网企业合作创造价值机理研究[D]．杭州：浙江大学，2011.

[282]范秀成，罗海成．基于顾客感知价值的服务企业竞争力探析[J]．南开管理评论，2003(6)：41-45.

[283]方杰，张敏强．中介效应的点估计和区间估计：乘积分布法、非参数Bootstrap 和 MCMC 法[J]．心理学报，2012，44(10)：1408-1420.

[284]方杰，张敏强，李晓鹏．中介效应的三类区间估计方法[J]．心理科学进展，2011，19(5)：765-774.

[285]Kolter F．营销管理：分析、计划、执行和控制[M]．梅汝和，梅清豪，张桁，译．上海：上海人民出版社，1999.

[286]盖琪．场景理论视角下的城市青年公共文化空间的建构——以北京706 青年空间为例[J]．东岳论丛，2017，38(7)：72-80.

[287]邰书锴．场景理论：开启移动传媒传播的新思维[J]．新闻界，2015(17)：44-48.

[288]龚丽敏，江诗松，魏江．架构理论与方法回顾及其对战略管理的启示[J]．科研管理，2014，35(5)：44-53.

[289]龚丽敏，江诗松，魏江．试论商业模式构念的本质、研究方法及未来研究方向[J]．外国经济与管理，2011，33(3)：1-18.

[290]韩彩珍，王宝义．"新零售"的研究现状及趋势[J]．中国流通经济，2018，32(12)：20-30.

[291]何林，何炼成．流通领域的价值创造与实现[J]．中国流通经济，2005

(3):9-12.

[292]侯杰泰,温忠麟,成子娟.结构方程模型及应用[M].北京:教育科学出版社,2004.

[293]胡红飞.流通产业创造价值效应的理论和实证分析[D].广州:暨南大学,2008.

[294]黄国雄.加强流通理论创新 推动流通产业快速发展[J].中国流通经济,2010(4):5-14.

[295]纪峰,梁文玲.我国饭店企业顾客价值实证研究[J].旅游学刊,2007,22(9):23-28.

[296]景奉杰,熊素红.冲动性消费行为内在机制研究述评——提升调节点在冲动性消费行为中所起作用[J].心理科学进展,2008,16(5):789-795.

[297]雷兵.网上零售顾客价值研究[J].生产力研究,2008(2):58-60.

[298]李飞.零售业态创新的路线图研究[J],科学学研究,2006(12):654-660.

[299]李飞.中国民营零售集团商业模式研究[M].北京:经济科学出版社,2014.

[300]李鸿磊.基于价值创造视角的商业模式分类研究——以三个典型企业的分类应用为例[J].管理评论,2018,30(4):257-272.

[301]李怀祖.管理研究方法[M].西安:西安交通大学出版社,2004.

[302]李骏阳,包鋆伟,夏禹铖.流通业对农村居民消费影响的实证研究[J].商业经济与管理,2011(11):17-23.

[303]李雷,赵先德,简兆权.电子服务概念界定与特征识别——从商品主导逻辑到服务主导逻辑[J].外国经济与管理,2012,34(4):2-10.

[304]李慢,马钦海,赵晓煜.服务场景研究回顾与展望[J].外国经济与管理,2013,35(4):62-80.

[305]李婷婷,董玉芝.场景理论下社会化阅读用户阅读行为培养路径分析[J].编辑之友,2018(1):16-19.

[306]李晓慧.流通业对制造业效率的影响及其渠道研究[J].商业经济与管理,2014(8):5-12.

[307]李耀,王新新.价值的共同创造与单独创造及顾客主导逻辑下的价值创造研究评介[J].外国经济与管理,2011,33(9):43-50.

[308]林祥,高山,刘晓玲.创客空间的基本类型、商业模式与理论价值[J].科学学研究,2016,34(6):923-929.

[309]林子华,张华荣.产权一体化新探[J].福建师范大学学报(哲学社会

科学版),2009(1):17-21.

[310]刘丹鹤.信息空间的空间性解读[J].北京理工大学学报(社会科学版),2009,11(3):109-119.

[311]刘向东,李敏.中国零售学术研究的现状与趋势——基于中国与美国、欧洲的比较分析[J].商业经济与管理,2012(2):5-13.

[312]刘洋,应瑛.案例研究的三段旅程——构建理论、案例写作与发表[J].管理案例研究与评论,2015,8(2):189-198.

[313]刘洋,应瑛.架构理论研究脉络梳理与未来展望[J].外国经济与管理,2012,34(6):74-80.

[314]刘宇青,邢博,王庆生.旅游产品创新影响体验感知价值的构型研究[J].经济管理,2018(11):157-173.

[315]刘月宁,王凤彬.国外商业模式研究演进:一个文献计量分析[J].学术研究,2017(2):100-108.

[316]刘志彪,张杰.全球代工体系下发展中国家俘获型网络的形成、突破与对策——基于GVC与NVC的比较视角[J].中国工业经济,2007(5):39-47.

[317]卢福财,胡平波.全球价值网络下中国企业低端锁定的博弈分析[J].中国工业经济,2008(10):23-32.

[318]陆立军.流通领域的劳动不创造价值吗?[J].经济学家,2002(7):120.

[319]罗伯特·斯考伯,谢尔·伊斯雷尔.即将到来的场景时代[M].赵乾坤,周宝曜,译.北京:北京联合出版社,2014.

[320]罗珉.价值星系:理论解释与价值创造机制的构建[J].中国工业经济,2006(1):80-89.

[321]罗倩,蔡玫.我国战略新兴产业的商业模式类型分布特征、成型原因与构建路径研究[J].经济问题探索,2015(1):55-61.

[322]罗倩,李东.我国战略新兴产业的商业模式类型分布特征、成型原因与构建路径研究[J].软科学,2013,27(7):18-23.

[323]吕承超,孙曰瑶.品牌品类扩张边界的经济分析:基于选择成本分析范式[J].财贸研究,2011(6):117-123.

[324]吕怀涛.商品流通过程会创造需求吗?——兼论一个流通价值研究的新视角[J].商业经济与管理,2015(11):5-12.

[325]吕力.管理案例研究的信效度分析:以AMJ年度最佳论文为例[J].科学学与科学技术管理,2014(12):19-29.

[326]马庆国.管理统计:数据获取、统计原理、SPSS工具与应用研究[M].

北京:科学出版社,2004.

[327]Levy M,Weitz B A.零售学精要[M].北京:机械工业出版社,2010.

[328]孟庆良,周芬,蒋秀军.基于顾客需求分类重组的大规模定制服务族规划[J].管理工程学报,2015,29(1):82-88.

[329]米辉.现代流通产业组织演化机理研究——基于演化经济学视角的分析[J].天津商业大学学报,2014(4):10-17.

[330]倪云虎,朱六一.锁定原理的再探讨[J].商业研究,2007(10):10-13.

[331]欧阳桃花.试论工商管理学科的案例研究方法[J].南开管理评论,2004,7(2):100-105.

[332]Osterwalder A,Pigneur Y.商业模式新生代[M].黄涛,郁婧,译.北京:机械工业出版社,2016.

[333]Pine J,Gilmore J.体验经济[M].夏业良,等译.北京:机械工业出版社,2016.

[334]邱琪,王永贵.象征价值研究回顾与核心概念辨析[J].管理学报,2013(6):905-912.

[335]Shapiro C,Virian H R.信息规则:网络经济的策略指导[M].孟昭莉,牛露晴,译.北京:中国人民大学出版社,2017.

[336]盛朝迅.大型零售商主导产业链的经济绩效——一个基于零售商与制造商交互影响的实证考察[J].商业经济与管理,2011(12):12-20.

[337]盛亚,吴蓓.商业模式研究文献综述:兼论零售商业模式[J].商业研究,2010(6):40-43.

[338]盛亚,徐璇,何东平.电子商务环境下零售企业商业模式:基于价值创造逻辑[J].科研管理,2015,36(10):122-129.

[339]宋秋,杨振之.场域:旅游研究新视角[J].旅游学刊,2015,30(9):111-118.

[340]宋则,常东亮,丁宁.流通业影响力与制造业结构调整[J].中国工业经济,2010(8):24-28.

[341]苏敬勤,刘静.案例研究规范性视角下二手数据可靠性研究[J].管理学报,2013,10(10):1405-1418.

[342]隋丽娜,程圩.国外旅游领域顾客价值测量研究评述[J].技术经济与管理研究,2014(8):59-62.

[343]孙曰瑶,刘华军.选择与选择成本——品牌降低选择成本的机制分析[J].财经论丛,2008(1):89-95.

[344]孙志伟.流通企业价值观[J].中国流通经济,2012(2):72-76.

[345]孙中伟,贺军亮,田建文. 网络空间的空间归属及其物质性构建的地理认知[J]. 世界地理研究,2016,25(2):148-157.

[346]唐鸿. 零售终端商业模式的演进及其适应[J]. 广东行政学院学报,2006,18(2):84-87.

[347]王京安. 基于信息视角的企业边界分析[J]. 惠州学院学报(社会科学版),2006,26(5):56-60.

[348]王世进,周敏,司增绰. 流通产业促进我国居民消费的作用机理与实证研究[J]. 北京工商大学学报(社会科学版),2013,28(5):1-8.

[349]王世权. 试论价值创造的本原性质、内在机理与治理要义——基于利益相关者治理视角[J]. 外国经济与管理,2010,32(8):10-17.

[350]王淑翠. 基于顾客价值构建零售业复合价值链[J]. 商业经济与管理,2006(10):28-31.

[351]王雪冬,董大海. 国外商业模式表达模型评介与整合表达模型构建[J]. 外国经济与管理,2014(4):49-61.

[352]王雪峰. 我国流通理论研究进展述评[J]. 中国流通经济,2013(8):24-28.

[353]王艳芝. 顾客定制驱动因素研究[M]. 天津:南开大学出版社,2016.

[354]王正沛,李国鑫. 消费体验视角下新零售演化发展逻辑研究[J]. 管理学报,2019,16(3):333-342.

[355]魏炜,朱武祥,林桂平. 基于利益相关者结构的商业模式理论[J]. 管理世界,2012(12):125-131.

[356]魏炜,朱武祥. 发现商业模式[M]. 北京:机械工业出版社,2009.

[357]温涵,梁韵斯. 结构方程模型常用拟合指数检验的实质[J]. 心理科学,2015,38(4):987-994.

[358]温忠麟,侯杰泰,马什赫伯特. 结构方程模型检验:拟合指数与卡方准则[J]. 心理学报,2004,36(2):186-194.

[359]温忠麟,叶宝娟. 中介效应分析:方法和模型发展[J]. 心理科学进展,2014,22(5):731-745.

[360]吴军,Clark T N. 场景理论与城市公共政策——芝加哥学派城市研究最新动态[J]. 社会科学战线,2014(1):205-212.

[361]吴明隆. SPSS统计应用实务——问卷分析与应用实务[M]. 重庆:重庆大学出版社,2010.

[362]夏春玉,丁涛. 流通理论在经济学中的回归:一个学说史的考察[J]. 商业经济与管理,2011(11):5-13.

[363]夏青,王颖,皱建. 电影场景空间设计的多层次感知[J]. 当代电影, 2015(9):130-134.

[364]夏清华,娄汇阳. 商业模式刚性:组成结构及演化机制[J]. 中国工业经济,2014(8):148-160.

[365]肖怡. 零售学[M]. 北京:高等教育出版社,2007.

[366]谢丽娟. 互联网时代的流通组织重构——供应链逆向整合视角[J]. 中国工业经济,2015(4):44-56.

[367]谢莉娟. 流通商主导供应链模式及其实现——相似流通渠道比较转化研究[J]. 经济理论与经济管理,2013(7):103-112.

[368]谢莉娟. 流通主导型水产加工食品供应链模式与应用[J]. 中国流通经济,2012(9):20-24.

[369]辛士波,陈妍,张宸. 结构方程模型理论的应用研究成果综述[J]. 工业技术经济,2014(5):61-71.

[370]徐从才,盛朝迅. 大型零售商主导产业链:中国产业转型升级新方向[J]. 财贸经济,2012(4):71-77.

[371]徐扬,姚郁诗,廉莲. 基于 Logit 模型的大规模个性化定制方法研究[J]. 管理现代化,2015(4):109-111.

[372]许德惠. 环境不确定性、供应链整合与企业绩效关系的实证研究[J]. 科研管理,2012,33(12):40-49.

[373]闫丽源. 虚实之镜:文化体验中的旅游场景建构[J]. 艺术评论,2018(12):19-24.

[374]闫星宇. "新零售"的逻辑蕴涵及发展趋势[J]. 社会科学战线,2018(7):257-261.

[375]闫星宇. 超市制造:果蔬类农产品的模块化生产[J]. 北京工商大学学报(社会科学版),2013(4):10-15.

[376]闫星宇. 零售制造商:快时尚品牌的模块化组织[J]. 北京工商大学学报(社会科学版),2014(4):36-41.

[377]闫星宇. 零售制造商的模块化供应链网络[J]. 中国工业经济,2011(11):139-147.

[378]杨俊,薛鸿博,牛梦茜. 基于双重属性的商业模式构念化与研究框架建议[J]. 外国经济与管理,2018,40(4):96-109.

[379]杨利军. 基于供应链优化的流通企业供给侧改革[J]. 中国流通经济,2016,30(4):19-25.

[380]杨利军. 基于协同供应链的流通关系创新[J]. 中国流通经济,2014

（3）：23-28.

[381]杨水根,王露. 流通创新促进了农村居民消费升级吗？——基于中国2004—2015 年省际面板数据的实证研究[J]. 哈尔滨商业大学学报（社会科学版）,2018(3):98-128.

[382]姚嘉. 流通产业发展对消费结构升级的影响研究[D]. 杭州:浙江工商大学,2017.

[383]叶康涛. 案例研究:从个案分析到理论创建——中国第一届管理案例学术研讨会综述[J]. 管理世界,2006(2):139-143.

[384]余敏. "大数据杀熟"可以避免吗？——电子商务逆向选择风险规避[J]. 价格理论与实践,2019(4):141-144.

[385]袁健红,李慧华. 开放式创新对企业创新新颖程度的影响[J]. 科学学研究,2009,27(12):1892-1899.

[386]原磊. 零售企业的商业模式创新[J]. 经济管理,2009(3):75-78.

[387]原磊. 商业模式体系重构[J]. 中国工业经济,2007(6):70-79.

[388]张凤超,尤树洋. 体验价值结构维度理论模型评介[J]. 外国经济与管理,2009,31(8):46-52.

[389]张宏军. 基于契约的企业边界决定理论介评[J]. 经济评论,2007(4):151-155.

[390]张敬伟,王迎军. 基于价值三角形逻辑的商业模式概念模型研究[J]. 外国经济与管理,2010,32(6):1-8.

[391]张敬伟,王迎军. 商业模式与战略关系的辨析——兼论商业模式研究的意义[J]. 外国经济与管理,2011,33(4):10-18.

[392]张敏,张翔,申峻霞. 网络消费空间的性质与生产——以淘宝网原创女装店为例[J]. 地理科学,2015,35(8):960-968.

[393]张明立. 顾客价值——21 世纪企业竞争优势的来源[M]. 北京:电子工业出版社,2007:38.

[394]张思锋,马新文. 流通领域的劳动是创造价值的劳动[J]. 理论探索,2005(5):82-84.

[395]张霞,毛基业. 国内企业管理案例研究的进展回顾与改进步骤——中国企业管理案例与理论构建研究论坛(2011)综述[J]. 管理世界,2012(2):105-111.

[396]张先轸. 流通促进消费最新研究进展:微观基础综论[J]. 商业经济与管理,2013(4):14-21.

[397]张昕. 消费者转移成本对纵向一体化的影响分析[J]. 东岳论丛,

2009,30(4):47-50.

[398]张艳,等. 零售商业模式研究[M]. 北京:经济日报出版社,2015:14-20.

[399]赵卫宏. 网络零售中的顾客价值——构筑一个扩充的多维度位阶模型[J]. 江西社会科学,2007(11):133-138.

[400]赵卫宏. 网络零售中的顾客价值及其对店铺忠诚的影响[J]. 经济管理,2010,32(5):74-87.

[401]赵霞,徐永锋. 流通服务业对制造业效率的影响路径分析[J]. 中南财经政法大学学报,2012(2):123-129.

[402]赵娴. 发展流通产业 实现消费促进和结构升级[J]. 中国流通经济,2010(11):35-37.

[403]郑喆. 高级定制男装的顾客价值构成要素[J]. 纺织学报,2017,38(1):152-156.

[404]周沛. 互补营销研究:基于互补性营销资产的视角[M]. 北京:经济管理出版社,2016.

[405]周文辉,王鹏程,陈晓红. 价值共创视角下的互联网＋大规模定制演化——基于尚品宅配的纵向案例研究[J]. 管理案例研究与评论,2016,9(4):313-329.

[406]周文辉,王鹏程,杨苗. 数字化赋能促进大规模定制技术创新[J]. 科学学研究,2018,36(8):1516-1523.

[407]朱振中,程钧谟,刘福. 消费者独特性需求研究:回顾与展望[J]. 华东经济管理,2017,31(11):151-158.

[408]祝合良,石娜娜. 流通业在我国制造业价值链升级中的作用与提升路径[J]. 商业经济与管理,2017(3):5-11.

附　录

附录1　零售顾客价值创造指标体系预调查问卷

尊敬的女士/先生：

您好！我们正在进行针对零售顾客价值创造指标体系的调查，需要征集您的宝贵意见作为研究数据，本调研问卷不涉及个人的任何隐私，请放心、真实地填写以下问项，对您的支持与配合本人表示十分感谢！

请问，您认为您在零售企业获得基本的功能价值时，其他什么价值的获得可以成为零售顾客价值创造的来源？

说明：1—非常不同意，2—比较不同意，3—不确定，4—比较同意，5—非常同意，请在下列表格内打"√"。

注释：1. 精神成本：指顾客购买产品时在精神和心理方面的耗费与支出，如对商品的搜索和比较，进行购买决策时消耗的"心力"；

2. 体力成本：指顾客在购买产品时在体力上的支出，如搬运、安装、维修。

价值创造来源	1—非常不同意	2—比较不同意	3—不确定	4—比较同意	5—非常同意
减少货币成本					
减少精神成本					
减少体力成本					
减少时间成本					
减少风险感知成本					
尊贵价值					
乐趣价值					

续　表

价值创造来源	1—非常不同意	2—比较不同意	3—不确定	4—比较同意	5—非常同意
愉悦价值					
享乐价值					
休闲价值					
社交价值					
审美价值					
满足独特的需求					
独一无二的专属感					
一对一服务					
体现个人品位和风格					

　　您认为除了以上价值创造来源，还有什么价值也有可能成为零售顾客价值创造来源？请填写在以下横线中：

_____。

附录2 零售顾客价值创造指标体系调查问卷

尊敬的女士/先生：

您好！我们正在进行针对零售顾客价值创造指标体系的调查,需要征集您的宝贵意见作为研究数据,本调研问卷不涉及个人的任何隐私,请放心、真实地填写以下问项,对您的支持与配合本人表示十分感谢！

请问,您认为您在零售企业获得基本的功能价值时,其他什么价值的获得可以成为零售顾客价值创造的来源？

说明:1—非常不同意,2—比较不同意,3—不确定,4—比较同意,5—非常同意,请在下列表格内打"√"。

注释:精力成本:指顾客购买产品时在精神和体力方面的耗费与支出,如对商品的搜索和比较,搬运、安装、维修等。

价值创造来源	1—非常不同意	2—比较不同意	3—不确定	4—比较同意	5—非常同意
减少货币成本					
减少精力成本					
减少时间成本					
尊贵价值					
乐趣价值					
愉悦价值					
享乐价值					
休闲价值					
社交价值					
审美价值					
满足独特的需求					
独一无二的专属感					
一对一服务					
体现个人品位和风格					

消费者基本背景调查

1. 您的性别：□男　　□女

2. 您的年龄：

□18 岁及以下　□19～25 岁　□26～30 岁　□31～40 岁　□41～50 岁

□51～60 岁　　□61 岁及以上

3. 您的学历：

□高中及以下　□高职或大专　□本科　□硕士及以上

4. 您的职业：

□机关、事业单位干部　□教师　□医生　□企业高层员工

□企业中层员工　□基层员工　□个体经营者　□学生　□其他

附录3 零售顾客价值创造探索性因子分析

具体的步骤可以分成三步：

第一步：通过对消费者的焦点访谈，提炼可能出现的所有的零售顾客价值创造指标，对相近和类似的指标进行合并，减少和缩小指标的数量；

第二步：对指标体系的问卷进行问卷试调查，通过因子分析进一步地增加、删掉或合并指标，确立指标体系的内容效度；

第三步：对指标体系进行扩大范围的正式问卷调查，通过因子分析验证指标体系的聚合效度和区分效度，进一步地增加、删掉或合并指标，以最终确定零售顾客价值创造这个构念的指标体系。

（1）通过访谈调查提炼指标

根据零售顾客价值创造的具有操作意义的定义"零售企业通过商品和服务，在实现消费者既定功能价值的前提下为顾客创造的能够带来一定震撼效果、打动消费者的价值"，我们通过对消费者进行焦点访谈，获取该消费者在某次零售场景中消费活动的深刻和难忘经历的资料，从中提炼顾客价值创造指标。

在访谈设计中我们需要注意的是"顾客价值创造"是学术概念，需要转换为被调查者能够理解的生活语言，我们在问题设计中就用"给消费者带来的好处"进行转换表达。具体的设计内容如表1所示。在确认这个"好处"是能够打动消费者和能够让消费者感到惊喜后，我们从被调查者的"给消费者还带来什么好处"和"为什么"的语言描述中进行指标提炼。

表1 零售顾客价值创造指标提炼访谈内容设计

内容	具体解释
过程描述	谁（who）在什么时候（when）在什么零售企业（where，线上或线下）进行了一次什么消费活动（what，是什么商品或服务）？
功能价值	消费活动带来的基本功能和效用是什么？有没有基本满足？
价值创造	在对基本功能和效用满足的前提下，给消费者还带来什么好处？
打动消费者	这个好处是否打动了消费者？为什么？
感到惊喜	这个好处是否让消费者感到惊喜？为什么？

本次研究最终收集了 28 位受访者的访谈资料,其中 12 位是男性,16 位是女性,年龄在 21~30 岁,展示部分通过焦点访谈提炼的价值创造指标如表 2 所示。

表 2　访谈资料的顾客价值创造指标提炼部分展示

访谈资料证据示例	指标提炼
"去年 12 月份在淘宝网购买了一件白色衬衫,一方面线上的销售价格更便宜,另一方面线上的服务态度也很好,不会出现线下你在逛,却没有导购来帮助你的情况,让人体会到商家对消费者的尊重,除此之外,线上比线下更加方便,可以将尺码告诉店家,店家会帮你改好袖口长度后再发货,线下还要自己去改。线上帮助修改还是很意外的,因为改袖口长度本就因人而异,不属于店家必须提供的服务,但是同卖家商议后他们表示无偿帮助修改,省钱、省心、省力"	尊重价值 低成本价值满足独特的需求 省心、省钱、省力
"昨天晚上八点左右,我和朋友去就近的一家面包坊购买面包作为第二天的早餐,坐在那里聊了一个半小时,它给我们提供了一个良好的环境,方便我们的交流"	良好的环境社交价值
"我在夏天最热的时候约了几个朋友在河边茶馆喝茶,提供了一个放松、清静的环境,喝茶嗑瓜子闲聊更能交流感情。河边清风阵阵,实为夏日避暑的好地方,也可以减缓平日快节奏的生活,可以一直坐到茶馆打烊,并提供了信息超好的 Wi-Fi,还有电源插座,同时售卖一些小吃零食"	良好的环境社交价值 休闲价值
"今年六月,我与同事下晚班后去海底捞吃夜宵,海底捞在满足了顾客对吃的基本需求时,会对吃饭爱玩手机的顾客提供手机膜,给戴眼镜的顾客提供眼镜布,给女性顾客提供美甲服务,在就餐过程中一位同事不小心把碗碟打翻将衣服弄脏,海底捞的服务员第一时间为顾客擦拭并且慰问,表现了特别的关怀"	满足独特的需求 尊重价值
"七八月淡季期间,线下家具店(杭州 LAB)进行购买整屋家具赠送软装搭配服务,并赠送一定的软装,根据客户家具和家装实际情况和实际需求,由专业的软装搭配师出具效果图并上门服务,整体效果非常好,能够体现我们想要的风格和调性"	满足独特的需求 体现客户需要的装修风格和品位
"在 2016 年 7 月,我在新华书店买了《盗墓笔记》,因此认识了我最好的朋友 A 君,通过购书能够认识有同样爱好的朋友,可能因此成为挚友"	社交价值
"乐堤港五楼有一家酷猫皮雕,这是一家手工皮包店,虽然不用自己裁皮,但还是需要自己擦皮、缝制和磨边,各种不同形状的皮缝制成一个包,需要自己一针一线用心完成,皮面可以印成自己姓名的字母,如果你会皮雕还可以雕式样,不但非常有趣,而且更加个性化,更加具有唯一性"	与众不同 独一无二休闲价值 乐趣价值

访谈资料证据示例	指标提炼
"周末我与闺蜜逛街,主要目的是购买水乳,在屈臣氏时,看见一台测量皮肤状况的机器,询问导购员能否测量,导购员热情地为我们服务,告诉我们各种护肤经验和方法,测量完后,导购员根据我们的皮肤性质为我们推荐了一款清洁面膜产品"	个性化推荐 一对一服务
"去年在淘宝某化妆品旗舰店购买护肤品,客服根据你的肤质提供一对一的服务,为你解决皮肤困扰,很多客服回答问题都是固定模板,但她们根据不同的肤质提出更准确和真诚的回答,让顾客更有专属感"	一对一服务 专属感
"有一次在重庆磁器口,下午进入一家咖啡店,里面正好有一位驻唱歌手,一进去就会不自觉放松心态,吃甜品、喝饮料的时候心情愉悦,离开后也是心满意足的,印象非常好"	享乐价值 愉悦价值
"有一次在气味图书馆,亲手调制了一款属于自己香氛的香水,那是一种甜蜜的、芬芳得能够让人我回忆起童年时代的气味"	独一无二
"在杭州来福士的言几又书店门口,看到了统一的天花设计,达到延伸整个空间的效果,如帷幕一般的屏障分隔了室内与室外的场景,若隐若现地展示店内的环境。湖面、麦浪、梯田……自然中的这些元素,成为空间中天花与地面设计的灵感,寓意自然与城市共生"	审美价值

资料来源:访谈获得。

　　在以上通过访谈获取指标提炼的基础上,将成本理解为广义上的成本,而不仅是狭义的货币意义上的经济成本,这就包括:精神成本(psychological cost),指顾客购买产品时在精神和心理方面的耗费与支出;体力成本(human energy/effort),指顾客在购买产品时在体力上的支出,如搬运、安装、维修;时间成本,指顾客在购买商品时在时间上的花费、等待和消耗以及由此带来的机会成本(Woodall,2003)、风险感知成本(risk cost)(Gronroos,1997;Sweeny et al.,1999),所以将低成本价值分解为减少货币成本、减少精神成本、减少体力成本、减少时间成本、减少风险感知成本五项,并删掉"省心、省钱、省力"这个指标。"良好的环境"是创造价值的手段而不是价值本身,于是将这个指标也删去。"个性化推荐"也是创造价值的手段而不是价值本身,这个指标同样删去。"满足独特的需求"与"与众不同"有重合之意,将"与众不同"删去,而将"独一无二"与"专属感"合并成"独一无二的专属感",整理成初步的指标分类,如表3所示,大致分成三类:低成本价值、体验价值和个性化价值。

表3　初步的零售顾客价值创造指标分类

指标类别	指标
低成本价值	减少货币成本、减少精神成本、减少体力成本、减少时间成本、减少风险感知成本
体验价值	尊贵价值、乐趣价值、愉悦价值、享乐价值、休闲价值、社交价值、审美价值
个性化价值	满足独特的需求、独一无二的专属感、一对一服务、体现个人品位和风格

（2）通过问卷试调查初步确立指标体系

我们选择了62位消费者进行了问卷的试调查，调查对象的年龄在21～30岁，运用SPSS 22.0进行因子分析。

调整的结果是：对于低成本价值，H5减少风险感知成本与其他四个项目差异较大，将H5减少风险感知成本删去，同时H2减少精神成本因子荷载较低，与H3减少体力成本合并，合并为H3减少精力成本。对于体验价值，分成了两组类别：一类是I1尊贵价值、I2乐趣价值、I3愉悦价值、I4享乐价值；另一类是I5休闲价值、I6社交价值、I7审美价值。第一类更多的是从消费者的情绪体验来体现的体验价值；第二类主要是从消费者的体验行为来体现的体验价值，休闲、社交、审美这些体验行为本身就成为体验价值的来源和表现，所以体验价值可能表现为两个维度：一个维度是情感体验价值，另一个维度是行为体验价值。对于个性化价值，四个测量题项的因子分析统计结果较好，全部采用。

（3）通过正式问卷调查最终确立指标体系

接下来进行大样本的正式问卷调查，共发放230份问卷，实际回收的问卷是223份，问卷回收率为97.0％，删除掉部分选项缺省的以及所有选项都是完全一致的无效问卷33份，共得到197份有效问卷，问卷有效率为88.3％，样本分布如表4所示。

表 4　零售顾客价值创造指标体系问卷调查样本分布

消费者个体特征		人数/个	占比/%
性别	男	89	45.2
	女	108	54.8
年龄	18 岁及以下	1	0.5
	19～25 岁	108	54.8
	26～30 岁	28	14.2
	31～40 岁	43	21.8
	41～50 岁	15	7.6
	51～60 岁	2	1.0
职业	机关、事业单位干部	3	1.5
	教师	41	20.8
	企业高层员工	6	3.0
	企业中层员工	18	9.1
	基层员工	37	18.8
	个体经营者	5	2.5
	学生	69	35
	其他	18	9.1
受教育程度	大专或高职	5	2.5
	本科	92	46.7
	研究生	100	50.8

对整体样本问卷进行信度分析,如表 5 所示。

表 5　零售顾客价值创造价值的信度分析

维度	题项	CITC	Cronbach's α 系数
低成本价值	减少货币成本	0.510	
	减少精力成本	0.622	0.771
	减少时间成本	0.615	
个性化价值	休闲价值	0.680	
	社交价值	0.662	
	审美价值	0.715	0.886
	尊贵价值	0.656	

续　表

维度	题项	CITC	Cronbach's α 系数
体验价值	乐趣价值	0.777	
	愉悦价值	0.824	
	享乐价值	0.730	
	满足独特的需求	0.683	0.828
	独一无二的专属感	0.681	
	一对一的服务	0.583	
	体现个人品位和风格	0.740	

从表 5 来看,CITC 都大于 0.35,Cronbach's α 系数都大于 0.7,零售商业模式价值创造测量信度较高。

运用 SPSS 22.0 进行因子分析,Harman 单因素检验法对同源性方法偏差进行检验。对问卷的所有题项做探索性因素分析,未旋转前共抽取 3 个因子,解释了总变异量的 64.16%。其中第一个因子的方差贡献率为 46.57%,未超过总变异量的 50%,表明共同方法偏差不算严重。经检验,样本 KMO 值为 0.895,超过 0.8,Bartlett 球形检验的显著性水平为 0.000,证明量表非常适用于做因子分析,本书采用最大方差法来进行因子旋转分析,因子分析统计结果如表 6 所示。

14 个题项通过因子分析,降维成 3 个因子,因子 1 是体验价值创造,包括休闲价值、社交价值、审美价值、尊贵价值、乐趣价值、愉悦价值和享乐价值;因子 2 是个性化价值创造,包括满足独特的需求、独一无二的专属感、一对一的服务和体现个人品位和风格;因子 3 是低成本价值创造,包括减少货币成本、减少精力成本和减少时间成本,3 个因子共提取总变异的 64.164%。大部分题项的荷载都在 0.7 以上,完全可以接受,部分题项荷载在 0.6~0.7,基本可以接受,1 个题项(社交价值)的荷载为 0.508,大于 0.5 了,勉强可以接受。

表 6　正式调查零售顾客价值创造因子分析

题项	因子 1	因子 2	因子 3
减少货币成本			0.658
减少精力成本			0.852
减少时间成本			0.846
休闲价值	0.664		

题项	因子 1	因子 2	因子 3
社交价值	0.508		
审美价值	0.707		
尊贵价值	0.737		
乐趣价值	0.740		
愉悦价值	0.724		
享乐价值	0.748		
满足独特的需求		0.733	
独一无二的专属感		0.803	
一对一的服务		0.765	
体现个人品位和风格		0.666	
因子变异的%	46.570%	10.314%	7.280%

在探索性因子分析的试调查中,按照预想,体验价值是由行动体验价值和情感体验价值两个维度构成,但在大样本的正式调查中,因子分析将行为体验价值和情感体验价值合二为一了,说明这两个维度是共同支撑体验价值这一构念的,缺一不可。笔者在因子分析中,尝试将行为体验价值和情感体验价值删掉其中之一进行因子分析,结果发现,不论是删掉哪一个维度的体验价值,剩下的体验价值题项都与个性化价值合成一个因子,这更加坚定地验证了体验价值是由行为体验价值和情感体验价值共同构成的。

附录4 基于价值创造的零售商业模式研究的问卷调查

尊敬的先生/女士：

您好！我是一名研究零售的学者，目前正在进行基于价值创造的零售商业模式的研究，需要占用您一点点时间帮忙填写一下调查问卷。调查对象为零售企业或从事零售活动的企业（包括线上或线下），您只需根据自己的了解和实际感受，以及企业经营状况如实填写即可。本调查问卷所得数据只限用于论文的撰写，本人承诺不会将所得数据用于商业活动，非常感谢您给予的支持与帮助！如您填写的是电子版调查问卷，劳请您在填写完后将调查问卷发送至指定邮箱：346515720@qq.com。

我的联系方式：139××××××××，如有问题可以拨打该号码及时沟通！

调查问卷填写的一些说明：

1.调查问卷以匿名的方式进行，调查不涉及企业商业机密，所获数据仅用于论文撰写。

2.调查问卷的第二、三、四、五部分内容采用5分制：①表示非常不同意；②表示比较不同意；③表示无所谓；④表示比较同意；⑤表示非常同意。

贵公司名称：＿＿＿＿＿＿＿＿＿＿＿＿。

第一部分 零售企业的基本情况

以下测量题项是有关公司基本情况的一些调查，请您根据公司实际情况加以选择，并在相应选项上画"√"。

1.公司的资产规模

□100万元及以下　　　□101万～500万元　　　□501万～1000万元

□1001万～5000万元　□5001万～1亿元　　　□1亿元以上

2.公司的人员规模

□50人及以下　□51～100人　□101～200人　□201～500人

□501～1000人　□1000人以上

3.公司的成立年限

□3 年及以下　□4～5 年　□6～8 年　□9～10 年　□11～15 年

□16～20 年　□20 年以上

4.零售企业的经营方式

□线下(没有线上)　□线下为主(有部分线上)　□线上(没有线下)

□线上为主(有部分线下)　□线上线下基本融合(线上线下都有且融合,基本不分)

5.零售企业的经营领域(可多选)

□食品、饮料、酒类　□服装、鞋、帽类　□化妆品类　□日用品类

□金银珠宝类　□家电类

□音像器材类　□体育娱乐用品类　□电子出版物、音像制品类

□通信器材类　□家具类　□书报杂志类　□汽车用品类

□建筑装潢材料类　□木材及制品类　□其他类

6.您认为贵公司有明确的商业模式吗?(解释:通俗理解"商业模式"就是赚钱的逻辑)

□有　□没有

第二部分　零售商业模式架构属性测量

以下测量题项是对零售商业模式的一体化架构、定制化架构和场景化架构3 种架构的架构属性进行测量的问卷调查,参与调查者对测量题项的评价选择5 分制标准,根据观测变量的选择和设计,请您在相应的题项上画"√"。

(1)一体化架构属性测量题项

与制造企业产权一体化的程度	非常不同意	比较不同意	无所谓	比较同意	非常同意
A1 零售企业或从事零售活动的企业拥有对生产制造资产的所有权	①	②	③	④	⑤
A2 零售企业或从事零售活动的企业拥有对生产制造资产的支配权	①	②	③	④	⑤
A3 零售企业或从事零售活动的企业拥有对生产制造资产的使用权	①	②	③	④	⑤

续　表

与供应商（制造企业）建立契约的长期性和完备性	非常不同意	比较不同意	无所谓	比较同意	非常同意
A4 零售企业与供应商（制造企业）建立了长期性的交易契约	①	②	③	④	⑤
A5 零售企业与供应商（制造企业）建立了完备性的交易契约	①	②	③	④	⑤
与供应商或制造企业信息的共享化程度	非常不同意	比较不同意	无所谓	比较同意	非常同意
A6 零售企业与供应商（制造企业）之间具有很高的电子信息交换的能力	①	②	③	④	⑤
A7 零售企业与供应商（制造企业）能够共享敏感或关键信息（如财务信息、生产信息、市场信息）	①	②	③	④	⑤
A8 零售企业愿意向供应商（制造企业）提供可能会帮助他们的任何信息	①	②	③	④	⑤
A9 零售企业与供应商（制造企业）的信息交换可以频繁、及时地进行	①	②	③	④	⑤

（2）定制化架构属性测量题项

顾客参与的程度	非常不同意	比较不同意	无所谓	比较同意	非常同意
B1 在产品的设计、生产和销售方面顾客在精神（智力）上的投入和努力程度很高	①	②	③	④	⑤
B2 在产品的设计、生产和销售方面顾客在体力上的投入和努力程度很高	①	②	③	④	⑤
B3 在产品的设计、生产和销售方面顾客在情绪上的投入和努力程度很高	①	②	③	④	⑤
B4 在产品的设计、生产和销售方面顾客提供自身信息资源的积极和努力程度很高	①	②	③	④	⑤
消费者信息化与大数据化的程度	非常不同意	比较不同意	无所谓	比较同意	非常同意
B5 消费者个体特征的信息化程度很高	①	②	③	④	⑤
B6 消费者消费行为、消费痕迹和消费轨迹的信息化程度很高	①	②	③	④	⑤
B7 使用互联网技术识别、感知和洞察消费者的能力很高	①	②	③	④	⑤

B8 使用大数据技术识别、感知和洞察消费者的能力很高	①	②	③	④	⑤
产品的定制化程度	非常 不同意	比较 不同意	无所谓	比较 同意	非常 同意
B9 可供消费者选择的产品种类丰富程度很高	①	②	③	④	⑤
B10 可供消费者选择的产品属性及其组合的选项的多样化程度很高	①	②	③	④	⑤
B11 可供消费者选择的产品属性附加项目的多样化程度很高	①	②	③	④	⑤
B12 产品满足消费者个性化需求的程度很高	①	②	③	④	⑤

（3）场景化架构属性测量题项

零售场景空间的审美性	非常 不同意	比较 不同意	无所谓	比较 同意	非常 同意
C1 零售场景的实体空间或网站空间加入了许多艺术元素	①	②	③	④	⑤
C2 零售场景的实体空间或网站空间加入了许多文化元素	①	②	③	④	⑤
C3 零售场景的实体空间或网站空间有清晰和明确的文化价值取向	①	②	③	④	⑤
C4 零售场景的实体空间或网站空间有浓郁的审美感	①	②	③	④	⑤
产品作为场景文化价值载体的媒介性	非常 不同意	比较 不同意	无所谓	比较 同意	非常 同意
C5 产品是零售场景（实体空间或网站空间）文化价值的载体	①	②	③	④	⑤
C6 产品是传播零售场景（实体空间或网站空间）文化价值的媒介	①	②	③	④	⑤
C7 产品是零售场景文化价值不可分割的一部分	①	②	③	④	⑤
C8 消费者购买产品不仅追求功能价值，同时追求产品的文化价值	①	②	③	④	⑤
C9 消费者对零售场景文化价值的认同性很高	①	②	③	④	⑤

续　表

消费者对场景传达的文化价值的认同性	非常不同意	比较不同意	无所谓	比较同意	非常同意
C10 因为场景文化价值而实现的消费者顾客黏性很高	①	②	③	④	⑤
C11 场景的文化价值是消费者消费实践不可或缺的部分内容	①	②	③	④	⑤
C12 消费者作为场景背景是场景文化的体现和表现	①	②	③	④	⑤

第三部分　零售商业模式价值属性测量

　　以下测量题项是对零售商业模式价值属性的新颖性、锁定性、互补性和效率性进行测量的问卷调查，参与调查者对测量题项的评价选择 5 分制标准，根据观测变量的选择和设计，请您在相应的题项上画"√"。

新颖性	非常不同意	比较不同意	无所谓	比较同意	非常同意
D1 我们在零售活动中引入了新的技术	①	②	③	④	⑤
D2 我们在零售活动中引入了新的产品或服务	①	②	③	④	⑤
D3 我们在零售活动中创造了新的市场	①	②	③	④	⑤
D4 我们在零售活动中引入了新的组织结构	①	②	③	④	⑤
D5 我们在零售活动中引入了新的销售方法	①	②	③	④	⑤

锁定性	非常不同意	比较不同意	无所谓	比较同意	非常同意
E1 我们将供应链合作伙伴保留在本企业零售活动系统中的能力很高	①	②	③	④	⑤
E2 我们将消费者保留在本企业零售活动系统中的能力很高	①	②	③	④	⑤
E3 供应链合作伙伴脱离本企业零售活动系统转投竞争对手的转移成本很高	①	②	③	④	⑤
E4 消费者脱离本企业零售活动系统转投竞争对手的转移成本很高	①	②	③	④	⑤

互补性	非常 不同意	比较 不同意	无所谓	比较 同意	非常 同意
F1 我们零售活动提供的产品/服务的种类 丰富程度很高	①	②	③	④	⑤
F2 我们零售活动提供的产品/服务的种类 之间的互补程度很高	①	②	③	④	⑤
F3 企业拥有的资源与供应链合作伙伴拥 有的资源的互补程度很高	①	②	③	④	⑤
F4 从供应链合作伙伴那里获得互补性资 源的丰富程度很高	①	②	③	④	⑤

效率性	非常 不同意	比较 不同意	无所谓	比较 同意	非常 同意
G1 我们零售活动运营的效率是很高的	①	②	③	④	⑤
G2 我们零售活动运营的成本得到降低	①	②	③	④	⑤
G3 我们零售运营活动中与供应链合作伙 伴的交易是高效的	①	②	③	④	⑤
G4 我们零售运营活动中与顾客的交易是 高效的	①	②	③	④	⑤

第四部分　零售商业模式价值创造测量

以下测量题项是对零售商业模式价值创造的低成本价值、个性化价值和体验价值进行测量的问卷调查，参与调查者对测量题项的评价选择 5 分制标准，根据观测变量的选择和设计，请您在相应的题项上画"√"。

低成本价值	非常 不同意	比较 不同意	无所谓	比较 同意	非常 同意
H1 我们零售企业的运营让消费者减少了 货币成本	①	②	③	④	⑤
H2 我们零售企业的运营让消费者减少了 精力成本	①	②	③	④	⑤
H3 我们零售企业的运营让消费者减少了 时间成本	①	②	③	④	⑤

续　表

个性化价值	非常 不同意	比较 不同意	无所谓	比较 同意	非常 同意
I1 我们零售企业的运营让消费者满足了 独特的需求	①	②	③	④	⑤
I2 我们零售企业的运营让消费者购买的 产品/服务有独一无二的专属感	①	②	③	④	⑤
I3 我们零售企业的运营对消费者进行一 对一的服务	①	②	③	④	⑤
I4 我们零售企业的运营让消费者体现了 个人的品位和风格	①	②	③	④	⑤
体验价值	非常 不同意	比较 不同意	无所谓	比较 同意	非常 同意
J1 我们零售企业的运营让消费者获得了 休闲体验价值	①	②	③	④	⑤
J2 我们零售企业的运营让消费者获得了 社交体验价值	①	②	③	④	⑤
J3 我们零售企业的运营让消费者获得了 审美体验价值	①	②	③	④	⑤
J4 我们零售企业的运营让消费者获得了 尊贵体验价值	①	②	③	④	⑤
J5 我们零售企业的运营让消费者获得了 乐趣体验价值	①	②	③	④	⑤
J6 我们零售企业的运营让消费者获得了 愉悦体验价值	①	②	③	④	⑤
J7 我们零售企业的运营让消费者获得了 享乐体验价值	①	②	③	④	⑤

第五部分　零售企业绩效测量

以下测量题项是对零售企业绩效进行测量的问卷调查,参与调查者对测量题项的评价选择 5 分制标准,请您在相应的题项上画"√"。

零售企业绩效	非常 不同意	比较 不同意	无所谓	比较 同意	非常 同意
K1 我们与主要竞争对手相比,过去 3 年中我们的销售净利率较高	①	②	③	④	⑤
K2 我们与主要竞争对手相比,过去 3 年中我们的资产收益率较高	①	②	③	④	⑤
K3 我们与主要竞争对手相比,过去 3 年中我们的销售增长率较高	①	②	③	④	⑤
K4 我们与主要竞争对手相比,过去 3 年中我们的市场占有率较高	①	②	③	④	⑤

填表人姓名:＿＿＿＿＿＿＿＿,联系方式:＿＿＿＿＿＿＿＿。

填表人学历:□博士　□硕士　□本科　□大专

填表人职务:□总经理　□副总经理　□部门主管　□其他

再次表示对您的衷心感谢!